国家自然科学基金青年项目（71903116）
"农业服务外包的技术溢出效应及其空间路径研究"

中国「三农」问题前沿丛书

生产外包与经济效益

以小麦种植户为例

Production Outsourcing
and Economic Effects

The Case of Wheat Farmers

段 培 王礼力 著

社会科学文献出版社
SOCIAL SCIENCES ACADEMIC PRESS (CHINA)

该书是基于前期博士论文的出版，段培负责全部内容执笔撰写，王礼力负责框架指导。

目 录

CONTENTS

第一章 ◄
导论

　　"三农"问题是老生常谈的话题，也是经久不衰的社会热点问题，因为"三农"是国计民生问题的基本着眼点。诚然，农民是社会建设的最大贡献者，但也是"弱势"群体。从行为经济学的角度来看，他们一方面为寻求家庭收入的提高在农业生产和非农业生产之间"游走"，另一方面不愿意也不能摆脱"农"字对他们的约束和支撑。农业生产环节外包是农户在面临农业生产问题与农村劳动力转移问题时的"理性"选择，是新时期农业供给侧结构性改革的现实选择。农业生产环节外包在中国的农业生产实践中得到了一定的推广，然而理论研究却滞后于现实的发展。在新时期国家推行农业"转方式"、"调结构"与"促改革"的过程中，农村在农民自愿的基础上发展代耕代种、土地托管、农机作业、统防统治等现代化农业生产方式。因此，在当前的农业生产方式和国家政策的背景下，本书从农户农业生产的要素密集度视角出发，以小麦种植户为例，分析农户农业生产环节外包行为响应的背景，阐述农户农业生产环节外包行为响应的研究目的与意义、国内外研究动态、研究思路、研究方法、技术路线，并介绍本书的数据来源与可能的创新之处。

一　研究背景

以"小农户"家庭为单位的农业生产组织模式在中国延续了几千年，为中国的农业文明创造了辉煌的历史，但是随着党的十一届三中全会的召开，改革开放的推进，中国的"三农"问题出现了新的特征。农村目前的基本情况概括起来是：农业分工明显、小规模农户兼业经营、农村劳动力大量向非农产业转移、农民收入异化、粮食安全问题突出、农业机械化种植普遍推行、农业技术的应用水平得到快速提升、农地经营细碎化、农地呈现"三权分置"的局面、农业生产的市场化建设得到快速发展等。

党的十一届三中全会确立了改革开放的战略方针，自此家庭联产承包责任制登上了历史舞台，这一新型的农地产权模式有效地调动了广大农民的生产积极性，有力地提高了农业生产率（Lin，1992）。在解决温饱问题的基础上，上亿的农村剩余劳动力走出农业，在户籍政策限制的条件下，农村剩余劳动力主要向乡镇企业转移。20 世纪 80 年代末期，随着劳动力流动政策的放宽，农村劳动力呈现跨区域流动的态势，同时也出现了区域差异和城乡差距的扩大（Wu & Yao，2003），大量的农民工便成为城市和农村"两栖"劳动力。近年来农民工数量一直呈增加的趋势，截至 2015 年底，全国农民工总量达到 2.77 亿人，比 2014 年增加 1.3%，其中本地农民工 1.09 亿人，比 2014 年增加 2.7%。[①] 农业人口大量外流且本地务工增加，相比跨省的长期流动，农民工更倾向于近距离的务工，以便同时"照看"家中农业生产，所以农业兼业化现象增加，农户在务工获得工资性收入的条件下兼

① 数据来源于《2015 年农民工监测调查报告》，国家统计局网站，http://www.stats.gov.cn/tjsj/zxfb/201604/t20160428_1349713.html，2016 年 4 月 28 日。

业从事农业生产。

中国改革开放 40 年来，农民收入问题一直是"三农"的核心问题。2015 年城镇居民家庭人均可支配收入为 31195 元，农村居民家庭人均可支配收入为 11422 元，虽然 2006~2015 年农村居民家庭人均可支配收入年均增长率为 13.42%，且高于城镇（11.55%），[①]但是农村居民收入仍然偏低，城乡差距仍然较大。农业劳动力大量转移进城以获得更多的务工收入，农民家庭收入水平的变化和农业生产的低收益使得农民家庭的生产决策出现变化。

"手中有粮，心中不慌"，粮食问题是关系国计民生的重大问题，2012~2014 年的中央一号文件分别提到了"粮食安全"问题的重要性，2015 年中央一号文件指出"要在提高粮食生产能力上挖掘新潜力"，2017 年中央一号文件同样指出"要在确保国家粮食安全的基础上，紧紧围绕市场需求变化，优化农业产业体系、生产体系、经营体系"。小麦是中国的三大主粮之一，保障小麦的合理生产是中国社会持续向前发展的基本前提。

2015 年全国小麦总产量为 13018.7 万吨，较 2014 年增产 401.6 万吨，其中主产区冬小麦产量 12360 万吨，较 2014 年增产 355 万吨。小麦产量增加，但是在国家提倡保障粮食安全的前提下，2015 年小麦进口总量为 297 万吨，且国内比国外的价格平均高 495 元/吨[②]，国内价格高于国外，是进口逆差。2014 年小麦总成本 956.13 元/亩，其中物质与服务费用 419.03 元/亩，成本利润率为 9.1%[③]，国内小麦的价格高且收益低的矛盾突出，其中主要原因在于高的物质和服务费用，单位小麦种植收益低，农民种植小麦的积极性不高。

全国粮食的机耕、机播和机收在 2012 年的水平分别达到

---

① 数据来源于《中国统计年鉴 2016》。
② 数据来源于《中国统计年鉴 2016》《中国农业年鉴 2015》。
③ 数据来源于《中国农业年鉴 2015》。

74.11%、47.37%和44.40%；2015年全国小麦机耕、机播和机收面积分别为2196.3万公顷、2123.4万公顷和2268.1万公顷，较2014年的机械作业水平分别上涨1.02%、1.07%和0.75%。[①] 机械作业在国内小麦生产过程中的普及，表现出农户对生产环节服务的迫切需求，农业服务体系的蓬勃发展。

由于特有的人地矛盾特征，土地细碎化问题突出且"三权分置"的农业集体土地政策，中国走国外规模经营实现农业现代化的道路存在困难，尤其是实现未来农业的现代化和产业化发展的路径堪忧。面对这些问题，基于新古典经济学的理论框架，追求利润最大化的生产者，通过技术创新实现农业的发展改革（Schultz，1964；Hayami & Ruttan，1971），其中技术创新不仅包括科技创新的"硬进步"，还包括管理创新的"软进步"。外包（Outsourcing）属于企业管理战略理论的微观决策理论，是现代生产服务的社会化分工及规模经营的本质内涵，因此作为一种管理技术，外包受到了研究人员的高度重视。2018年中央一号文件更是强调了小规模农户的长期存在性，且要通过农业全程社会化服务合理促进小农户与现代农业有机衔接。[②]

当前，农户在农业生产过程中出现了劳动分工，劳动分工的结果是农户家庭内部和家庭之间的分化，为将外包引入农业生产领域提供了前提。农业生产环节外包是指在农业生产过程中，农户将一部分生产环节转移到家庭的外部来完成，实现农业生产的分工协作，其本质是用家庭外部要素代替家庭内部要素进行作业（Vining & Globerman，1999）。研究表明，农户将农业生产环节外包能够显著改善自身福利（Hess，2011）。中国的"农业共营制"

---

① 数据来源于《中国农业年鉴2016》。
② 新华社：《中共中央　国务院关于实施乡村振兴战略的意见》，中华人民共和国中央人民政府官网，http://www.gov.cn/zhengce/2018-02/04/content_5263807.htm，2018年2月4日。

兼顾了农户、专业组织、集体与国家等各方面的利益，在国家宏观政策与个体微观经营目标之间实现了"相容"与"共赢"（罗必良等，2013；罗必良，2015）。2016 年中央一号文件指出，"支持多种类型的新型农业服务主体开展代耕代种、联耕联种、土地托管等专业化规模化服务"。2017 年 2 月发布的第十四个中央一号文件中同样指出，"扶持培育农业作业、农田灌排、统防统治、烘干仓储等经营性服务组织……引导规模经营健康发展"。可以看出，国家农业政策对农业生产环节外包的供给服务体系建设给予了很大的支持，同时，从生产者角度来看，推进农业生产环节外包是农业生产现实的需求和政策引导。

农业劳动力大量转移，城乡收入二元化依旧严重，农户非农收入增加，机械服务比重提高，农业劳动分工深化，但是农业生产单位面积收益低下。在这样的背景下，农户要提高作物单产、家庭收入和实现家庭总福利的最大化，需要考虑家庭生产的行为响应问题。基于农业生产的要素特征，在"三权分置"的农地政策指导下，农户农地产权认知对农业生产环节外包的程度选择有何影响机理与机制？农户农业资本密集环节外包的选择行为特征与影响因素是什么？农户农业劳动密集环节外包的选择行为特征与影响因素是什么？农户农业技术密集环节外包的决策机理与机制是什么？影响农户农业技术密集环节外包意愿和外包选择行为的影响因素是什么？农户农业生产环节外包是如何实现农业规模经济效应和家庭生产的范围经济效应的？以上问题是农业问题研究人员和政策制定者关注的热点问题，也是本研究期望能够解决的问题。

二 研究目的与意义

（一）研究目的

本书主要以农业分工理论和行为经济学理论为理论支撑，从生产要素的视角出发，对于农地的要素特征，从产权认知的视角着手，并将农业生产环节分为资本密集环节、劳动密集环节和技术密集环节，采用农户决策的研究范式，着眼于"外包程度选择－外包选择行为－外包个体响应"三个部分来分析农户农业生产环节外包行为响应的问题，在分析过程中，以小麦种植户为分析单元，落脚于外包实现农业规模经济效应和家庭范围经济效应。

选取全国冬小麦主产区为研究区域，进行小麦种植户的问卷调查，本书的总目标：研究农业生产环节外包出现的历程、动因与现状特征；研究农户农地产权认知对农业生产环节外包程度选择的影响，农业资本密集和劳动密集环节外包选择行为，农业技术密集环节外包的农户个体响应与影响因素；农业规模经济效应与家庭范围经济效应的测量与实现的影响因素。基于实证研究结果，为农户农业生产环节外包行为响应提供可参照的决策依据，为农户提高作物单产、增加家庭收入和实现家庭总福利的最大化提供理论支持，为政府应对农业社会化服务体系构建、指导农业专业化发展提供借鉴参考。

具体可以从以下四个方面来分析。

（1）实证分析农户农地产权认知视角的农业生产环节外包程度选择。基于农地"三权分置"的政策基础与家庭联产承包责任制的现实问题，构建农户农地产权认知、外包的产权效应认知与外包程度选择关系的理论框架，分析三者之间的影响关系，找出影响的机理。另外，基于要素密集度的定义，将小麦的生产环节划分为资本密集环节和劳动密集环节，分别分析产权认知对资本密集环节和劳动密集环节外包程度选择的影响关系。分析产权效应认知在产权结构认知对外包程度选择上的中介效应，得出地区之间的影响差异，以及老龄户主与非老龄户主之间的差异。

（2）基于要素密集度的特征，从要素的现状特征和替代难度出发，分别分析不同要素密集环节的要素密集度特征与选择行为的理论机制。首先，分析资本密集环节外包的理论机理与选择行为机制，构建农户资本密集环节外包的资本禀赋测量机制，实证分析小麦生产资本密集环节外包选择行为的影响因素；其次，分析劳动密集环节外包的理论机理与选择行为机制，构建户主老龄化特征下农户劳动力要素禀赋的测量机制，实证分析小麦生产劳动密集环节外包选择行为的影响因素。

（3）从行为经济学的理论出发，分析农户农业生产环节外包认知、意愿与外包行为的影响机理，构建农业技术密集环节外包个体响应的分析框架，实证分析农业技术密集环节外包意愿和外包选择行为的影响因素。首先，从交互效应和地区调节效应的分析角度出发，实证分析技术密集环节交互效应对外包意愿的影响，地区调节效应在外包意愿中的作用，并分析外包意愿的影响因素；其次，分析小麦生产的技术密集环节之间外包选择行为的相关关系，以横向把握小麦种植户的决策特征；再次，分析技术密集各个环节外包选择行为的影响因素，主要分析外包认知与外包意愿对外包选择行为的影响；最后，分析小麦种植的全部环节数的影响因素，从小麦生产的全局来分析外包选择行为的影响因素。这为农户农业技术密集环节外包决策提供参考依据。

（4）在农户生产环节外包前提下，实现农业规模经济的有效路径是什么？实现家庭范围经济的影响因素是什么？因此，本书探究农户农业生产环节外包与农业规模经济效应的内在机理，以及在外包与务工情况下，家庭范围经济实现的机理。这一研究不仅可以对农业规模经济和家庭范围经济进行合理的测度，而且在农业生产新型主体的构建上，更加有效地利用分工与合作的手段深入探究农户福利的最大化问题。此外，以小麦种植户的单产经验数据来分析农业的规模经济效应的实现程度，建立外包影响规模经济效应实现的函数，分析农业规模经济效应实现的影响因素。再者，分别以农户外包前后家庭非农收入的变化和家庭横向纯收入为测量变量，采用实证的方法，分析家庭福利效应最大化目标下，农户农业生产环节外包的范围经济效应实现的问题。这为提高农业的产出水平、增加农户的收入提供政策建议。

（二）研究意义

农户的生产决策、农户收入与农户福利效应等问题是农业经济领域研究的重要问题，但是由于农业生产环节外包是农业社会化服务市场供给导向的生产外包的需求体系（申红芳等，2015），农户在生产环节外包服务市场中的主体地位得不到重视，只能被动接受所需求的服务，所以他们在一些生产环节外包的程度较低、外包的方式单一，这不利于实现农业生产规模经济效应和家庭福利最大化。

针对以上问题，本书从农户分工的视角出发，以规范分析和实证分析相结合的方法，以农户为研究单元，以外包行为响应为研究对象，在归纳农业生产环节外包现状、发展特征的基础上，建立农户农业生产环节外包行为响应的理论体系框架。运用实证分析的思路与方法，研究设计农户农业生产环节外包行为响应的经济计量模型，以小麦种植户为例，分析农户在现有外包服务市场约束情况下，产权认知与外包程度选择的关系、资本密集环节外包选择行为、劳动密集环节外包选择行为、技术密集环节外包的个体响应、规模经济和范围经济效应的实现问题等，具有重要的理论和现实意义。

1. 理论意义

已有文献多从农业社会化服务体系的角度来研究农业的生产服务问题，不同的是，本书从农户农业生产环节外包的角度来研究农业的生产社会化和现代化问题，是研究视角的创新。①从农业生产的四要素（土地、资本、劳动与技术）出发，规范分析农业生产环节的特征，探索农业种植过程中各生产环节的类别划分与外包的理论体系。②在已有研究外包过程中要素密集度划分说法不一的情况下，归纳总结劳动密集环节、资本密集环节和技术密集环节特征，分析农业生产环节的要素特征。③目前农业生产环节外包行为响应的研究成果缺乏系统的论证，所以本书在外包行为影响因素的基础上，基于产权认知与要素密集度视角，系统分析农业生产环节外包行为响应问题，辨清行为响应内在逻辑和农业生产环节外包"迂回"的规模经济效应的理论机制。④在揭示农业生产环节外包基本原理的基础上，构建农户理性"经济人"的决策模型，分析农地产权在外包方式下的产权划分与有效的产权实现方式，为国家制定产权政策提供理论借鉴。⑤不仅有利于辨清中国农户农业生产环节外包的农业规模经济效应和家庭生产的范围经济效应，而且有助于将外包这一企业战略理论应用于农业生产中，扩大外包理论体系的应用范围。

2. 现实意义

粮食安全问题、农民收入问题、农业规模经济问题和农业社会化服务体系构建问题是学术界和国家政策制定者共同关注的热点与重点问题。这些问题的研究，对于实现农业生产的规模经济，促进小农户与农业现代化的有效衔接，提高农户家庭的总福利具有重要的现实意义。①农业劳动分工和农村劳动力大量转移是农业和农村在经济发展过程中的必然趋势，如何保障劳动力的非农就业与农业生产之间的平衡，具有重要的现实意义。②探讨在农民收入异化和农业技术密集环节外包程度较低的现实问题下，如何推进"小农户"收入的提高，以及如何构建农业技术密集环节外包的服务供给市场的新机制，具有重大现实意义。③在农户能够获得务工收入的前提下，如何应对"三权分置"的产权政策现状，解决农户土地流转积极性低且不稳定的问题，规模经营的实现进程慢等问题。探索产权的合

理分置方式，实现"迂回"的环节规模经营方式，对增加农户
家庭总收入，满足农户的一定闲暇追求，实现农户家庭总福利
效应的最大化具有重要现实意义。

三　国内外研究动态与述评

外包的思想是企业边界理论、企业管理战略的微观决策理
论，然而外包的思想在实践中的普遍应用，体现了农业生产的整
体结构与方式的改变，体现了农业生产的现代化社会分工特点。
要用外包这一思想来研究农业生产的问题，首先要了解已有文献
给出的外包理论研究体系、农户的决策研究体系、外包的规模经
济效应研究体系。通过文献厘清这些概念和关系，为全书的理论
与实证研究奠定基础。

（一）外包与农业生产环节外包的内涵

1. 外包的概念

外包思想源于亚当·斯密（1776）的劳动分工理论，基于劳
动分工的思想，可以将生产环节进行划分，由不同的生产优势主
体来完成原本只能由一个劳动者完成的任务，这是外包思想的根
源（曹航，2007）。将外包认为是分工的说法有：垂直分工
（Vertical Disintegration）（Quinn，1992）、生产的非一体化（Feen-
stra，1998）、垂直专业化（Hummels et al.，2001）、产品内分工
（Davis，1995）等。

外包概念的主流观点认为：外包是企业在区分自己核心业务
与非核心业务的基础上，将企业有限的资源集中在优势的核心业
务生产上，将非核心业务委托外部主体生产，通过外包，从企业
外部寻找优势资源，实现内外部资源整合，降低产品的生产成
本，提高效率，提高企业在市场中的灵活性和核心竞争力，使企

业发挥更大的效能。同时，引入了资源基础理论（Resource-based Theory），在企业内部资源有限的情况下企业整合利用外部资源，将非核心业务委托给外部承包商，将内部资源集中于核心业务（Prahalad & Hamel，1990；Quinn & Hilmer，1994；Corbett，2004a，2004b）。

外包建立在成本比较的基础之上，另外企业会比较生产环节的资产专用性和不确定性，如果资产专用性和不确定性高，则企业自行生产，反之则外包给外部组织完成。这是企业与外部协调的结果，也是企业管理责任与义务的外部转移，改变了组织的传递与管理模式（Monteverde & Teece，1982；Besanko et al.，2006；Johnson，1997）。

外包并不是所有的生产主体转移，只是部分生产环节的向外转移。虽然生产过程是零散化的，价值链是被分割的，但是销售等环节仍然在企业内部，所以外包表述的是产品内部的问题，而不是产品之间的问题。按外包的概念进行分类，将之分为制造外包（Manufacturing Outsourcing）和服务外包（Service Outsourcing），其中，制造外包指的是产品的生产环节转移，如部件加工、成品组装等；服务外包指的是服务内容或服务流程转移，如财务管理、人事管理等（Krugman，1996；Arndt & Kierzkowski，2001；卢峰，2007）。

2. 农业生产环节外包的内涵

对农户农业生产环节外包的研究建立在西奥多·舒尔茨为代表的"理性小农学派"的基础上，认为小农户是市场的参与者，他们依据市场需求和机会，积极追求家庭经济效益最大化。农户农业生产环节外包定义的角度包括研究的主体、作物种类和农地规模经营。

（1）研究的主体。从农业生产管理的角度定义农业生产环节外包，农业生产主体的环节外包任务越是繁重，需要的劳动时间越多，需要的人力资本投资也越多，所以农业生产主体选择将该部分管理环节外包，但是如果按天计算报酬，容易出现故意怠工的机会主义行为。总之，农业生产环节外包是将部分管理环节转移给承包者，农户保留自己最擅长的部分，进行"服务购买"，实现农户资源的合理利用，以增加收入（Bensaou and Venkatraman，1995；Vernimmen et al.，2007；Olynk & Wolf，2010；赵玉姝等，2013）。

（2）作物种类。学者主要集中于对水稻生产环节外包的研究，指出水稻生产环节外包是拥有土地经营权的农户，不直接参与水稻生产某几个环节的生产劳动，而是采用雇请的方式来完成。将水稻的生产环节划分为整地、育秧、插秧、肥料管理、灌溉管理、病虫害防治、收割等七个环节，并将生产环节归类为劳动密集型、技术密集型和半劳动半技术密集型三类。农户将雇请具有劳动或技术方面优势的家庭外劳动力来从事部分环节的生产，以获得更高的生产效率，同时降低农户水稻生产的机会成本。其中家庭外劳动力的外包供给者包括邻居、服务队、合作社、农技站（李寅秋，2011；陈超等，2012；蔡荣和蔡书凯，2014）。王建英（2015）在原有研究基础上，在水稻生产环节外包中加上了晾晒环节，共八个环节可外包，并在定义各环节外包的时候指出了劳动密集型和技术密集型各环节外包的具体形式。

（3）农地规模经营。廖西元等（2011）提出外包是土地产权流转实现特色规模经营的一个阶段，我国农业用地是"三权分置"的，从生产环节外包流转到土地报酬最大化经营权流转，再到土地产权变化的承包权流转，是我国实现农业规模经营的道路。王志刚等（2011）指出外包是实现中国农业规模经营的路径之一，从环节的角度来看，表现为劳动密集环节到技术密集环节再到全环节。罗必良和李玉勤（2014）认为，在我国土地细碎化的情况下，可以通过服务规模经济性（外包），来实现土地规模经营。

（二）农业生产环节外包的动因及功能

1. 农业生产环节外包的动因

（1）农业劳动分工成为可能。农业生产环节外包的出现建立在农业劳动可分工的基础之上，虽然亚当·斯密（1776）提出了劳动分工的思想，但是他认为农业生产特性决定了农业劳动分工存在天然的障碍，此观点被称为"斯密猜想"。在斯密生活的农业阶段技术和管理落后，随着工业革命的深化，原始手工农业生产也被现代化的机械与管理技术替代。农业科技的进步与管理的创新克服了农作物的生物特性，"迂回"的劳动分工成为可能（阿林·杨格，1996；罗必良，2008）。

（2）农户分化产生。分工的结果必然是专业化，农户分化在我国取得了丰硕的研究成果，学者们的研究主要从收入方面和职业方面对农户的分化进行了划分。收入方面的划分主要依据农户家庭收入来源的渠道，比较农业收入与非农业收入的占比情况并参照经营性质和经营规模（韩俊，1988；秦宏，2006；李宪宝和高强，2013；戚迪明等，2015；钱龙等，2015；聂建亮和钟涨宝，2014；杨应杰，2014；王丽双等，2015）。职业方面的划分主要依据农户劳动分工和专业化的工作特征，呈现兼业化和专业化（向国成和韩绍凤，2005），农户为了生计的需求，离开土地进入非农领域就业，以获得较高的家庭收入（Huffman，1980；Takahashi & Otsuka，2009；杨俊，2011；黄祖辉等，2012；陈超等，2012；王利平等，2012；张学敏，2013；胡新艳等，2015a）。

（3）农业生产环节外包与土地流转在中国的适用性。中国特有的人多地少和土地"三权分置"的细碎化经营状况，使农业生产存在不规模经济问题。对于解决中国面临的农业土地和劳动力流动问题，国内学者大部分给出的观点是进行土地流转，实现规模经营（黄延信等，2011；闫小欢和霍学喜，2013；陈海磊等，

2014；杨卫忠，2015）。

但是，另一些学者研究发现，中国农业人口众多，人均耕地面积较小，再加上几千年的传统农业经营历史，农户的传统农业生产观念根深蒂固，因此仍有相当一部分农民并不希望改变当前的土地规模，单纯地推进土地流转来实现农业规模经营，存在重大的政策缺陷（罗必良，2014）。中国当前农业人口众多的特征决定了其短期内不可能推行合理经营规模的大农制，所以，学者们指出农业的规模经营实现路径将从土地规模经济转向服务规模经济，也就是众多小农户在有限的土地上集约经营（张忠明和钱文荣，2008；曾福生，2011）。服务型土地规模经营模式是深化农村农业生产改革的一种思路，在保持原有分户承包的前提下，通过合作经营和集体经营的统一服务，包括种子供应、机械耕作、排灌水、收获或农产品销售，达到规模经营的效果（苏华等，2014）。

申红芳等（2015）通过研究稻农生产环节外包发现，2012 年农户农业生产环节外包的平均比例与全国平均的农地流转比例分别为 37.01% 和 15.25%，通过比较农业生产环节外包与农地经营权流转，分析得出农业生产环节外包是实现农业规模经济的有效道路，其进程快于农地经营权流转。农业生产环节外包的产生是我国农业生产和农户特征驱动的必然。杨进等（2013）在分析中国粮食生产的立地条件后得出，在中国广博的土地区位分布下，南与北、东与西、海拔高与低，气候和水文条件各不相同，从而决定了作物的种类、播种、成熟等时期不同，为大型农业机械跨区长时间作业提供了有利的基础。这揭示了中国细碎耕地条件下的小农经营为何能够取得持续发展且获得一定的农业收益，另外说明小规模经营也可以实现规模经济的效果。罗必良和李玉勤（2014）指出农业规模经济既可以通过土地规模经济性来实现，也可以通过服务规模经济性来实现，其中土地规模经济性主要是扩大土地规模来实现规模经营，服务规模经济性主要是通过纵向分工的生产性服务与外包来实现，其中生产性服务又包括代耕、代种、代收或代营等。

农业生产环节外包与土地规模经营之间是相互影响的。从土地规模经济性转向服务规模经济性，通过外包实现规模经营方式的创新。农户在规模扩大过程中，外包程度也在扩大，但是34亩是一个临界点，大于34亩，规模与农户农业生产环节外包比例呈反向关系，所以土地规模与农业生产环节外包之间呈"倒U形"曲线的关系，但是随着农业分工的深化与交易成本下降，34亩的临界点会右移（胡新艳等，2015b）。对于以农业收入为主的农户，农业生产环节外包可以促进土地规模经营（戚迪明等，2015）。

2. 农业生产环节外包的功能

外包的前提假设是农户追求经济效益的最大化，农业生产中，生产主体之所以愿意外包，是因为外包能够获得一定的直接和间接经济效益，包括降低生产成本、缓解劳动力短缺、获得范围经济的技术外溢效应、降低生产风险和实现规模经济等。

（1）降低生产成本。农业生产主体在选择生产环节是自制还是外包的过程中会考虑的成本有生产成本、谈判成本和机会主义成本，其中生产成本包括原料的成本和管理成本，谈判成本主要包括交易成本，机会主义成本是农业主体选择该环节的生产可能损失其他工作获得的收入。农业生产主体在决策之前对各种成本进行比较，外包的选择依据是三种成本之和最小（Lee & Dobler，1971；Baily & Farmer，1986；Vining & Globerman，1999）。

由于劳动比较利益的存在，农业生产过程中，各个国家或者地区的劳动者工资水平的差异使得其在农业生产过程中的成本不同。Gianessi 和 Reigner（2005）指出劳动力成本是国际农业生产环节外包服务产生的重要推力，并指出美国较高的工资水平推动劳动密集的农业生产向其他国家分包，从而降低自身生产成本。Picazo-Tadeo 和 Reig-Martinez（2006）在研究西班牙柑橘种植户时发现，柑橘种植户将生产环节外包给服务组织，主要目的是节约劳动力成本。Gillespie 等（2010）在分析美国西部地区牧场主关于青储饲料的外包时指出，降低初始投资成本是重要的考量因素。

农业生产过程中交易成本与管理成本的比较是重要的外包标准（Coase，1937）。如果内部生产的管理成本小于交易成本，生产者选择自己生产；如果管理成本大于交易成本，生产者选择外包（Harrigan，1985；Arnold，2000）。基于威廉姆森（Williamson，1996）关于交易成本内涵的分析，可知交易成本包括资产专用性、不确定性和交易频率三个方面，其中不确定性又称风险性。Fernandez-Olmos 等（2009）在分析从事葡萄酒酿造业的农场主的外包行为时指出，外包行为不确定性和环境不确定性影响外包行为。林毅夫等（2004）指出外包在需求不确定时存在帕累托改进的性质。张宏杰和刘振中（2010）指出农业企业外包可以降低生产过程中的不确定性，降低生产风险。陈思羽和李尚蒲（2014）指出农业物质资产专用性、农地区域资产专用性与生产的风险性对农业生产环节外包均有抑制作用，人力资产专用性促进劳动密集环节外包。但是胡新艳等（2015c）得出了不同的观点，她们指出资产专用性和农业风险性对农业生产环节外包有显著的促进作用，而交易风险、交易频率则有显著的抑制作用。

（2）缓解劳动力短缺。农业生产尤其是粮食生产需要大量的劳动力，在收获和播种等环节更是如此。Masayo 等（2008）在对比分析荷兰农场主与日本小农户的生产环节外包水平时，发现荷兰农场主外包比例较高，由于人口较少，荷兰在农忙时更易出现劳动力短缺，外包能够吸纳外部劳动力以解决困局。粮食生产一般需要"抢种和抢收"，所以，生产环节外包能有效解决农村留守劳动力不足的问题，尤其是水稻生产的育秧、移栽和收获等关键环节，用工时间相对集中，劳动力季节性短缺明显，另外留守农村的劳动力往往是弱质的劳动力，外包可以解决体能不足的问题（王志刚等，2011；陈超和黄宏伟，2012）。但是，近年来，农村开始广泛使用农业机械作业，农户家庭农业劳动力人数已经不是粮食生产的约束条件（王欧和杨进，2014）。

（3）获得范围经济的技术外溢效应。学者们发现外包方在外包过程中的学习和模仿，能够获得较大的技术外溢效应。Coe和 Helpman（1995）在研究发达国家和发展中国家的外包贸易时发现，发展中国家在承包各种中间环节生产中，引进包含技术和资本的设备，可以提高其自身生产力。Keller（1998）和Blyde（2004）也指出，中间环节的承包可以引起技术扩散和生产力提高，承包还免去了高额研发的费用，还可以分享发达国家发明的技术，获得技术溢出效应。A. Kakabadse 和 N. Kakabadse（2000）指出，外包能够获得发展的主要原因包括获取承包方的高效技术和优质服务，同时促进管理的创新，提升产品质量，扩张市场范围，发挥了承包方的规模经济效应。李寅秋（2011）指出，稻农将生产环节外包可以缓解种植技术需求与自身文化的矛盾，实现了技术在生产过程中的运用，扩大了原本的技术适用范围。

（4）实现规模经济。外包在农业生产中的应用主要是解决农业生产的规模不经济问题。Gideon（1998）在分析农户作物种植和技术选择决策时，将外包的思想用于农业规模化经营的研究之中，分析了农户的土地、劳动力和资本的投入情况。Wolf（2003）通过调查美国西部牧场主发现，在扩张规模的过程中，有91%的牧场主选择了饲养环节外包以实现规模经济。

中国农业生产与日本具有相似的人地环境，日本早期推行农业规模经营的经验表明：大量的小规模农户并不像预想的那样放弃土地，一方面，农地价格上涨过快，阻碍了专业农户通过购买土地实现规模经营；另一方面，政府对农产品价格的干预影响了农业规模的扩大。所以农户普遍采取兼业代耕的方式，即农业外包，来实现农业生产的规模经济效益（胡霞，2009）。对于和中国相似的日韩等国家来说，土地资源不足且分布分散，土地大规模集中存在的困难较大。日本倡导共同经营和外包经营，韩国提倡集团经营，农业作业受托，实现土地集约利用和规模经济效益（冯献和崔凯，2012）。王建英（2015）通过研究水稻生产环节外包决策，得出在中国细碎的耕地条件下，生产环节外包可以实现规模经营，从而有利于农地种植规模经济的实现。

（三）农业生产环节外包市场的供需主体

1. 外包需求主体

农业生产环节外包的需求主体包括农业组织和个体农户，组织是追求利润和效益的农业从业主体，而个体农户的需求行为各异。

（1）农业企业的生产环节外包属于交易行为，相当于企业从外部采购货源或者获得服务（Fernandez-Olmos et al.，2009；Codron et al.，2012），但是农业外包的交易特性不同于工业外包，且农业外包的交易具有多样性（K. D. Brouthers & L. E. Brouthers，2003；Boselie et al.，2003）。

（2）农户行为的观点主要有三个研究流派。第一个流派是自给的生产流派，该流派认为农户的农业生产主要依靠自身劳动力，且农户是有限理性（Bounded Rationality）的，他们主要是为了满足自给的需求，而不是为了生产效益的最大化（恰亚诺夫，1996；Manson & Evans，2007）。第二个流派是绝对收入流派，该流派认为农户没有边际报酬概念，或者受到家庭劳动力剩余的限制，缺乏技能而没有好的就业机会，劳动的机会成本较低，所以农户在边际报酬非常低的情况下仍会继续投入劳动，以获得较少的绝对收入（黄宗智，1986；王征兵和魏正果，1995）。第三个流派是理性行为流派，该流派认为农户在市场竞争中与企业没有差别，农户会合理运用生产要素，追求家庭经济效益的最大化，该流派以西奥多·舒尔茨（1999）为代表，衍生出了关于农户行为的研究，也是外包思想在农业中运用的基础假设。

2. **外包供给主体**

农户在农业生产环节外包决策的过程中面临选择怎样的供给主体，在国内农业生产环节外包取得一定进展的情况下，学者们对外包供给主体的研究也进行了细化与分类。孔祥智等（2009）给出了公益性与营利性、服务内容、供给主体共三种分类方法，按照社会化服务主体的公益性与营利性可分为公益性、营利性、非营利性，按照社会化服务主体的服务内容可分为流通、科技、金融等组织，按照社会化服务主体的供给主体可分为政府部门主导、教育科研部门依托、龙头企业依托和农民合作组织依托。李容容等（2015）从种植大户需求的视角出发，将服务主体分为营利性组织和非营利性组织，研究表明，在资金借贷、农资供应和农产品收购方面，种植大户倾向于选择营利性组织；在病虫害防治以及收割等方面，种植大户倾向于选择非营利性组织。

陈超等（2012）指出外包主体主要包括个体服务者、经济组织（土地托管专业合作社等）和政府机构（科技站等）。综合学者们的研究，本书对供给主体研究的情况进行汇总，如表1-1所示。

表1-1　农业生产环节外包供给主体

供给主体	表现形式	学者与年份
个体服务者	农民经纪人	杨群义，2001
	种粮大户	杨群义，2001；王志刚等，2011
	专业化服务队	王志刚等，2011；申红芳等，2015

续表

供给主体	表现形式	学者与年份
经济组织	土地托管专业合作社	孙晓燕和苏昕，2012；张忠明和钟鑫，2013；高海和刘红，2010
	土地托管中心	陈霄，2013
	土地托管组织	衡霞和程世云，2014
	农民专业合作社	李登旺和王颖，2013；王志刚等，2011
	农业公司	姚瑶，2013；杨群义，2001；Sen，1966；Ortiz，2006
	土地股份组织	季建业，2008；邵传林，2010；肖端，2015
政府机构	农技站	杨群义，2001；陈超等，2012
	基层供销合作社	孔祥智，2015；许先，2003
	公有制服务体系	杨群义，2001
	农村集体经济	张云华，2010；姚康铺，2008；薛继亮，2012

从整理结果可以看出，外包的供给主体主要是经济组织。在经济组织中，提及最多的是土地托管类组织，包括土地托管专业合作社、土地托管中心和土地托管组织。

土地托管的主体在早期主要是农机合作社，以跨区作业来实现外包，在跨区竞争激烈的情况下，农机合作社开始致力于本地的农业作业，服务的内容从单环节发展到综合服务，也称托管服务，该种服务以托管合同为依托，农民将经营权委托给农机合作社，年底依据产量确定分成。在全国供销合作社改革的历史机遇下，山东潍坊、济宁等地在农机合作社实践的基础上，联合村"两委"、农信社等组织，以"3公里土地托管服务圈"的模式，通过为农服务中心，对农户的土地收取一定的服务费，进行托管生产，在托管的方式下，粮食每公顷基本实现增收9000～12000元。该方式是指在农业劳动力老龄化与青壮年劳动力外出务工的形势下，通过新型农业经营主体实现新型农业生产外包服务，既满足了农户对土地承包权与经营权的占有，又解决了农业劳动力不足的问题（孔祥智，2015）。

（四）农户对农业生产环节外包的认知、意愿及决策

1. 农户的认知、意愿

认知是个体对执行某特定行为所带来的后果的认识程度，它决定着个体的行为意愿，认知越深刻行为意愿也越强（周洁红，2006）。在分析创业认知问题时，在机会评价、新企业创建和成长过程中，认知是评估、判断和决策的知识结构（Mitchell et al.，2002）。在战略管理过程中，认知包括前因、结构、过程和结果四个方面（Narayanan et al.，2011）。

农户对交易费用的认知可以分为交易前信息成本的认知、交易中的谈判成本和交易执行成本的认知。农户对交易费用认知的结果影响其土地流转决策行为，对社会保障的认知也影响其土地流转的意愿与流转行为（罗必良等，2013；卫龙宝和张菲，2013；钟晓兰等，2013）。

Adesina 和 Baidu-Forson（1995）、Adesina 和 Zinnah（1993）对玉米和高粱良种的采用进行实验，研究结果表明，农户的认知特征和主观偏好会影响其良种采用行为。Batte 和 Amholt（2003）指出，农户对收益性的认知，是其决策行为的重要驱动因素。D'Antoni 等（2012）以棉农对 GPS 新技术的认知为研究对象，研究表明，对成本节约更有偏好的农户，决策使用 GPS 新技术的概率更高。申红芳等（2010）研究创业农户对农业管理技术的认知，发现加入合作社和技术服务队的农户均对技术认知产生显著正向影响。林毅夫和李周（1992）指出农业研究中的大多数农产品是以信息形式表现出来的，所以研究农户对管理新技术的认知可以采用技术接受模型（Technology Acceptance Model，TAM）。技术接受模型由 Davis（1989）提出，该模型指出农户对某一项管理新技术的采用由其潜在需求决定，而潜在需求受到易用性认知和有效性认知的共同影响。农户采取"从众决策"的可能解释

是，技术的外部性制约了农户的独立决策，导致他们连片种植同一作物，采用同一措施（杨志武和钟甫宁，2010）。

2. 农户的决策

理性决策是效用函数与福利函数一致的最大化（Becker et al.，1990）。理性决策理论是在严格的个体理性假设下，依照严密的逻辑和数学推理，建立在期望效用函数理论的基础之上（Von Neumann et al.，1947）。Rogers（1962）提出，创新决策的过程从最初的认知到最终的确认共分为认知阶段、说服阶段、决策阶段、实施阶段和确认阶段。李章吕（2012）指出，个体决策过程分为两个阶段，首先依据情境，表达信念与愿望，做出一个决定；其次验证做出的决定，进而实施行动。

基于农户理性行为流派的观点，经济变革的目标是人力资本的增加，这也恰当地解释了中国农村改革前后农业与农户的经济增长变化（史清华，2001）。Deadman 等（2004）使用启发式与决策树相结合的方法表达决策过程。Valbuena 等（2008，2010）通过概率方法在农户细致分类的基础上，得出农户类型与决策行为存在对应关系。Quinn 和 Hilmer（1994）提出了外包自制矩阵模型，整个决策过程需要把交易费用和战略性风险综合考虑，以灵活控制外包程度。Roy（2008）通过分析资源基础理论，考虑资源价值与存量得出外包项目的决策模型，并指出伙伴关系是特殊的外包形式。Bernet 等（2001）利用农户友好模型（User-friendly Model）从成本收益理论角度对农户的决策行为进行了分析。Aubry 等（1998）通过对 Picardy 地区不同类型农场农户冬小麦种植决策进行了研究，并建立了一套程式化的农户技术决策模型。钱忠好（2008）指出，家庭决策是尽可能地利用家庭成员的分工优势，使收益最大化。家庭作为农业生产经营的基本单位，在进行决策时，往往是利用家庭成员的分工优势，在农业生产与非农产业之间合理配置劳动力资源，实现家庭收益最大化。粮食生产投入决策行为，是农户在自身决策环境下，在对预期风险和收益综合考量的基础上追求投入回报最大化的过程（郑丽和霍学喜，2007）。

外包决策是在不断地纠错学习和环境变化中做出不同的选择，并不是外包与否的问题上的一次性决定（Lacity et al.，1996）。Fulton 等（1996）基于个体决策的价值观、态度与行为的关系，提出了人类行为的层级认知模型，即价值观–态度–行为意图–行为的一个决策过程。王静（2013）采用"认知态度–决策实施–联合采用"的规范分析方法研究了苹果种植户技术选择行为。

（五）农户农业生产环节外包行为的影响因素与要素密集度

1. 农户农业生产环节外包行为的影响因素

对于农户农业生产环节外包决策的研究，学者们基本停留在环节选择行为影响因素的研究阶段。本书通过总结学者们的研究结果，如表 1–2 所示，可以得出影响农户某一生产环节外包的影响因素。

学者们研究外包决策问题的关注点是不同生产环节外包的影响因素。本书通过分析主要归为九大类的影响因素，包括种植规模、户主特征、家庭劳动力特征、家庭收入情况、外包供给主体行为、生产环节特征、区域环境、费用情况和物质资产专用性。

表 1–2　农户选择生产环节外包的影响因素

影响因素	包括变量	学者与年份
种植规模	稻田规模、牧场规模、农场规模、稻田细碎化程度、种植目的	蔡荣和蔡书凯，2014；Gillespie 等，2010；Masayo 等，2008；Fernandez-Olmos 等，2009；陈思羽和李尚蒲，2014
户主特征	年龄、性别、受教育程度、是否拥有一门手艺、行为不确定性	申红芳 等，2015；蔡荣和蔡书凯，2014；Masayo 等，2008；Gillespie 等，2010；Fernandez-Olmos 等，2009

续表

影响因素	包括变量	学者与年份
家庭劳动力特征	家庭劳动力构成、家庭农业劳动力资源、在外务工人数、女性人口比例、50 岁以上人口比例、16 岁以下小孩比例	陈超和黄宏伟，2012；Masayo 等，2008；蔡荣和蔡书凯，2014；Gillespie 等，2010；陈思羽和李尚蒲，2014
家庭收入情况	家庭收入、牛奶收入占总收入比、机械所有权情况	陈超和黄宏伟，2012；Gillespie 等，2010；Masayo 等，2008
外包供给主体行为	农技员技术指导、农业生产补贴、专业化服务队、外包价格、合作组织、服务的差异性与多样性、技术服务满意度、技术信息获取方便度	申红芳等，2015；蔡荣和蔡书凯，2014；Fernandez-Olmos 等，2009；陈思羽和李尚蒲，2014
生产环节特征	劳动与技术密集程度、生产环节的任务繁杂性与不确定性	Fernandez-Olmos 等，2009；王志刚等，2011；蔡荣和蔡书凯，2014
区域环境	农村交通条件、外部工资水平、水稻种植季节变量	申红芳等，2015；Vernimmen 等，2007；Fernandez-Olmos 等，2009；陈思羽和李尚蒲，2014；王建英，2015
费用情况	土地租金、环节外包费用	王建英，2015
物质资产专用性	农机设备价值、农机用途、户主种植水稻年数	陈思羽和李尚蒲，2014；王建英，2015

2. 农户农业生产环节外包的要素密集度

新古典经济学的代表人物之一萨伊（Say）指出，商品的效用依托于劳动、资本、土地三要素的创造结果。随着技术的进步，依据要素密集度并按生产过程对生产要素的依赖度，可将产业划分为资本密集型产业、劳动密集型产业、技术密集型产业（张理，2007）。从农业生产函数的投入角度，可将农业生产要素划分为资本要素、劳动要素、技术要素和土地要素。当然要素密集度的划分并不是一成不变的，要素密集度逆转的研究结论表明，不同的时期和不同的生产主体对密集和非密集环节的划分可能是变化的（琼斯、凯南，2008）。

已有农业生产环节要素密集度的研究，主要应用于对水稻生产环节要素密集度的划分。廖西元等（2011）通过划分水稻生产环节要素密集度得出，整地和收获环节的劳动力强度大，属于劳动密集环节，也可以通过机械替代来实现生产；育秧和病虫害防治环节对技术的依赖性较强，属于技术密集环节，可通过专业社队提供的外包服务的技术替代实现生产；移栽环节因为区域地形的差异，可采用抛秧、手工插秧、机插秧等栽培方式来实现生产，对技术和机械的依赖度因地区的不同而不同，可划分为双密集环节。王志刚等（2011）划分的水稻生产环节的密集度与廖西元等（2011）的基本相同，只是将移栽环节划分为半劳动半技术密集环节，原因是该环节劳动强度大且技术要求较高。陈思羽和李尚蒲（2014）将水稻生产的播种、施肥和打药划分为技术密集环节，对体能要求较高的灌溉、机耕和收割归为劳动密集环节。蔡荣和蔡书凯（2014）、张忠军和易中懿（2015）、申红芳等（2015）分析水稻生产环节外包行为时，指出耕地和收割为劳动密集环节，育秧、移栽和病虫害防治为技术密集环节。

胡新艳等（2015a）通过专家问卷分析水稻生产环节外包的"交易特性、生产特性、纵向分工可能性"得出，整耕、播栽、收获属于劳动密集环节，种苗、施肥、灌溉、植保、除草、储运属于技术密集环节。王建英（2015）将收割、整地划分为劳动密集环节，除虫除草、施肥、育秧（直播）划分为技术密集环节，插秧、灌溉与排水、晒干属于半劳动半技术密集环节。陈昭玖和胡雯（2016）认为水稻生产的劳动密集环节包括整地、灌溉、插秧、收割，技术密集环节包括播种、育秧、施肥和病虫害防治。

（六）农业生产环节外包的经济效应

已有文献关于外包的规模经济效应研究取得了一定的成果，但是对于农业外包问题的研究较少，基本停留在描述分析的阶段。本书借鉴工业方面的研究成果，对农业和工业外包规模经济效应进行了综合分析。

1. 定性分析的成果

农业的发展与现代化依托于农业生产率的提高，而农业生产率的提高又依托于农业生产与管理技术的不断进步。外包作为农业管理的新技术，赵玉姝等（2013）通过研究农业产前、产中和产后的全过程中生产要素的配置、生产过程的管理以及产品的营销，以委托代理理论为依托，分析农户农技外包服务的作用机理与合约选择，得出农户选择农技外包服务是兼业化背景下，他们提升产出水平和可持续发展能力的有效选择。外包过程中，农户依据外包环节的特征，选择不同的合约形式，对于交易成本较高的难分割环节采用分成合约的形式，对于易分割的且可计量服务质量的环节采用租金合约的方式。总之，农户选择农技外包服务对家庭总福利的提高有促进作用。"农机"服务外包能够缓解农村人口老龄化的影响（钟甫宁和向晶，2012）。外包对于降低初始投资成本有一定的影响（Gillespie et al. ，2010）。

基于中国耕地面积小，地块分散的特征，部分学者认为农业生产环节外包是实现规模经济的有效途径（廖西元等，2011；胡新艳等，2015b）。王志刚等（2011）指出，生产环节外包是农业实现规模经济的"金钥匙"，是解决农业家庭经营与农村留守劳动力结构失衡问题的有效途径，有益于现代农业发展，通过生产环节外包既能增加机械服务供给，又能提高生产要素的利用效率。胡新艳等（2015b）指出，从土地规模经营转向服务的规模经营，是农业规模经营的新路径，土地的种植规模与农户外包的参与行为呈"倒 U 形"曲线关系。

刘瑶（2011）研究外包对生产率效应和要素供给效应的影响，发现如果阻止资本的国际流动，外包后特定要素的报酬随着非特定要素供给量的增加而增加；如果定义熟练劳动力为行业生产的特定要素，外包的结果是增加熟练劳动力的工资，降低非熟练劳动力的工资，拉大二者的工资比率。

不同的行业可采用不同的外包方式，最终对生产率的影响也存在差异（刘庆林等，2010）。对于我国农业现代化发展来说，生产环节外包有利于提高生产效率，基于农民增收难的问题，农业生产环节外包对农民增收、粮食安全和促进农业发展起到重要作用。外包体现了生产的社会化分工与规模经营本质，外包理论在农业生产方面的应用有利于生产效率的提高并促进产业发展（李寅秋，2011）。

2. 定量分析的成果

关于外包的规模经济效应定量分析的成果，学者们从不同的方面进行了阐述，可以概括为外包对生产率的直接影响、外包与产出水平的因果关系、引用中介变量分析外包对生产率的影响。

实证研究主要集中在工业行业的面板分析，农业方面的实证研究也取得了一定的成果，学者主要采用农户调查数据，采用的实证研究方法主要有柯布－道格拉斯生产函数（C－D 生产函数）法、超越对数生产函数法、固定替代弹性（CES）生产函数法和直接回归法等，研究外包与经济效应的文献及方法如表 1－3所示。

（1）关于外包实现产出规模经济效应的分析，研究者一般采用生产函数法分析，其中采用 C－D 生产函数法主要测量外包对生产技术水平的作用（陈超等，2012）。采用 CES 生产函数法主要测量外包加深专业化分工，能否提高资本、劳动等投入要素的产出率水平，或者改变要素替代率对产出效率产生的影响，但CES 生产函数法往往存在估计的内生性问题（姚战琪，2010）。直接回归法将外包率和其他影响产出的控制变量一起引入自变量，分析其对劳动生产率或者全要素生产率作为因变量的影响，通过显著性来分析外包的产出规模经济效应（Austin et al.，

1998）。外包对产出水平规模经济效应的间接影响，是将生产率变量纳入外包决策的影响因素，分析生产率与外包行为的因果关系，并通过分析外包对劳动力流动的影响，间接分析外包的生产率效应，如外包对技术积累的影响（刘波等，2016）。

表 1 - 3　研究外包与经济效应的文献及方法

研究方法	学者与年份	研究主题
C - D 生产函数	Gorg 和 Hanley，2003	外包是否影响生产率
	刘海云和唐玲，2009	国际外包的生产率效应及行业差距
	蔡宏波和陈昊，2012	中国工业行业中的外包对劳动力结构的影响
	刘秉镰和林坦，2010	制造业物流外包与生产率的关系
	陈超等，2012	水稻生产环节外包的生产率效应
	王建英，2015	转型时期水稻生产环节外包程度的生产率效应
CES 生产函数	姚战琪，2010	工业和服务外包对中国工业生产率的影响
	H. Egger 和 P. Egger，2006	国际外包与欧盟地区的低技能劳动力产出
超越对数生产函数	姚战琪，2010	工业和服务外包对中国工业生产率的影响
	徐毅和张二震，2008	外包与生产率：基于工业行业数据的经验研究
	张忠军和易中懿，2015	农业生产性服务外包对水稻生产率的影响
数据包络分析	Picazo-Tadeo 和 Reig-Martinez，2006	西班牙柑橘种植农户生产环节外包对技术效率的影响
结构方程模型	刘波等，2016	以深圳市为例研究环卫服务外包中合作管理、关系质量与外包效果的关系
直接回归	Falk 和 Wolfmayr，2008	服务和材料外包给低工资雇请国家：来自欧盟国家的实证分析
	Austin 等，1998	关于农户心理、社会和经济变量的行为实证
	戚迪明等，2015	外包对农户土地规模经营的影响

（2）关于外包的规模经济效应分析，学者们主要采用分环节的方式，将农业生产分成不同的环节分析外包的产出效应（陈超等，2012）。Picazo-Tadeo 和 Reig-Martinez（2006）指出劳动密集型环节和资本密集型环节对农户生产率有正向影响，不同规模的

农户生产环节外包均能通过专业化实现生产效率的提高（Wolf，2003；Gillespie et al.，2010）。刘秉镰和林坦（2010）对于物流外包的研究得出，在非中性技术进步假设下，外包带来资本节约型的技术进步，同时引起非中性的技术退步，二者共同作用的结果使得物流外包对制造业生产率的总效应为正。蔡宏波和陈昊（2012）分析外包对劳动力结构的影响得出，技术密集型产品生产中，熟练劳动力占比的增加对劳动力结构的优化作用明显，劳动和资源密集型产品的增速落后于整个行业的增速。徐毅和张二震（2008）分析得出，外包可以促进生产可能性前沿扩大，助推生产边界外移，同时推进生产结构从劳动密集型向资本密集型转变。

分析生产环节外包的生产率效应时，王建英（2015）比较分析了考虑家庭生产要素投入的机会成本和不考虑家庭生产要素投入的机会成本，发现考虑家庭生产要素的影子价格时，外包程度对农业生产率有正向影响；不考虑时，外包程度对水稻产出的影响不显著。张忠军和易中懿（2015）得出生产环节外包有助于提高水稻生产率，整地、移栽和收割等劳动密集型环节外包对水稻的生产率没有产生显著影响，育秧、病虫害防治等技术密集型环节外包对水稻生产率有显著影响。

（七）研究动态述评

以上不完全的文献回顾，在一定程度上描述了外包与农业生产环节外包的内涵，农业生产环节外包的动因及功能，农业生产环节外包市场的供需主体，农户对农业生产环节外包的认知、意愿及决策，农户农业生产环节外包行为的影响因素与要素密集度，农业生产环节外包的经济效应。这些研究成果为研究农户农业生产环节外包的决策提供了丰富的视角和方法参考，但是现有的研究仍然存在许多不完善的方面。

（1）外包概念与农业生产环节外包的定义仍然处于分散研究阶段，学者们没有给出统一引领性的观点。农业生产不同于工业，分工的限制性使得农业外包的研究起步较晚，农业生产环节外包的内涵界定不够清楚。中国特有的农业人口特征与农业用地特征，使得农业生产环节外包的内涵不同于其他国家，将外包与土地流转等同看待，所得外包与土地规模经营的因果关系结论不同。外包的内涵因为研究作物的不同而有较大区别，已有研究只分析了部分作物，缺少对小麦生产环节外包的具体界定。现有研究对农业外包不同生产环节的理论分析存在缺陷，没有说明划分环节类别的理论依据，只是提出了"劳动密集型"和"技术密集型"两类，缺少"资本"这一重要农业生产要素的分析，所以很难使读者信服。本书在综合分析的基础上对农业生产环节外包进行定义，从劳动、资金与技术三个方面详细分析不同环节的外包要素特征。

（2）实证研究有待丰富，且研究缺乏系统的理论框架体系。农业生产环节外包的研究近年来才开始兴起，已有研究多以定性分析为主，实证分析多缺乏扎实的理论框架体系，在解释变量的选取上带有随意性，变量的内生性问题没有得到重视，研究的样本多集中在某一种作物上，现有分析外包的作物大多集中在水稻的外包研究上，缺少对其他作物的实证分析，另外，基本以东部沿海地区为实证分析的区域范围，研究的区域存在局限性。本研究通过构建农户响应的理论框架体系，以小麦种植户为例系统实证分析农户农业生产环节外包决策，旨在补充现有研究的不全面。

（3）农户的外包决策分析只是片面地研究了农户的农业生产环节外包与否的问题，缺乏运用决策的理论体系综合研究，即从农户"认知-意愿-行为-经济效应"的理论框架出发，从外包程度选择、外包选择行为和外包个体响应三个方面系统研究农户农业生产环节外包行为响应。农户在追求家庭收入增加的前提下，其产权认知如何影响外包程度？农户外包认知对外包的行为影响机理是什么？外包意愿的结果在多大程度上决定了农户是否选择该生产环节外包？外包的行为内部怎样构成外包决策的结果？外包的农业规模经济怎样？外包后农户家庭收入会不会产生范围经济效应？这些问题在已有的研究中基本没有出现过，因此研究农户的行为响应从行为经济学出发更具系统性，本书通过构建结构方程模型，在农地产权认知的视角下，研究产权认知、外包的产权效应认知与外包程度选择的影响机理，并进行分组实证比较。

（4）现有文献在研究农户农业生产环节外包决策的过程中只分析了不同外包环节的选择，缺少对外包决策内部响应机理的考虑。外包决策不仅仅是农户生产某环节选择外包与否的问题，更是农户外包认知、外包意愿与外包行为的一个综合响应过程，所以只分析环节是否外包的问题存在研究的片面性。本书试图构建外包决策的内部响应机理模型，在厘清决策机制的前提下，采用实证的方法分析小麦生产的各环节外包的决策个体响应与外包选择行为的影响因素。

（5）虽然现有文献对外包的规模经济效应有了一定的研究，且得出了一些可参考的研究成果，但是对于外包的规模经济效应的研究只停留在作物产出率的变化阶段，没有考虑农户家庭生产的范围经济效应，外包虽然是农业生产决策问题，但更多的是一个家庭的福利效应最大化的生产响应问题，所以只考虑农业产出率的规模经济效应的研究存在片面性。本研究从两个层面分析外包的经济效应，第一个层面分析在劳动、资本等生产要素投入的情况下，外包作物产出的规模经济效应；第二个层面以外包前后农户农业收入的变化和横向的绝对纯收入分别为因变量，分析外包的家庭生产范围经济效应。

四 研究思路、研究方法与技术路线

（一）研究思路

以农业分工为理论支撑，采用行为经济学的研究范式，沿着"认知－意愿－行为"的路径构建决策模型，从外包程度选择、外包选择行为和外包个体响应三个方面分析农户农业生产环节外包行为响应，在分析过程中，以小麦种植户为分析单元，重点分析以下四个部分。

1. 农户农业生产环节外包行为响应的理论分析

以农户为研究单元，以农户农业生产环节外包行为响应为研究对象，将农户追求家庭总福利最大化的理性动机与分工理论相结合，基于新古典经济学理论，引入农业生产的四要素——土地、资本、劳动、技术，在归纳农户农业生产环节外包行为响应机理的基础上，揭示要素密集度划分后的生产特征，以及外包的决策机理，建立农户农业生产环节外包行为响应的理论体系。本书主要运用规范分析的研究方法，提炼出研究的理论假设（有待实证验证）。农业生产环节要素禀赋和外包供给市场是影响农户外包认知、外包意愿和外包行为的因素，小麦种植户选择不同生产环节外包受认知因素与外部因素共同的影响，且外包供给市场的主体特征、服务质量、价格以及小麦种植户外出务工特征是影响小麦种植户外包的诱致性因素，进而引起农户外包认知、外包意愿与外包行为的不同，最终对小麦生产水平和家庭收入产生影响。

2. 农户农业生产环节外包发展历程、出现的动因与现状特征分析

在理论分析的基础上，采用归纳分析的方法，总结农户农业

生产环节外包的发展历程，依据农业生产过程中作物种植资本、劳动与技术要素需求的变化，将发展历程分为三个阶段；在文献研究的基础上总结农户农业生产环节外包的动因，农户选择外包的最终目标是家庭总福利效应的最大化；在实地预调研的基础上，说明本研究的区域范围划定和样本统计抽样方法；采用描述性统计的方法说明调查区域小麦种植户生产环节外包的现状特征。

3. 农户农业生产环节外包行为响应实证检验

从农业生产要素需求的纵向主线出发，依据土地要素、资本要素、劳动要素和技术要素，分析从农户不同要素密集环节视角出发的外包行为响应问题。横向主线采用行为经济学的研究范式，在外包程度选择分析的前提下，概括农户外包决策的内在机理，包括外包认知、外包意愿、外包行为。

以实地调研数据为支撑，研究全国冬小麦主产区的外包情况，以要素禀赋理论和农户的外包决策理论为指导，决策包括计划行为理论、农业分工理论、范围经济理论与规模经济理论等。横向主线主要从三个层面来研究农户农业生产环节外包行为响应，如图 1 - 1 所示。

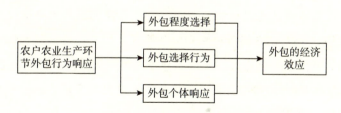

图 1 - 1　农户农业生产环节外包行为响应的框架

第一，基于农户农地产权结构认知的视角，分析农户农地产权认知与农业生产环节外包程度选择的影响关系，构建农户农地产权结构认知 - 外包的产权效应认知 - 外包程度选择的理论框架，采用结构方程模型实证检验理论框架的真伪性，得出产权认知与外包程度的关系。分区域比较产权认知对外包程度影响的差异，并对老龄化和非老龄化户主分组比较产权认知对外包程度影响的差异。

第二，对于资本密集环节与劳动密集环节的划分，考虑在机械水平的发展过程中要素密集环节的转变路径，即资本要素对劳动要素的替换，分析现有农业生产状态下的资本密集环节和劳动密集环节的划分结果。分析农户资本密集环节和劳动密集环节外包的选择行为，设计影响农户资本密集环节和劳动密集环节外包选择行为的理论基础和测量框架，运用二元 Probit 模型和 IV Probit 模型，在资本密集环节，主要分析资本要素对小麦生产的资本密集环节外包选择行为的影响，以及资本要素内部的影响关系，通过比较考虑资本禀赋内生性和不考虑资本禀赋内生性的结果，找出资本要素在资本密集环节外包选择行为中的作用，分析高交易成本的资本要素如何通过外包降低交易成本，实现资本密集环节的规模经济效应。在劳动密集环节，通过比较考虑劳动禀赋内生性和不考虑劳动禀赋内生性的结果，找出劳动要素在劳动密集环节外包选择行为中的作用。

第三，基于行为经济学的理论范式，研究农户技术密集环节外包个体响应的理论机制，构建认知、意愿和行为的个体响应机理模型，运用 OLS 模型分析外包意愿的认知交互效应和地区调节效应，并分析技术密集环节外包意愿的影响因素。运用多元 Probit 模型和 Poisson 模型分析外包选择行为的影响因素，通过中介效应检验，分别估计未加入外包意愿的认知变量和主要控制变量对农户技术密集环节外包选择行为的影响，加入外包意愿的意愿变量、部分认知变量以及主要的控制变量对农户技术密集环节外包选择行为的影响，通过比较两个模型的不同，判断模型的稳定性，得出农户技术密集环节外包选择行为的影响因素。

第四，从农户外包的视角出发，构建农户农业规模经济效应实现和家庭生产范围经济实现的理论模型，再通过熵值法、OLS模型和有序 Logistic 模型进行分析，在利用熵值法测算产权认知、外包的产权效应认知和外包程度综合得分的基础上，分别分析农户农业产出的规模经济效应和家庭收入的范围经济效应的实现情况，对农业规模经济效应进行测量，分析农业规模经济实现的影响因素，以及技术要素对规模经济实现的调节效应；另外对家庭范围经济效应进行测量，并对范围经济实现的影响因素进行分析，得出农户家庭总福利效应最大化目标下的最优劳动力配置，以及验证外包程度选择结果的现实合理性。

4. 完善农户农业生产环节外包体系的政策建议

在理论构建的基础上，通过对外包程度选择、外包选择行为和外包个体响应的实证分析，得出农户不同要素密集视角的生产环节外包行为响应的参考意见。通过分析农户的外包认知、意愿与行为，以农户的农业收入、家庭纯收入、获得闲暇的三个理性动机为指导，给出农户家庭总福利最大化的外包方案。在"三权分置"的农地政策指导下，应如何构建有效的产权实现方式，以稳定产权，提高土地的经济和社会功能，在构建农业社会化服务体系的过程中，为政策制定者提出提高农业社会化服务水平的政策建议。

（二）研究方法

本书在运用规范分析归纳总结农户农业生产环节外包决策机理的基础上，综合采用实地调研方法、统计和计量等实证分析方法，对不同要素密集环节的农户外包行为响应进行综合分析，具体的主要研究方法概括如下。

1. 规范分析法

借鉴已有外包相关研究成果，依据农业分工理论，在整理阅读文献的基础上，分别从农户的技术水平、资本规模与劳动比较利益三个方面分析小麦种植户的特征，对生产环节外包的内涵和外延进行界定。构建出包括"农户农业生产环节外包行为响应理论基础分析→农业生产环节外包发展现状特征与动因分析→产权认知视角下农业外包程度选择→农户农业生产环节外包决策分析（外包认知、外包意愿与外包行为）→农业生产环节外包与经济效应的实现"的研究思路，以及有待检验的研究假设。

2. 实地调研法

依据本书研究主题，分别设计小麦种植户生产环节外包问卷和小麦产区村级生产环节外包问卷，总计两套问卷。采用分层抽样与随机抽样相结合的方式，对中部的冬小麦主产区进行抽样调查，拟选择的地区包括河南和山西部分地区，在所选的所有地区中获得631份农户问卷，101份村级问卷。

3. 统计分析法

采用描述性分析的方法，分析小麦种植户的各环节外包之间的趋势变动与结构布局。同时，对所取得的问卷数据采用统计分析的样本卡方检验、贝叶斯检验、F检验、T^2检验（Hotelling's T-square）、伴随概率P检验、组内相关系数检验（ICC）等统计学检验方法，以及中介效应检验、交互效应检验、调节效应检验等。采用SPSS 21.0、AMOS 22.0、Stata 12.0、R 2.11.1等软件进行实证统计分析。

4. 计量分析法

计量分析法中，采用了结构方程模型（Structural Equation Model，SEM）、二元Probit模型、含内生变量的Probit模型（IV Probit模型）、多元Probit模型（Multivariate Probit Model）、Poisson模型、OLS模型、熵值法、有序Logistic模型（Ordered Logistic Model）。

（1）结构方程模型。在分析农户产权认知对生产环节外包程度选择影响关系的过程中，产权认知又包括产权结构认知和外包的产权效应认知两个部分。通过理论分析，在构建"产权结构认知 – 外包的产权效应认知 – 外包程度选择"理论模型的基础上，提出理论假说，其中可能存在间接效应，所以适合采用结构方程模型，通过 SEM 模型可以检验理论假设的正确性。SEM 模型在允许测量变量存在误差的前提下，不但能够给出显变量的影响路径系数，而且能够得出潜变量之间的影响关系，再通过分组的结构方程模型，分析不同区域组的结构系数差异，以及老龄组和非老龄组的结构系数差异。

（2）二元 Probit 和 IV Probit 模型。关于农户资本密集环节外包的选择行为分析，小麦生产的资本密集环节外包中的每一个环节都是一个二元选择模型，行为变量服从标准正态分布，所以适合选择 Probit 模型。在资本密集环节的自变量分析过程中，资本要素的内生性问题可以通过 IV Probit 模型进行分析，在分析影响因素之间关系的时候，可同时检验自变量之间的内生性假设，使得模型的估计效应得到提升。劳动密集环节外包的过程与资本密集环节类似，所以采用同样的分析方法。

（3）多元 Probit 模型和 Poisson 模型。关于农户技术密集环节外包的个体响应的分析，采用多元 Probit 模型，该模型是在二元 Probit 正态假设的基础上，采用模拟的最大似然估计方法，不但能够估计出模型的影响因素，还能分析因变量之间的关系，即能够给出技术密集各环节的外包选择行为之间的关系，提高了估计结果的准确性。采用 Poisson 模型分析农户小麦生产环节外包的个数，环节外包数是一个计数模型，采用该估计方法能准确地反映农户总体的生产环节外包情况。

（4）OLS 模型和有序 Logistic 模型。采用 OLS 模型分析农户技术密集环节外包的影响因素和影响因素中的认知交互效应、地区调节效应；另外采用 OLS 模型分析以小麦单产测量的规模经济效应和技术要素的调节效应，以农户横向家庭纯收入测量范围经济实现的影响因素。采用有序 Logistic 模型分析农户外包前后收入变化的家庭生产范围经济效应，因为家庭外包前后的纵向收入变化是一个有序变量，适合采用有序 Logistic 模型，且能够给出边际影响效应。

（三）技术路线

依据以上研究思路与研究方法，整理得出农户农业生产环节外包行为响应研究的技术路线，如图 1 - 2 所示。

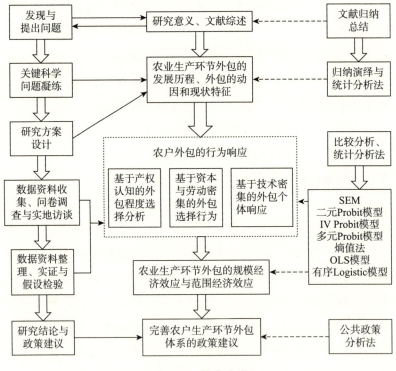

图 1 - 2　技术路线

（四）拟解决的问题

（1）如何促进农户小规模经营与农业现代化的有效衔接？通过分析土地政策与农户对政策的认知以及对外包程度选择的影响，

可知资本要素、劳动要素和技术要素分别在农业生产各环节中具有重要支配作用。通过分析农业生产的资本密集环节、劳动密集环节、技术密集环节的划分依据和划分方法，资本要素对劳动要素的替代，以及劳动密集环节与资本密集环节的转换关系，得出小麦生产的资本密集环节与劳动密集环节划分结果；分析农户农业技术密集环节外包程度低的阻碍因素以及提高农户技术密集环节外包程度的策略。

（2）农业规模经济的实现途径是什么？家庭生产范围经济实现的有效方式是什么？该发展农业集中连片的规模经营，还是"迂回"的环节规模经济，哪一种方式在中国农地细碎化、人口规模大、家庭经营为基础的背景下更具有适应性？"三权分置"的农地政策指导下，该如何更好地保持产权的稳定性、产权主体的明晰性、提高农户产权的"安全感"？如何让农户在外出务工的情况下，对自己的农地承包权具有稳定的控制性，实现农户农业收入保障性的理性预期，最终实现农业生产的规模经济效应和家庭生产的范围经济效应？

（3）如何提高农户的家庭总福利效应（包括农业收入和非农业收入的增加，农户的劳动辛苦程度的降低）？以行为经济学理论为基础，剖析"小农"的农业生产机制，构建农户家庭总福利最大化驱动机制下的农业生产模型，进一步分析农业生产、务工与获得一定闲暇效应的理论机制。以农户生产外包行为响应为前提，本书提出实现农户兼顾农业生产与非农务工的有效方案。

五　数据来源与使用说明

为了深入分析农户农业生产环节外包行为响应问题，需要通过实地调研的数据进行实证，而小麦是中国的三大主粮之一，以小麦种植户为对象来研究农业生产环节外包行为响应问题具有代表性。

况且，现有关于中国农户农业生产环节外包问题的研究主要以水稻为例，缺少小麦外包问题的分析，所以对小麦生产环节外包的实证研究具有现实的需求性。本书主要采用农户调查数据进行实证分析，该节主要介绍数据的获取流程和问卷的主要内容。

（一）样本抽样框架与方法

本书主要围绕中国北方小麦产区的农户农业生产环节外包行为，选取全国小麦第一主产大省河南省以及旱作小麦产区之一的山西省为调查区域。河南省 2015 年小麦产量 3501.0 万吨，是全国小麦生产第一大省，农民人均可支配收入 10852.86 元，高于全国 10772 元的平均水平，小麦单产 430.2 千克/亩；漯河市是河南省小麦生产示范地区之一，2015 年小麦产量 106.71 万吨，农民人均可支配收入 11980 元，小麦单产 498 千克/亩；商丘市地处河南省东北部，属于小麦生产的典型传统地区，2015 年小麦产量 434.63 万吨，农民人均可支配收入 8885 元，小麦单产 497.2 千克/亩。[①] 漯河市和商丘市基本代表河南省的小麦生产情况，选择这两个地区的小麦种植户进行调研具有代表性。山西省 2015 年小麦产量 271.4 万吨，是全国旱作小麦产区之一，农民人均可支配收入 9454 元，低于全国平均水平，小麦单产 268 千克/亩，低于全国 359.51 千克/亩的平均水平，属于全国的小麦非优势产区[②]；运城市 2015 年小麦产量 157.3 万吨，农民人均可支配收入 8718 元，小麦单产 319.98 千克/亩[③]。山西省是传统矿区，运城盆地是山西省主要的粮食产区，能够代表小麦非优势产区的生产情况，选择运城市的小麦种植户进行调研具有代表性。

---

① 数据来源于《河南统计年鉴 2016》。
② 数据来源于《山西统计年鉴 2016》。
③ 数据来源于《运城市 2015 年粮食生产稳步增长》，山西省统计信息网，http://www.stats-sx.gov.cn/sjjd/sxxx/201512/t20151225_38903.shtml，2015 年 12 月 25 日。

本书的数据来自笔者2015年12月对河南和山西两省的调查。本次调查采用三阶段随机抽样的方法，首先，按照调查区域的居民人均纯收入水平，在每个地区随机等距抽取3~5个乡镇进行调查；然后，在每个抽取的乡镇随机选取3~5个村庄；最后，在每个村庄中随机抽取5~6户小麦种植户，并采用一对一的形式入户进行调查。本调查对小麦种植户共发放650份问卷，有效问卷631份，问卷有效率达97%；同时，获得101份村级问卷。调查小麦种植户样本的分布情况如表1-4所示。漯河市、商丘市和运城市均为冬小麦主产区，全年只种一季小麦，均为冬播夏收，秋季主要种植玉米、大豆等。

表1-4 调查小麦种植户样本的分布情况

地区	县区	乡镇	被调查村庄数（个）	有效样本小麦种植户数（户）	样本比例（%）
河南省漯河市	郾城区	李集镇、龙城镇、孟庙镇、商桥镇	13	61	9.67
	源汇区	大刘镇、阴阳赵镇、空冢郭镇	8	48	7.61
	舞阳县	太尉镇、北舞渡镇、文峰乡、侯集镇、吴城镇	11	79	12.52
	临颍县	杜曲镇、瓦店镇、大郭乡	5	59	9.35
河南省商丘市	民权县	龙塘镇、庄子镇、白云寺镇、人和镇	20	102	16.16
	睢县	蓼堤镇、涧岗乡、周堂镇	8	74	11.73
山西省运城市	盐湖区	上郭乡、龙居镇、三路里镇、金井乡	8	35	5.55
	闻喜县	郭家庄镇、后宫乡、东镇镇、裴社乡、凹底镇	13	92	14.58
	临猗县	牛杜镇、角怀乡、七级镇	8	41	6.50
	永济市	开张镇、城东街道、张营镇	7	40	6.34
合计			101	631	100.00

资料来源：调查资料整理所得。

（二）主要调查内容

依据本书的研究目标，笔者取得了 2014 年 9 月到 2015 年 7 月的小麦生产环节外包情况，以及 2015 年主要的农业投入产出数据，农户 2012～2015 年的收入数据，外包前后的收入变化数据，2010～2015 年的收入变化数据。[①] 小麦种植户问卷信息主要包括家庭人口特征、家庭近三年的收入结构、家庭主要成员的务工情况、所在村庄的农资供应和合作社情况、家庭农地和机械拥有情况、小麦的社会服务体系构建情况、小麦生产各个环节的外包详细信息（包括小麦产前农资的购买情况，产中的耕地、播种、植保、灌溉、追肥、收割、干燥环节，产后的储运与销售情况）、外包的认知与意愿情况、技术采纳情况、农地流转参与情况、农业生产劳动力用工情况、农地产权结构认知与外包的产权效应认知情况、国家农业补贴情况、农地确权情况等。本书数据的最大特点是，拥有小麦所有生产环节的外包认知、意愿与行为的详细信息，以及小麦生产的资本要素、劳动要素、技术要素的投入信息。

六　可能的创新之处

根据已有的文献整理、调查问卷和研究计划，分析了农户农业生产环节外包行为响应与经济效应的问题，本书可能的创新之处主要有以下几点。

（1）中国农户小规模经营与农业现代化生产的有效接轨是农业生产领域研究的重大现实难题，本研究以小麦种植户为例，分

[①] 需要分析农户外包前后的非农收入的变化情况，在农户因为时间久远记忆模糊的情况下，通过 5 年的时间界定节点，来提示比较农户的非农收入变化，将之作为农户外包前后家庭非农收入变化数据信息的参考。

析了农户农业生产环节外包行为响应与经济效应，对于解决中国"人多地少"的农业规模不经济问题，开辟了新的研究思路。在研究农户农业生产环节外包程度选择问题时，对外包程度重新进行定义，结合中国"三权分置"产权政策，分析农户农地产权结构认知和外包的产权效应认知与外包程度选择的影响关系，得出的创新性结论包括：农户对农地的控制性认知、征收风险认知、产权明晰化的认知和对农地的经济依附大小，四个变量共同构成了农户农地产权结构认知的结果，农地产权结构认知对外包的产权效应认知产生显著的正向影响，外包的产权效应认知对劳动密集环节外包程度选择具有显著的正向影响。

（2）基于资本密集环节和劳动密集环节视角分析了农户农业生产环节外包选择行为，对小麦的资本密集环节和劳动密集环节的划分进行了定义，得出的创新性结论包括：小麦种植仍以小规模为主，农户农业生产环节外包选择行为表现为资本密集环节外包的比例较高，劳动密集环节外包的比例较低。资本要素对农户小麦种植通过外包实现纵向分工并形成环节规模化生产具有重要的影响，劳动要素对农户劳动力的非农转移和农业的兼业化生产具有重要的影响。基于技术密集环节视角分析农业生产环节外包的个体响应。从计划行为理论出发，以农户家庭收益最大化为农业生产的目标，构建了农户农业生产环节外包的个体响应的机理模型，是理论模型构建的创新。对小麦生产的技术密集环节进行提取，得出的创新性结论包括：农户技术密集环节外包的易用性认知和有效性认知对技术密集环节外包意愿均具有显著的正向影响。农业技术密集环节外包选择行为之间存在正相关的影响，农业技术密集环节外包的个体响应是农户技术密集环节外包认知、外包意愿对外包选择行为直接和间接影响的结果。

（3）分析农户农业生产环节外包的规模经济效应和范围经济效应，在研究农户外包的农业规模经济效应的基础上研究了农户家庭生产的范围经济效应，得出的创新性结论包括：外包程度对农业规模经济效应具有负向影响，具体表现为农户外包程度综合权重值对小麦单产水平具有显著的负向影响；外包费用对农业规模经济效应具有正向影响，具体表现为外包费用对小麦单产有显著的正向影响；种植规模对规模经济具有负向影响，具体表现为农地细碎化度对小麦单产具有显著的负向影响。农户家庭范围经济实现的变量内部，农户家庭横向纯收入与其外包后纵向收入变化之间具有显著的正向关系；外包供给变量对小麦种植户的生产环节外包前后纵向收入变化产生显著的正向影响，对小麦种植户横向的家庭纯收入具有显著的正向影响。

第二章◀
农户农业生产环节外包行为
响应的理论基础

本章在对农业生产环节外包行为响应概念界定的基础上，首先分析农户农业生产环节外包行为响应的内部理论机理与经济效应的实现机制；其次分析农户在分工与合作的过程中，通过外包方式实现农业生产规模经济效应的有效性；最后构建农户产权认知与要素密集度视角的农业生产环节外包行为响应的理论框架，为研究农户农业生产环节外包行为响应提供理论支撑和框架依据。

一 相关概念界定

(一) 外包概念的界定

1. 农业生产环节外包

外包（Outsouring）概念最早源于科斯（Coase）（1937）、Williamson（1975）关于企业和市场边界的讨论。外包在企业的理论体系中得到了广泛的应用，综合各专家的定义，外包是指企业为了实现生产效益最大化，将内部有限的资源主要集中在优势业务生产上，同时利用外部资源，以外包形式实现非优势业务的生产（Prahalad & Hamel，1990；Lepak et al.，2006；Arnold，2000；Carey et al.，2014）。

外包在企业中的应用按照地理区位的划分，有离岸外包和境内外包，在一般的国际贸易中的外包基本指离岸外包，以跨国的交易完成节约成本等目标，而境内外包一般注重核心业务、成本转移和规模经济。按照外包方式进行分类，包括合同方式和委托方式，合同外包属于外包方购买服务，承包方负责生产并承担相应的风险责任，外包方只需付相应的合同约定的费用，无须承担责任；委托外包是外包方将连带投资委托给承包方经营，主要包括承包、租赁、特许管理等，外包方需要承担相应投资风险责任。政府外包方式主要是公私合营模式，该模式在国内采用较为广泛，需考虑政府的参与渠道、形式、范围和程度等。外包在企业中的应用还包括人事外包、软件外包、物流外包、电子商务外包等。

综上所述，农业生产环节外包是指农户为了实现家庭总收益的最大化，将农业生产的一些环节，通过合约的方式，外包给环节服务的供给者（承包方），并支付承包方相应的费用，实现农业生产的规模经济。农户通过农业生产环节外包，一方面可以汲取社会化服务资源、先进的农业生产和管理技术；另一方面农户合理地配置了家中的劳动力资源，实现稳定的农业收入与一定的非农收入，再或者减少一定的辛苦的劳动作业，获得一定的闲暇效应。

2. 外包供需主体的界定

外包供需主体是指参与农业生产环节外包的供给关系中的供给方和需求方，二者在市场配置中建立了交易关系。农业生产环节外包的需求方是农户，从种植规模来看，包括小规模种植农户和大规模的参与流转的农户；从组织特征来看，包括传统的自然小规模农户、注册家庭农场的农户和参与合作社的农户。外包的供给主体是外包服务的提供者，从早期的"赶场"的农机专业大户，到农机合作社、土地合作组织、为农服务中心、农技站等主体，主要包括以营利为目的的专业大户、以半营利半服务为目的的合作社（组织）和政府主办的非营利性服务机构。

3. 外包程度的界定

外包程度是农户选择农业在生产环节外包过程中的资源配置方式，也可以视为农业生产环节外包的方式，表明了农户农业生产环节外包的纵深参与度。外包是农户利用外部资源来完成自身农业生产的经济交易过程，农业机械、农业劳动力、农业生产技术、农业组织都是农业生产外部的资源，农户在外包过程中选择的资源配置方式决定了他们的外包程度，当然，这些外部资源有可能是农户无法选择只能被动接受的（受外包供给环境的限制）。农户可以利用外部资源的程度不同，决定了农户外包程度选择范围的大小。在农业生产的资本密集环节（机械替代作用较强的环节），如果农户采用的外包方式是雇请机械，即没有签订正规契约的临时约定，例如临时口头约定的机械耕种收，则农户的外包程度被视为比较"浅层"；如果农户采用的外包方式是雇请专业服务组织，即采用"托管"的方式将资本密集环节委托给专业服务组织来完成，农户掌握生产环节的决策权力，则认为农户的外包程度较为"深层"。

结合小麦的生产特征，书中依据农户的农业生产经营能力和外包供给市场环境、主体，将农户的生产环节外包方式分为五种，分别是自己生产、帮工与换工、雇请机械、雇请机械和人力、雇请专业服务组织。其中，自己生产表示农户没有参与某一生产环节的外包，即生产环节外包的程度最低；雇请专业服务组织是目前农户可选择的最高程度的外包方式，即生产环节外包的程度最高。

（二）农业要素密集度概念界定

古典经济学家把资本积累与劳动力增加视为经济增长的核心

点，"萨伊定律"（Say's Law）指出，商品是资本要素、劳动要素、土地要素共同创造的产物。而以索罗和斯旺等为代表的新古典经济学家认为，技术进步是经济增长的决定性因素。因此依据新古典经济学的观点，农业生产不仅包括劳动、资本、土地要素，还包括技术要素。因为土地要素是自然要素，所以要素密集度的测量主体是资本、劳动和技术三要素。要素密集度（Factor Intensities）主要用来说明企业在生产过程中，生产不同产品所需投入的生产要素的比例，要素密集度是相对概念，只要投入的资本和劳动的比例相同，即使数量差异很大，也认为要素密集度是相同的。

要素密集度在经济学中是指：生产过程中某种要素的投入量相对于其他要素的多少，比如"劳动密集""资本密集"表示对应要素投入量较多。以资本密集和劳动密集为例进行说明，要素密集度是通过资本和劳动的投入比例来测量。农业生产环节 A 中资本要素与劳动要素的投入比例为 K_A/L_A，生产环节 B 中资本要素与劳动要素的投入比例为 K_B/L_B，如果 $K_A/L_A > K_B/L_B$，则认为 A 为资本密集环节（Capital-intensive），B 为劳动密集环节（Labor-intensive）。生产过程中往往存在要素的替代情况，即生产要素密集度逆转，该学说最早由罗纳德·W. 琼斯提出，他指出不同国家由于要素禀赋和价格不同，生产同一种产品采用的要素投入比例不同，导致同一种产品在不同国家的要素密集度不同，比如在资本富裕的国家为资本密集型，在劳动力充足的国家则为劳动密集型。因此，比较不同环节的要素密集度，需要的前提是共同的要素价格。

农业生产的资本密集环节与技术密集环节的判定，根据林毅夫（2002）的研究结论，企业的生产策略内生地取决于该产业的要素禀赋，可以通过最优资本密集度来判断一个企业的生产要素的技术密集程度。农业生产环节最优资本密集度与生产者的劳动与资本要素具有的关系如式（2-1）所示：

$$\left(\frac{K_i}{L_i}\right)^* = F\left(\frac{K}{L}\right) \qquad (2-1)$$

式（2-1）中，K 表示资本，L 表示劳动，i 表示农业生产的某一个环节，对式（2-1）进行一阶泰勒展开，得到式（2-2）：

$$\left(\frac{K_i}{L_i}\right)^* = \omega\left(\frac{K}{L}\right) \qquad (2-2)$$

式（2-2）中，ω 为"比较优势为零值"曲线的斜率，是常数项，也是企业资本密集度与行业资本密集度的拟合曲线。考虑到农业生产不同环节的资本密集度的差异，参考陈晓华和刘慧（2014）的分析方法，将式（2-2）的左侧式子修正为各环节内农户生产的资本密集度，右侧式子修正为各农业生产环节的资本密集度①，如式（2-3）所示：

$$\left(\frac{K_{ij}}{L_{ij}}\right)^* = \omega\left(\frac{\sum_{j=1}^{J} K_{ij}}{\sum_{j=1}^{J} L_{ij}}\right) \qquad (2-3)$$

式（2-3）中，K_{ij} 和 L_{ij} 分别表示农业生产 i 环节中 j 农户的资本和劳动情况，i 环节位于"比较优势为零值"曲线上，农户的技术选择可以定义为式（2-4）：

$$TCI^* = (K_{ij}/L_{ij})^* / \left(\sum_{j=1}^{J} K_{ij} / \sum_{j=1}^{J} L_{ij}\right) = \omega \qquad (2-4)$$

农户的实际技术选择可以表示为 $TCI_{ij} = (K_{ij}/L_{ij}) / \left(\sum_{j=1}^{J} K_{ij} / \right.$

---

① 以农业生产中的耕地环节和施肥环节为例，耕地环节的资本密集度要高于施肥环节，如果以全部农业生产环节的资本与劳动的比值为标准，可能会拉低资本密集环节"比较优势为零值"曲线的斜率，拉高劳动密集环节"比较优势为零值"曲线的斜率，所以修正后以具体的环节的密集度为标准，识别环节内农户技术密集度的动态变化，所得结果更具可靠性。

$\sum\limits_{j=1}^{J} L_{ij}$），当 $TCI_{ij} > TCI^*$ 时，可以认为该农户具有较强的技术采纳能力和创新性（康志勇，2013）。

综上分析，农业生产的要素密集度主要通过对农业生产的资本要素、劳动要素和技术要素需求情况的测度进行划分。通过农业生产环节的资本要素与劳动要素的投入比例将农业生产环节划分为资本密集环节或劳动密集环节。通过分析环节内农户的最优资本密集度来判断农户生产要素的技术密集程度。

（三）农户外包行为响应的概念

响应（Respond）常用的意思有回声、应声，如"舞无常态，鼓无定节，寻声响应，修短靡跌"[①]；也有赞同、支持的意思，如"天下云集响应，赢粮而景从"[②]。在行为经济学中，响应是指个体对特定事物或干扰的一连串的心理变化与行为动作，包括认知、意愿、程度和行为。外包程度前面已经定义，这里主要分析认知、意愿和行为。

1. 农户认知

从狭义的社会学角度来讲，认知（Cognition）是指以事实为基础，以求真为目标，事实认知与主体的价值评价相互交错，"是什么"与"意味着什么"构成了中国人的认知观念（杨国荣，2014）。从心理学的角度来看，认知是人的心理活动过程，也是人脑的信息加工过程，包括知觉、感觉、记忆、思维、想象等过程（彭聃龄等，2003）。在心理学中，认知的阶段分为认知过程、认知风格、认知能力和认知策略。其中，赫伯特·西蒙（Herbert Simon，2007）将认知过程概括为问题解决过程、模式的识别过程、学习过程；认知风格可分为场独立性和场依存性、同

---

① 出自汉代，边让的《章华赋》。
② 出自汉代，贾谊的《过秦论》（上）。

时性和继时性；认知能力包括观察力、想象力和记忆力（彭聃龄，2012）；认知策略是人脑在加工信息能力受限的情况下，指导认知过程的计划、方案和窍门等。

在社会现象认知过程中，根据认知对象，可将认知分为本位认知和他位认知，本位认知脱离了中国社会文化基础氛围；在"差序格局"的传统文化以及社会转型的新特征下，他位认知更符合中国情境下的认知特征（李宇等，2014）。就认知与接受的关系来看，认知对象存在关联性，是一个过程，所以社会学中的认知注重关联、取向、变动与整体的关系（杨国荣，2014）。在研究企业家对创业的认知问题中，基于有限理性假说、社会认知论和知识创造论，可将认知分为配置认知、意愿认知和能力认知（杨林和俞安平，2016）。经验对认知的结果存在双面性，可指明认知方向亦可误导。以"情境-思维-行为"为研究框架的创业认知学派，主要分析行为背后的成因与机制。西方人注重"内部归因"，即事实分析；而东方人更注重"外部归因"，即注重事物之间的整体性和关系（杨俊等，2015）。

基于以上分析，农户认知是指农户在外部环境的影响下，对农业生产要素的配置、生产过程的实际收支、生产最终效果的主观判断。这种主观判断既依托于农户的认知能力，也关系到外部环境的农业补贴和土地政策等其他分配政策，它可以指导农户的农业生产决策，最终对农户的要素配置行为、土地处置行为和生产过程外包行为产生影响。后文分析主要包括产权认知和技术密集环节外包认知。

2. 外包意愿

意愿（Aspiration）是测量个体对事物的看法和想法，具有主观性。在经济学中意愿是产生交易行为的前提，但是只有有效的意愿（具有实现响应愿望的经济能力）才能产生实际的购买力。足够强烈的意愿是促使个体行为的必要非充分条件，意愿的形成包括个体的自身特征和个体的认知结果。意愿是连接认知和行为的中间过程。

农户外包意愿的构成因素主要包括以下方面。①外包的认知：农户对外包的了解程度，外包能在多大程度上给农户带来收入的提高和心理愿望的满足。②外包的成本收益判断：外包是一种服务交易行为，农户判断环节支付的费用和获得的服务带来的正效益的大小影响其外包意愿的强弱。③恋土情节的轻重：农户亦可以通过土地流转脱离农业生产，全身心投入务工行业，但农户的乡土情结使其不愿意脱离土地，可能脱离了土地农户就失去了"安全感"。④消费收益价值观：农户的消费观念影响了其支出费用的意愿，如果农户愿意通过购买服务的方式实现生产，他们的外包意愿可能更强。⑤外包服务获取难易程度：如果农户很难从自身能获取信息的范围内得到外包服务的供给信息，他们即使愿意外包也很难做到，进而其外包的意愿也会减弱。⑥外包监督过程的难易程度：外包过程可能产生外包方和承包方的信息不对称，承包方可能因为外包方难以监督而出现败德行为，因此农户对监督难易的判断影响他们外包的意愿。

3. 外包行为

行为是决策的结果，决策是指主体选择的策略和办法，是信息收集、加工、做出判断并得出结论的过程（车文博和黄冬梅，2001）。依据计划行为理论（Theory of Planned Behavior，TPB），农户的外包决策是他们对生产环节外包的认知、外包意愿的判断、做出外包选择的一系列的过程。

基于赫伯特·西蒙（2007）有限理性决策理论，一方面，农户追求经济效益的最大化，对外包成本和预期收益进行比较，理性判断外包带来的经济收益；另一方面，农户由于"社会人"的属性，对农业生产环节外包的认知和意愿不同，做出外包的决策和行为也不同，即农业生产环节外包的决策是农户认知－意愿－

行为的一个综合作用的决策过程。

综上，农户外包行为响应是农户的认知、意愿和行为构成的一个综合作用的结果（段培等，2017b），但是体现在农户的外包程度选择、外包选择行为和外包经济效应上。外包认知是农户对外包产生费用的一个心理度量；外包意愿是农户外包心理倾向大小的度量；外包行为是农户家中产生的外包环节参与情况，即对每一个环节外包与否的度量。外包个体响应是认知、意愿和行为的综合作用结果。

（四）外包的经济效应

经济效应包括规模经济（Economies of Scale）效应和范围经济（Economies of Scope）效应。规模经济的决定性部分是规模经济的形成，在微观经济学中是指，在技术不变的情况下，在一定的产量范围内，由生产规模的扩大带来的长期平均成本下降的结果；另外，也指随着规模的扩大，生产成本和经营费用都得到降低，以获得成本优势，其本质是在一定技术水平下，或者是在短期成本一定的情况下，固定成本的最有效利用，农业生产中的固定成本主要指联合收割机、拖拉机、水利设施、喷洒农药的小型飞机等。范围经济的决定性部分是对资源要素的合理配置，在总体劳动力不变的情况下，劳动力从单纯的农业生产转变为农业生产和非农务工兼顾，其本质是生产要素的合理配置，通过合理配置劳动力资源也可能出现技术的增加带来的正效应。

效应（Effect）是有限环境下的因果现象，也可以是一种社会现象的描述。Grossman 和 Rossi-Hansberg（2008）构建的外包理论模型用于分析外包成本下降对要素报酬的影响，将生产的一种产品只用劳动要素作为投入变量进行分析，将简单体力劳动的中间环节外包，外包费用的下降对外出务工工资所得与支付外包费用的影响取决于三种效应的共同作用，即农业生产率效应、务工工资与外包费用的相对价格效应和外包服务要素供给效应。

　　农业生产的劳动密集环节外包的优势主要体现在机械对劳动力的替代效应，技术密集环节外包的优势主要是单产的提高。农户的农业技术掌握与运用能力有限，因而他们将技术性较强的种子选育、病虫害防治等环节外包给拥有技术的先进组织或个体，保证农业产出率的提高（张忠军和易中懿，2015）。黄季焜等（2008）以农业生产病虫害防治为例，关键时间点和所需次数是小规模农户难以准确把握的，他们以增施农药的办法来规避病虫害风险，造成农业投入的增加与面源污染的加剧。通过外包实现大规模的统防统治，准确把握施药时间和频率，可以提升防治效果、节约成本、提高作物产出水平和产品品质，且防止了农业面源污染的加剧。

　　外包的经济效应是外包引入投入变量之后，对经济产出的直接和间接影响。这些影响包括生产环节外包后外包支付的费用，外包能够实现农业产出水平的变化，劳动力的非农转移获得的工资水平的变化，即劳动力在非农业生产中的机会成本的测量，还包括分工实现的技术积累的范围经济进而促进规模经济产生的效应。

二　农户农业生产环节外包的相关理论

（一）农业生产环节外包的计划行为理论

　　计划行为理论（TPB）是由 Fishbein 和 Ajzen 在理性行为理论（Theory of Reasoned Action，TRA）和多属性态度理论（Theory of Multiattribute Attitude，TMA）的基础上获得的。1991 年，Ajzen 发表的《计划行为理论》标志着计划行为理论的正式提出。该理论认为，行为主体一般比较理性，通过系统整理和分析，利用收集到的信息，考虑是否执行某项行为以及预测行为发生的影响

（Ajzen & Fishbein，1980）。理性行为理论认为，意向是行为的直接诱因，同时受行为态度和主观规范的影响。多属性态度理论则认为态度决定行为意向，预期的行为结果及其评估又决定态度（Fishbein，1977）。Ajzen（1985）意识到人们往往对自己的行为和态度缺乏控制力，所以在理性行为理论的基础上增加了知觉行为控制变量，削弱了态度和主观规范对实际行为的解释力。因此，计划行为理论表明意愿决定个体的行为，而影响意愿的因素主要有行为态度、主观规范和知觉行为控制。

首先，行为态度（Attitude toward the Behavior，AB）是主体对执行某项行为喜爱或不喜爱程度的自我评估，行为态度亦可称行为信念，行为信念受行为结果发生可能性，即信念强度（Strength of Belief，SB）的影响；同时也受到行为结果评估（E-valuation of Behavior，EB）的影响。用数学函数可表达为：

$$AB \propto \sum_i SB_i \cdot EB_i$$

其次，主观规范（Subject Norm，SN）指个体在选择执行某项行为时感觉到的社会压力的大小，是他人或组织对个体决策影响的反应，受规范信念（Normative Belief，NB）和顺从动机（Motivation to Comply，MC）的影响。规范信念是指个体关于他人或组织对自身执行某项行为的期望的预期；顺从动机是指个体关于他人或组织对自身执行某项行为的期望进行顺从的意向。用数学函数可表达为：

$$SN \propto \sum_j NB_j \cdot MC_j$$

最后，知觉行为控制（Perceived Behavior Control，PBC）指个体对执行某项行为的困难程度的感知，亦是对促进或阻碍执行因素的个体知觉。影响知觉行为控制的主要因素包括控制信念（Control Belief，CB）和知觉强度（Intensity of Perceptual，IP）。

其中，控制信念是个体感知到的可能促进或阻碍执行行为的因素，知觉强度指个体知觉到这些因素对行为的影响程度。用数学函数可表达为：

$$PBC \propto \sum_k CB_k \cdot IP_k$$

计划行为理论在实际测量中应遵循一致性原则，行为态度体现了内在的关联，主观规范体现了外在环境因素，知觉行为控制体现了个体的感知程度，所以该理论能较好地解释和预测个体的行为意愿及自我效能和控制力，显著地提高了态度对行为的解释力（Mayer et al.，1995）。

依据以上计划行为理论的阐述，农户农业生产环节外包过程中，农户外包的意愿决定了农户外包的行为，而外包的意愿又受到外包的行为态度、主观规范和知觉行为控制的影响。对于不同的农户来说，农户选择生产环节外包与否，并不只是受到外包的外部环境特征的影响，还包括农户自身因素的限制，不同的农户因为信念强度和对外包的行为结果评估不同，外包的行为态度也不一样；不同农户的规范信念和顺从动机不同，产生的主观规范结果也不同；不同农户的控制信念和知觉强度不同，对外包行为的知觉行为控制结果也不同。对于不同要素密集度的农业生产环节来说，外在要素的不同特征也影响农户的行为态度、主观规范和知觉行为控制，所以不同环节农户的外包意愿和行为都存在差异，从而外包响应的结果也是不同的。

因此，计划行为理论是本书分析农户外包行为响应问题的重要理论指导。在分析农户外包行为响应的过程中，更加关注农户外包的行为态度、主观规范和知觉行为控制，从而能更好地分析农户的外包意愿，进而在充分挖掘农户内在心理特征的基础上，提出指导农户外包行为的策略，以提高农户的家庭总福利。

（二）农业生产环节外包的分工与合作理论

分工理论最早出现于亚当·斯密（1776）的《国富论》中，他指出分工是生产效率提升的源泉，通过对某一环节进行分工，生产者的熟练程度会得到提高，有助于机械的规模应用，节省了不同环节转换过程中的时间，即"斯密定理"。马克思和恩格斯（2009）在继承斯密的分工可提高生产效率观点的基础上，提出分工是合作的基础，分工与合作对产出的提升源于专业化生产，分工后的生产需要通过不同分工主体的合作来完成原本由一个主体完成的工作，特殊的工具在专业工人的操作下发挥了额外的效应，合作使得劳动工人集结在一起，不同环节的网状连接和生产资料的充分利用可以节约生产成本。马歇尔（2010）认为企业生产的分工，在一定区域聚集可以获得外部的规模经济效应。杨小凯、罗森、黄有光等新兴古典经济学家认为专业化分工具有知识积累效应和技术创新溢出效应。

Young（1928）在《报酬递增与经济进步》中对"斯密定理"进行扩充，提出"杨格定理"，认为分工水平受制于市场范围，且二者相互影响。然而，"斯密猜想"提出农业生产不容许有细致的劳动分工，犁地、耙地、播种和收获常常只能由一个人完成。斯密生活在原始农业的阶段，对农业生产的认知受当时社会经济条件和农业技术的限制。农业科技的进步与管理的创新克服了农作物的生物特性，"迂回"的劳动分工成为可能（阿林·杨格，1996；罗必良，2008）。

农业生产环节分工与合作是农业生产的专业化，即农业生产的不同环节交由不同的主体完成，内生型的农业服务个体和组织最终以合作的方式完成农业的生产。农户间的农业生产环节分工也是农业技术的运用，即分工属于操作程序上的管理技术，规定了农业生产环节的协作关系。另外，阿林·杨格（1996）指出的分工是复杂的过程转化为简单的环节，最终促进机器的运用，如农业生产中的耕地、收割等环节的分工，促使农户购入机器设备提供外包服务而成为专业大户。所以，农业生产环节的分工也可以促进先进技术和生产手段的应用，进而促进农业集约化经营。

农业分工水平可用生产的迂回程度和产品种类来描述。农业分工层次的不断深化，表现为产品种类的分工到生产环节的细化，所以农业分工可分为横向分工和纵向分工，横向分工是不同农作物种类之间的分工与专业化，纵向分工是不同的生产环节进行迂回生产，交由不同的主体来完成（陈昭玖和胡雯，2016）。小麦种植过程中的纵向分工可以划分为耕地、播种、植保、灌溉、追肥、收割、干燥七个环节，小麦种植户参与生产环节的纵向分工，不同环节的选择依托于农户追求家庭总经济效益最大化的目标。

（三）农业生产环节外包的交易成本理论

交易成本理论源于 Coase（1937）在《企业的性质》中的论点，假设企业自己生产与采购的效率相同，企业选择生产还是外包的依据是管理成本与交易成本之间大小的关系，管理成本大于交易成本，企业选择外包，交易成本大于管理成本，企业选择自己生产。Williamson（1975）对交易成本进行了分类，可概括为六大类，分别是搜寻成本、信息成本、议价成本、决策成本、监督成本和违约成本。①搜寻成本是交易主体对商品或服务内容的信息搜寻所花费的成本；②信息成本是交易主体取得交易信息和交换交易信息产生的成本；③议价成本是交易主体对契约、价格和品质进行讨价还价产生的成本；④决策成本是交易主体实施交易决策和签订契约产生的内部成本；⑤监督成本是监督交易对象是否依照契约的内容进行交易（包括追踪产品、监督和验货等）产生的成本；⑥违约成本是交易过程中违约后需付出的事后成本。Dahlman（1979）在 Williamson（1975）的基础上，将交易成本依据交易活动内容进行类别划分，可分为搜寻成本、协商决策成本、契约成本、监督成本和转换成本。Williamson（1981）对交易费用的测量给出了具体的研究范式，包括专用性、规模性和风险性三个方面。总之，交易成本是交易发生时，产生的信息搜寻、协调、条件谈判和交易顺利实施的各项成本的总称。市场范围大小与分工深化程度的关键决定因素是交易费用的多少。

农户的农业生产环节外包行为响应中，外包属于交易的范畴，自然产生协调、谈判与监督成本，交易费用是分工与市场范围的函数，分工深化与市场范围的关键影响因素是交易成本的大小（Coase，1937）。基于 Williamson（2014）的交易费用范式，农户选择生产环节外包时，需要考虑各个环节对资产专用性的要求、规模大小的限制与风险的可控性，最终选择各个环节外包与否。假设农户自己生产与外部生产的效率相同，农户在理性分析自己生产与向外分包之间管理成本和交易成本的大小后做出决策，如果管理成本大于交易成本，农户选择外包，反之，则自己生产。在中国劳动分工与农地细碎经营的基础上，农业生产环节外包以提高农户家庭总效用为基础，农户愿意将自家的农地生产采用外包的方式，是农户理性判断家庭经济效益的结果。

（四）农业生产环节外包的"迂回"的规模经济效应理论

《新帕尔格雷夫经济学大辞典》对规模经济的定义是，在既定的技术条件下，生产一单位产品的成本如果在生产规模区间内递减，就可以说该区间存在规模经济（约翰·伊特韦尔等，1996），即生产要素按照同比例变化时，所得到的产量变化的情况（胡代光和高鸿业，1996）。规模经济产生的根源一个是生产要素合理配置情况下的协同作用，以较低的成本产生较高的效率和利润（许庆等，2011）；另一个是分工后专业化的提升造成技术积累的外溢效应产生的范围经济（方红星和陈娇娇，2016）。

农户的生产行为建立在西奥多·舒尔茨的"理性小农"假设下，即农户是追求家庭总经济效益最大化的理性"经济人"。Picazo-Tadeo 和 Reig-Martinez（2006）指出，劳动密集环节和资本密集环节外包对农户生产效率有正向影响。农户家庭拥有一定的资本、劳动和技术，他们初始的种植状态是全环节生产，但是种植收益相对较低。为了实现家庭收入提高的目标，农户通过考量家庭的要素特征来选择不同生产环节的外包。例如，农户拥有较多的生产工具和基础设施，即资本要素比较充足，他们选择资本密集环节自己生产，相应地外包劳动密集环节。

纵向分工实现迂回生产进而实现专业化的规模经济效应，从事农业生产的某一个环节的承包者，因为规模的扩大而能够取得一定的规模经济效应，如图 2-1 所示。曲线 I 表示在一定的技术水平条件下，单位生产成本 C 随着生产规模 Q 的变化而变化的轨迹，可以看出在一定限度内单位成本随着生产规模的提高而下降，Q_1 到 Q_2 属于规模经济区间，规模超过 Q_2 将出现规模不经济，$Q^*（Q_3）$ 是最优规模。

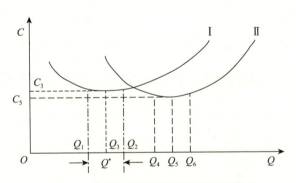

图 2-1 外包的规模经济效应和技术效应

农户的环节生产因为受到家庭耕地面积的限制而难以达到规模经济的区间，通过外包，生产的每一个环节将突破原有家庭耕地面积的限制，承包方通过某一环节业务总量的累加与资源共享的方式，实现了环节生产规模经济效应。曲线Ⅱ是技术水平得到提高的成本变动轨迹，承包方因为分工实现了生产的专业化，出现的结果是曲线向右下方移动，规模经济区间变为 Q_4 到 Q_6 的部分，最优规模变为 Q_5，最低单位成本从 C_3 降为 C_5，可以看出，生产技术的提高对于降低生产成本和提高最优规模有正向作用。

参考陈飞和翟伟娟（2015）关于土地经营规模的理论分析，图 2-2 基于技术外溢和环节费用的角度，给出了某一作物外包产生的生产要素组合变化和环节规模经济效应变化的直观经济解释。

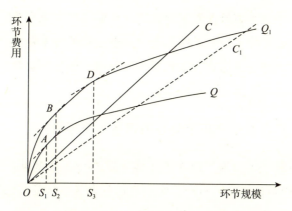

图 2-2 技术外溢、环节费用与环节规模经济效应

图 2-2 的横轴为作物通过外包实现的环节规模，即承包主体在一个生产季节能实现的某一作物的作业量，纵轴为该环节需要支付的外包服务费用，OQ 和 OC 分别为初始状态下农业生产贡献函数和环节成本函数。当生产环节的边际成本等于边际产出时，该环节对作物的产出利润贡献最大。此时，环节成本函数 OC 的平行线与生产贡献函数 OQ 相切于点 A，最优环节规模为 S_1。供给方的专业化作业带来的技术积累的范围经济和交易成本的降低，以及农业机械等生产设备利用效率的提高，扩展了环节生产的技术可能性边界，生产贡献函数由 OQ 移动到 OQ_1，环节

成本函数 OC 的平行线与 OQ_1 相切于点 B，最优环节规模扩大到 S_2。由于外包作业的普及，承包主体之间形成了良性竞争，以及国家对合作社和为农服务中心提供了构建补贴、农机具购置补贴等社会化服务体系的专项补贴，环节成本函数由 OC 移动到 OC_1，其平行线与生产贡献函数 OQ_1 相切于点 D，最优环节规模扩大到 S_3。

为提高农户一定土地面积下的农业产出率和外出务工等非农产出，小规模面积农户在掌握农地承包经营权的前提下，通过外包最大限度地合理分配家庭劳动力，实现家庭总福利效应的最大化；外包供给主体最大限度地实现环节作业成本最小化，通过扩大环节作业规模实现收入的最大化。专业化的技术积累产生的外溢效应与外部促进因素（农机具购置补贴、合作社专项补贴等），将会对农户外包决策产生影响。

（五）农业生产环节外包的范围经济理论

范围经济理论最早由美国经济学家 Panzar 和 Willig（1981）、Teece（1980）提出，从产业组织学的视角来看，范围经济是指，组织从单一产品生产或服务转向两种及以上的产品生产或多种服务，实现生产或运营成本降低的经济现象。通过减少成本实现范围经济，亦可通过批发和销售两个层面获得范围经济。范围经济与组织的多元化经营存在关系，主要源于共享要素与充分利用富余生产力（吴斌和高遥，2011）。范围经济是组织无形资源的充分利用，包括技术利用和管理诀窍，利用新技术研发新产品，最终形成技术匹配的范围经济效应（宋波，2011）。另外，范围经济是产品的联合生产和设备的共享利用，是多种产品的协同效应（Baumol et al.，1982），源于固定成本的不可分割性（何红见，2011）。吕超和周应恒（2011）认为，范围经济是单个企业的联合产出超过两个单一作业企业的产出，与规模经济不同，范围经济通常是组织生产或提供某种系列的产品和服务，不是大量生产同一种产品获得的成本节约，而是组织多样化经营的依据。

从范围经济节约成本的角度来分析范围经济系数（Global Economics of Scope），公式中用 GSOE 代表，计算公式如下：

$$GSOE = \frac{[C(P_1,0,\cdots,0) + C(0,P_2,\cdots,0) + C(0,0,\cdots,P_n) - C(P_1,P_2,\cdots,P_n)]}{C(P_1,P_2,\cdots,P_n)}$$

(2-5)

式中 C（·）表示成本函数，P_1，P_2，$\cdots$，P_n 代表企业 n 种产品的产出。关于范围经济系数的计算，假设 n 个企业分别生产一种产品，计算每个企业的生产成本，n 个企业的生产成本之和与一个企业生产全部产品的成本进行比较，如果前者大于后者，则表示存在范围经济，即 $GSOE > 0$；如果 $GSOE < 0$，则表示范围不经济。

农业生产环节外包的范围经济源于农户多样化生产带来的时间节约和技术积累的外溢效应。农户兼业经营，即家庭从事的不仅包括农作物生产还包括外出务工，生产范围在横向上的扩展带来了效益增进，表示存在范围经济。如图 2-3 所示，X_1、X_2 和 X_3 代表了农户的不同要素水平，其中 $X_3 > X_2 > X_1$，在不同的要

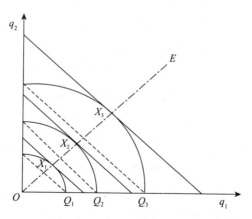

图 2-3　农户农业生产环节外包的范围经济效应

素水平下，对应的生产转换曲线都是凹向原点的，即不同农户拥有一定的资本、劳动力等，通过要素在农业生产与外出务工之间的配置，不管要素多与少，生产的转换曲线都是凹向原点的，也即出现了范围经济。

（六）农业生产要素理论

1. 资本密集环节与劳动密集环节的判定

农业生产对劳动要素和资本要素的需求是最基本的需求。资本要素在农业生产中的重要体现是机械的投入，例如拖拉机、旋耕机、播种机、收割机、喷洒农药的小型飞机等；农业设施的投资，例如田间道路、渠系、喷滴灌设施等。劳动要素是对人力的需求，而且一些环节对体力强度有一定的要求。对于小规模的农户来说，外包的目的主要是补充农忙时节劳动力的短缺；对于大部分兼业且以农为辅的农户来说，外包的目的是释放农业劳动力（董欢，2016）。

对于贯穿于农业生产的整个时期的农业生产环节，需要大量的重复劳动，用工不集中且劳动强度不大，采用机械替代人力的适用性较差，但是过程繁杂，对作业人员的经验和细节管理能力要求较高，难以形成职责和报酬明确的专业化环节作业结构，因此这类环节可称为劳动密集环节。对于生产环节作业相对集中，单纯的人工作业的劳动强度大，农时的限制性较强，但是机械替代作业的可能性较大，机械的适用性较强，作业的质量易于鉴别，作业过程易于监督，面临的道德风险较小，农户为了降低劳动的辛苦程度，提高作业效率，倾向于将这些环节通过外包的方式实现机械作业生产，这类环节可称为资本密集环节。

资本密集环节和劳动密集环节的划分并不是一成不变的，在农业机械的发展程度较低的时期，农业机械的应用较少，农户没有选择机械作业的前提，这样受农时限制，人工作业劳动强度较大的生产环节无疑就是劳动密集环节；相反，作业时间跨度大，劳动强度较低，过程比较繁杂且对农业生产经验要求较多的生产环节不属于劳动密集环节。随着农业机械总动力的增加，农业机械的智能化越来越先进，农业类机器人的研发，农业生产的机械替代程度会越来越大，对农户体力劳动的要求也随之降低，即资本要素逐渐替代劳动要素，这样农业生产将呈现全部都是资本密集环节，而劳动密集环节将消失。但是从农业发展的现状来看，资本密集环节和劳动密集环节的判定标准是当前农业机械和管理水平下，农户能够选择的资本要素的投入和不得不选择的劳动要素投入强度的大小。

2. 技术密集环节的划分

"技术"在《新华字典》中的解释为：在劳动生产方面的经验、知识和技巧，也泛指其他操作方面的技巧。依据技术的含义和要素密集度在经济学中的概念，本书的农业生产技术密集环节的定义是：在农业生产过程中，对经验、知识和技巧的需求量较多的环节，即环节作业的技巧性较强，包括作业时间的灵活性、作业的多次性、需要使用和配置农资（种子、化肥、农药等）。

农业生产环节的外包过程中：环节作业效果难以界定并准确分离，导致风险责任对象模糊；农业技术密集环节分割和计量难度较大，专用性人力资本高，导致交易成本较高；作业过程时间和程序的灵活性，导致信息不对称而出现承包方的机会主义行为。农业生产的技术密集环节外包的行为响应是各方因素综合作用并优化的结果。

3. 要素密集度逆转

生产要素密集度逆转最早是由罗纳德·W. 琼斯提出，他指出各国的生产要素禀赋和要素价格不同，采用的生产方法不同，进而要素投入比例也不同，所以商品的要素密集度不同，例如，同一商品在劳动力资源充足的国家为劳动密集型，在资本要素充足的国家则为资本密集型。该理论的前提是要素之间可以相互替代，而农业生产要素密集度从来都不是确定的，对于同一种作物，在不同的生产时期和不同的生产区域，要素密集度会不同，即使在同一生产时期和同一生产区域，要素的价格变化，也会引起要素密集度的变化。以小麦的产区为例来看，小麦在非洲可能是劳动密集型产品，而在美国则是机械和化肥密集投入的资本密集型产品。

农业生产过程中的要素密集度逆转是指，农业生产的资本要素、劳动要素和技术要素之间，因为要素价格和可获得性的变化，原本划定的要素密集度特征发生转换。以小麦为例来进行说明，在改革开放初期，由于农村劳动力比较充裕，机械的可获得性难度较大（由于机械技术发展受限，机械的应用费用较高），而此时的农业劳动力价格较低，且农村的农业劳动力获得非农务工收入的条件受限，小麦生产的全部环节都为劳动密集环节。随着改革开放的推进，城市非农务工的机会增多，农业劳动力大量涌向城市务工，而此时也伴随着劳动力价格的不断上涨；另外，随着机械技术的引进和研发，农业机械的应用得到了推广，应用的程度不断提升，应用的价格也回落到了合理的区间，此时农户选择机械作业替代手工劳动能够获得更多的收入，小麦生产的大部分环节属于机械替代的资本密集环节。

然而，随着农业生产技术和管理技术的研发，农业生产的技术应用将更进一步深入。小麦生产过程中，随着外包管理技术应用程度的加深，以及外包过程中技术外溢效应的凸显，小麦生产环节的规模作业更多的是利用先进的生产技术来替代人力的手工劳动和化肥、农药的过量投入，这既能够降低投入的成本又能够提高小麦产品的质量和有效产出。因此农业生产中，一种作物的要素密集度随着外部环境的改变而改变，每一个生产环节究竟是资本密集环节还是劳动密集环节抑或技术密集环节，没有一个绝对的标准。

4. 小麦生产要素密集度的划分

小麦属于传统大田作物，是中国的三大主粮之一，以小麦来分析农业生产环节外包问题，具有良好的代表性。通过以上理论分析结果，可知要素密集度的划分主要包括资本密集环节、劳动密集环节和技术密集环节。资本与劳动密集度的划分依据资本要素与劳动要素的投入比例进行，即某一生产环节投入的资本要素和劳动要素在折算成同样量纲的价格后进行比较，如果大于等于1则为资本密集环节，小于1则为劳动密集环节。小麦生产环节包括耕地、播种、植保、灌溉、追肥、收割和干燥七个环节，通过传统经验的方法和理论分析的结果，并依据目前的农业机械、劳动力价格情况以及农业生产的管理水平，农户的资本与劳动的投入多少进行划分，划分的结果如表 2-1 所示。

表 2-1　小麦生产环节外包过程中的资本和劳动要密集度特征

环节 \ 要素	资本		劳动	
	密集	非密集	密集	非密集
耕地	√			√
播种	√			√
植保		√	√	
灌溉		√	√	
追肥		√	√	
收割	√			√
干燥	√			√

对小麦作物技术密集环节进行划分，依据技术的定义，本书通过分析风险责任对象界定难度、环节分割和计量难度、人力资本专用性、监督作业过程的复杂性四个指标，对小麦生产七个环节技术密集度的划定如表 2-2 所示。

表 2 – 2　小麦生产环节技术密集度的划定

特征 ＼ 环节	耕地	播种	植保	灌溉	追肥	收割	干燥
风险责任对象界定难度	低	低	高	低	高	低	低
环节分割和计量难度	易	易	难	难	难	易	易
人力资本专用性	低	一般	高	低	高	低	低
监督作业过程的复杂性	易	难	难	一般	难	易	易
技术密集度	低	高	高	一般	高	低	低

从表 2 – 2 可以看出，小麦生产的各个环节在风险责任对象界定难度、环节分割和计量难度、人力资本专用性、监督作业过程的复杂性方面呈现不同特征，耕地、收割和干燥环节在技术密集度的各指标中表现一致，都属于技术密集度低的环节，灌溉环节属于技术密集度一般的环节，播种、植保和追肥环节属于技术密集度高的环节。书中所述农业技术密集环节是指技术密集度高的环节，小麦生产的技术密集环节包括播种、植保和追肥环节，与郭霞（2008）实地调研小麦种植户的技术需求程度结果一致。

三　农业生产环节外包行为响应的理论框架

基于成本收益理论，农户以追求家庭收益最大化为生产目标，分析理论模型借鉴陈超等（2012）、王建英（2015）等的方法。首先分析农户收入最大化目标下的生产环节外包理论，其次分析农户家庭福利效应最大化目标下的生产环节外包理论，最后给出农户农业生产环节外包行为响应的理论框架。

（一）收入最大化目标下的生产环节外包理论分析

假设农户家庭劳动力禀赋为 L，家庭原有的农业机械禀赋为 K，村集体分配给农户的耕地面积为 A，随着时间的推移科学技术对生产的影响为 $T(t)$，包括专业化形成的规模经济、技术积累与改进、环节联合的范围经济。O 为虚拟变量，表示是否选择生产环节外包（当不选择生产环节外包时 $O=0$，否则 $O=1$）。

r 表示土地流转费用（已考虑了土地流转的交易成本），w 为外出务工从事非农工作的工资（已考虑非农工作预期失业率，往返家乡交通成本和心理成本等），A_f 表示农户小麦种植面积，A_t 表示流转面积（转入为正，转出为负），C_i 为单位面积环节外包费用（i 为外包环节的排序，按照耕地、播种、植保、灌溉、追肥、收割、干燥的顺序，分别对应 $i=1, \cdots, m, \cdots, 7$），$C(n)$ 为环节外包的交易成本（n 为外包环节个数，$0 \leqslant n \leqslant 7$），$A_i$ 表示小麦参与环节外包的面积，L_f 为家庭劳动力从事小麦生产的部分，L_e 为家庭劳动力从事非农工作的部分，M 为外包费用。

由以上可知：

$$A_f = A + A_t \tag{2-6}$$

$$L = L_f + L_e \tag{2-7}$$

$$M = \sum_{i=1}^{7} C_i A_i + C(n) \tag{2-8}$$

小麦种植户生产环节外包的目标函数为：

$$\underset{L_f \geqslant 0, A_i \geqslant 0, n \geqslant 0}{\text{Max}} \quad I = T(t) F(L_f, A_f, K, M) + w(L - L_f) - rA_t - \left[\sum_{i=1}^{m} C_i A_i + C(n) \right] \tag{2-9}$$

当 $n=0$ 时，表示小麦种植户家中没有生产环节进行外包，此时小麦种植户的目标函数为：

$$\underset{L_f \geqslant 0, A_f \geqslant 0}{\text{Max}} \quad I_0 = T(t) F(L_f, A_f, K) + wL_e - rA_t \tag{2-10}$$

如果允许角点解的存在，对式（2-10）中的 L_f 和 A_f 求导，得到：

$$F_{L_f}(L_f, A_f, K) \leqslant w/T(t) \tag{2-11}$$

$$F_{A_f}(L_f, A_f, K) \leqslant r/T(t) \qquad (2-12)$$

当 $n \geqslant 1$ 时，表示小麦种植户至少有一个生产环节进行外包，同时，将式（2-6）、式（2-7）、式（2-8）代入式（2-9），此时小麦种植户的目标函数为：

$$\max_{L_f \geqslant 0, A_f \geqslant 0, n \geqslant 1} I_1 = T(t)F(L_f, A_f, K, \sum_{i=1}^{m} C_i A_i) + w(L-L_f) - rA_t - \sum_{i=1}^{m} C_i A_i - C(n) \qquad (2-13)$$

如果允许角点解的存在，对式（2-13）中的 L_f、A_f 和 n 求导，得到：

$$F_{L_f}(L_f, A_f, K, \sum_{i=1}^{7} C_i A_i) \leqslant w/T(t) \qquad (2-14)$$

$$F_{A_f}(L_f, A_f, K, \sum_{i=1}^{7} C_i A_i) \leqslant r/T(t) \qquad (2-15)$$

$$F_n(L_f, A_f, K, \sum_{i=1}^{7} C_i A_i) \leqslant 1/T(t) \qquad (2-16)$$

当 $I_0 > I_1$ 时，小麦种植户选择自己生产，没有环节外包，虚拟变量 $O=0$；当 $I_0 < I_1$ 时，小麦种植户选择一个及以上的生产环节外包，虚拟变量 $O=1$。解上述方程，得到小麦种植户选择生产环节外包的最优决策函数为：

$$O^* = O[w, r, M, A, L, K, T(t)] \qquad (2-17)$$

当小麦种植户选择生产环节外包时，即 $n \geqslant 1$，小麦种植户生产环节外包的最优环节数是：

$$n^* = n[w, r, M, A, L, K, T(t)] \qquad (2-18)$$

小麦种植面积的多少是影响种植户选择外包行为响应的关键变量，种植户选择家庭耕地进行小麦种植的最优面积的函数为：

$$A_f^* = A_f[w, r, M, A, L, K, T(t)] \qquad (2-19)$$

（二）家庭福利效应最大化目标下的生产环节外包理论分析

农户通过生产环节外包一方面获得了外包的经济收益，另一方面也可以通过外包获得闲暇效应的正收益，即在外包后，劳动力没有务工，而是享受闲暇的正效应，农户获得的闲暇时间为 L_l，此时假设 L_l 为 L_e 的一部分，即 $L_e = L_l + L'_e$，其中，L'_e 表示除农户获得闲暇后剩余的劳动力从事务工的部分。I_2 表示农户获得的闲暇效应，支出的费用是外包相应环节的费用 C_i。依据恰亚诺夫（1996）的农户劳动 - 消费均衡公式，农户对种植业生产的辛苦程度与外包支付一定费用获得闲暇的效益进行比较，当农户认为闲暇消费的效益大于外包费用的支出时，农户会选择支付外包费用以获得闲暇体验，小于时农户选择自己劳动，即 $I_2 \geq \sum_{i=1}^{7} A_i C_i$ 时，农户选择外包；$I_2 \leq \sum_{i=1}^{7} A_i C_i$ 时，农户选择自己生产。

另外，农户获得闲暇的机会成本是外出获得的务工工资 w 与闲暇时间 L_l 的乘积，所以农户家庭总福利最大化可用如下公式表示：

$$I_2 = \sum_{i=1}^{7} A_i C_i + w L_l \qquad (2-20)$$

$$\max_{L_l \geq 0, n \geq 1} I = I_1 - w L_l + \sum_{i=1}^{7} A_i C_i + w L_l = I_1 + \sum_{i=1}^{7} A_i C_i \qquad (2-21)$$

$$\max_{L_l \geq 0, n \geq 1} I = T(t) F(L_f, A_f, K, \sum_{i=1}^{m} C_i A_i) + w(L'_e + L_l) - r A_t - C(n) \qquad (2-22)$$

小麦种植户在纵向分工过程中，选择劳动力的分配情况是农户决策的考量因素，劳动力在农业生产、务工和闲暇之间的时间分配，是农户家庭获得范围经济且家庭福利效应最大化的重要结果。小麦种植户在外包行为响应的过程中，选择劳动力在农业与务工的投入分别是多少，以实现劳动力的合理配置。式（2－22）允许角点解的存在，并对 L_l 求导，可得式（2－23）：

$$F_{L_l}(L_f, A_f, K, \sum_{i=1}^{7} C_i A_i) \geqslant w/T(t) \qquad (2-23)$$

小麦种植户选择最优家庭农业生产劳动投入的函数为：

$$L_l^* = L_l[L_f, w, M, A, K, T(t)] \qquad (2-24)$$

（三）农户农业生产环节外包行为响应的理论框架

全书的框架建立在计划行为理论支撑下的农户外包行为响应层面之上，如图2－4所示。

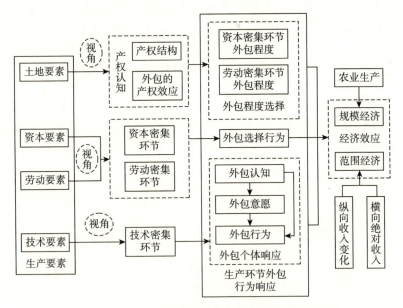

图2－4 农户农业生产环节外包行为响应的理论框架

首先，从农业生产的要素构成出发，农业生产的要素可分为土地要素、资本要素、劳动要素和技术要素。从各要素的不同视角进行分析，对土地要素分析的主要视角是现行土地政策指导下的农户认知，即农地"三权分置"政策指导下，农户的土地产权结构认知与农户对外包这一农业生产管理方式的产权效应的认知，分析两者之间的关系以及对农业生产环节外包程度的影响，并分别分析资本密集环节和劳动密集环节的外包程度。

其次，从资本要素和劳动要素密集度的视角出发，基于资本要素对劳动要素替代的现实趋势，在现有农业生产环节对资本要素和劳动要素利用程度的基础上，得出资本密集环节和劳动密集环节划分的结果，并就划分后的农业生产资本密集环节和劳动密集环节对资本要素和劳动要素的利用特征，分析资本密集环节外包选择行为的影响因素和劳动密集环节外包选择行为的影响因素。

再次，从技术密集度的视角出发，在农业生产技术要素分析的基础上，给出农业生产技术密集环节划分的依据，对小麦生产的技术密集环节进行划定，得出技术密集环节划分的结果。在分析技术密集环节外包现状的基础上，得到技术密集环节外包程度普遍偏低的原因。从农户认知的视角出发，构建农户农业技术密集环节外包认知、外包意愿和外包行为的外包个体响应模型，并分别分析技术密集环节外包意愿的影响因素和技术密集环节外包行为的影响因素。

最后，从农户理性生产目标出发，分析农业生产环节外包的家庭福利效应最大化的经济机理。农户选择外包这一农业生产管理方式下，基于农户对农业生产环节外包的"迂回"的规模经济效应的追求和农户家庭生产范围经济效应的实现，分析规模经济效应，主要从农户农业生产的方面予以分析。另外，从农户横向的家庭绝对纯收入和纵向的农户外包前后家庭收入的变化情况，分析农户家庭生产范围经济效应的实现，主要从农户对家庭劳动力合理分配出发，以农户兼业经营为基础，实现农业生产和务工两不误的目标，促进农户家庭总收入的增加。

四　本章小结

　　本章在对外包概念、农业要素密集度概念、农户外包行为响应概念和外包的经济效应概念界定的基础上，首先分析了农户农业生产环节外包的相关理论，包括计划行为理论、分工与合作理论、交易成本理论、"迂回"的规模经济效应理论和范围经济理论；然后阐述了农业生产环节要素密集度理论；最后着重分析了生产要素视角的农业生产环节外包行为响应的理论框架。在农业生产要素理论中分析了资本密集环节与劳动密集环节的判定、技术密集环节的划分、要素密集度逆转；农户农业生产环节外包行为响应的理论框架分别从理性人假设下的生产环节外包机制和家庭总福利效应最大化条件下的农业生产环节外包理论机制方面构建，为后文的实证分析提供理论基础和框架支持。

第三章 ◀
农户农业生产环节外包的现实考察

农业生产环节外包在国内的"三农"问题研究中是新鲜的词语，但是在农业生产实践中，农户的农业生产环节外包早已出现。从早期的"统种统收"，即大型联合收割机的联合收割，大型拖拉机的统一耕种；到现如今的"统防统治"，即农户对病虫害的防治，采用外包的方式，雇请外部的服务组织对病虫害实施统一防治；再到部分地区的典型"托管模式"。其实质都是以市场为媒介，运用经济的手段，以支付服务费用的方式，购买外包服务供给主体提供的农业生产服务，以提高农户家庭总福利为目标，实现社会总生产率最大化。本章从农户的视角出发，基于农业生产环节外包的基本理论与概念，着重探讨农业生产环节外包的发展历程、外包行为响应的动因和外包的现状特征。

一　农业生产环节外包的发展历程

农业生产环节外包源于农户提高家庭收入的自发激励，从北方小麦种植户租赁大型联合收割机开始，农业生产环节外包就在市场经济条件下的家庭联产承包责任制"沃土"上生根发芽。依据农户的外包需求和外包的不同模式，将农业生产环节外包划分为四个阶段：生产环节外包的初级阶段（1978～1995年），生产环节外包的发展阶段（1996～1999 年），生产环节外包的市场化形成阶段（2000～2005 年），生产环节外包的市场化快速发展阶段（2006 年至今）。本章预测农业生产环节外包的终极使命是：以"托管"为主要方式的农业集体化规模经济生产阶段。

（一）第一阶段：1978～1995 年，生产环节外包的初级阶段

1978 年党的十一届三中全会的召开，确立了家庭联产承包责任制在农业生产中的基础指导地位，也预示着农户农业生产的自主指导性。原有的以人民公社和生产大队为基本单位的集体生产制逐步瓦解，在一家一户的"承包权"控制下，农民的生产积极性得到激励，农业生产效率快速提高，让他们脱离了长久温饱问题的困扰。由于集体制的逐步瓦解，其拥有的农业机械和畜力也被出售或报废，适合小规模农户的小型农业机械逐渐被研发和应用，此时，农户经营规模较小且农业劳动力充足，生产技术以经验积累为主，不存在外部技术的溢出性，因此农业生产环节外包也基本不存在，但是该时期的小农经济的形成与耕地细碎化为后来的农业生产环节外包提供了前提。

随着改革开放的逐渐推进，1978～1995 年的 18 年中，有 10 年的 GDP 以每年超过 10%[①]的速度快速增长，在温饱问题得到解决之后，增加收入成为农民新的生活愿望，但由于农业的高劳动消耗和低产出性，农民的收入增长普遍偏低，城乡二元结构突出。1995 年，农村居民家庭人均纯收入为 1577.7 元，城镇居民家庭人均可支配收入为 4283 元，相比 1978 年的收入，比例变化不大，城乡居民收入比基本维持在 2.6 左右，但是城乡收入绝对差逐渐变大，且农民有了劳动力转移的自主性。城市建设的兴

---

① 数据来源于《中国统计年鉴 1997》。

起，吸引了大批农业劳动力涌向城市，农民寻求务工以实现家庭收入的提高。"农忙务农、农闲务工"的"候鸟式"兼业经营模式，在中国农村拉开帷幕，而大型联合收割机的出现缓解了农户在农忙时期"抢种抢收"的高密集度劳动，农户可以帮工与换工，满足农忙时节劳动力的高需求。通过购买收割服务，家中老人或妇女便可完成"劳动密集"的收割环节，农户减少了务农与务工之间转换的交易成本和机会成本。这也是农业生产环节外包的初级阶段。

（二）第二阶段：1996～1999 年，生产环节外包的发展阶段

1996 年，可以说是农业生产环节外包发展的经济元年，这一年由农业部、公安部、交通部、国家计委、中国石油化工总公司等与部分省份人民政府共同组织的"联合收割跨区收获小麦"为夏粮收获提供了重要指导并取得重要成果，成立了跨区机收小麦工作领导小组，通过发放联合收割机跨区作业证，以县级统一调度的方式进行统一管理。政府相应部门提供作业资格监管，提供跨区转移便利、农机维修与外包需求信息整理发送平台的服务。而在此之前的联合收割属于农户的自发行为，具有自发性、小规模性与信息不对称性。通过六部委牵头，以及地方各级政府部门的配合，小麦生产环节外包程度得到了快速提高。1995 年全国仅有 8000 台左右联合收割机在陕西、山西、河北和河南等地跨区提供外包服务，而 1999 年就达到了 8.9 万台，年均增速为 82.63%，而实行联合收割的小麦面积达到总耕种面积的 66.6%，表明农户实现了接近 70% 的小麦收割环节外包。[①]

此时段，以政府为领导小组的小麦跨区机械化生产外包服

---

① 数据来源于《中国农业年鉴》（1996～2000 年）。

务，不仅是简单的劳动替代，还包括了搭建信息平台、构建配套服务机制等跨区收割辅助服务。农业生产环节的外包服务，增加了水稻和玉米的生产环节收割。此时，农户基本是外包服务的被动接受者，在收割服务机械成倍增加的过程中，农户享受到了外包服务价格的合理降低与服务的有效供给，不再出现"有钱买不到机械服务"的供给不足困境。农户的"候鸟式"兼业经营模式基本得到了稳定，劳动密集的生产环节被资本支出替代。外包服务具有"统一指导、统一分配"的计划经济模式，此时是外包服务的飞速发展阶段。

（三）第三阶段：2000～2005 年，生产环节外包的市场化形成阶段

2000 年，农业部颁发了《联合收割机跨区作业管理暂行办法》，对农机跨区收割的作业质量、信息管理等方面做出了规定，引导跨区服务的政府单一管理转向经纪人、农机合作社等中介组织的共同参与，农机跨区作业从计划主导阶段走向市场主导阶段，政府的监管职能也逐步走向完善，小麦主产区的机械外包服务收割面积在90%以上。

农户在竞争性的市场波动中，自主安排农业生产和非农务工，如何增产增收是农民更加关切的问题。农户不再只是需要资本对劳动要素的替代，他们逐渐认识到优良新品种、节水技术、病虫害防治绿色新成果在农业生产中的作用，可以提高农产品的数量和质量。农户也更愿意将技术密集的生产环节通过外包的方式，获取外部的先进技术效应，例如参与病虫害的"统防统治"，接受农民专业合作社的化肥施用技术和节水灌溉技术指导。由于技术的外溢效应，技术密集环节的外包促进了农业生产和管理技术的应用普及，提高了农业的生产效率。农业生产逐渐从资本密集替代劳动密集，扩展到技术密集环节外包。

技术密集环节外包不同于资本密集环节外包，因为作业时间的灵活性，作业质量的考核难度，农业生产周期导致的作业效果的滞后性，易出现外包供给方的"道德风险"和信息不对称，农户需要花费较多精力进行作业的监督管理。另外，外包的委托代理问题也是农业生产环节外包市场化形成阶段的主要特征之一。

（四）第四阶段：2006 年至今，生产环节外包的市场化快速发展阶段

2005 年国家农业税收的减免，让农业生产的税收退出历史舞台，农户有更高的自主积极性参与市场化的生产环节外包。2006年小麦联合收割机达到 39.2 万台，数量是 1995 年的 49 倍，可见从宏观供给侧角度测量的农业生产的资本密集环节外包得到了飞速的发展，然而技术密集环节外包仍处于初步探索阶段。随着非农务工行业在城市的逐步发展，农户非农务工的稳定性和保障性有了进一步的提高，其"候鸟式"兼业经营模式产生的交易成本和机会成本也逐步增大。

"土地托管"这一形象的词语在农业生产环节外包中应运而生，即农业生产的全环节外包。2014 年国务院批准供销合作总社在河北、山东、浙江、广东四省开展试点，试图将供销合作社建设为提供"保姆式"和"菜单式"的农业外包服务中心。农业生产环节将开启不同方式、不同程度的外包模式。

农民将自己的土地委托给农业社会化服务组织，包括为农服务中心、供销合作社、土地管理合作社等，但他们依然掌握着承包权和经营权，且在支付托管费用的基础上获得土地的相应收成。从不同的组织方式来看主要有订单托管、劳务托管和全程托管[①]，其中订单托管是农户就某个生产环节进行委托代理生产；劳务托管是

---

① 《什么是土地托管，土地托管的几种模式》，华律网，http://www.66law.cn/laws/298206.aspx，2019 年 5 月 19 日。

农户负责种子、农药、化肥等农资的购买和水费等支出,其生产过程由被委托组织进行作业;全程托管是农户将耕、种、收、售等全部环节委托给服务组织,其获得销售后的利润。从不同试点区来看,全国出现了一些典型的土地托管模式,有山东的"潍坊模式"、河南的"邓州模式"、四川的"崇州模式"等。在农户与外包供给主体双向选择过程中逐渐形成了市场化的外包服务并得到了快速发展。

二 农业生产环节外包行为响应的动因

表象发展的背后是原因的推动作用,农业生产环节外包作为农业生产模式的外在体现,从"萌芽"到快速发展,其背后的主要原因包括自然原因、技术原因、制度原因、市场原因与根本原因。本节依据农户农业生产环节外包行为响应的特点,分析农业生产环节外包在我国特定自然和社会文化环境中产生和发展的主要原因。

(一) 自然原因:农作物生长的季节性对劳动力需求的大幅波动

战国时期,孟子云"不违农时,谷不可胜食也"[1],两千多年前中国的思想家已经提出了农业生产的季节性和劳动的时效性,只有"因时制宜"的农业劳动,才能保证农业的合理投入和产出。农作物生长的季节性是由于植物的生长发育规律在特定的农业自然环境条件下,表现出的耕、种、肥、水、收等管理的不同时期特征。农业生产过程表现出不同的周期性和季节性,因此农业劳动者必须根据农作物的不同生长季节来安排农事活动。以冬

---

① 典故出自《孟子·梁惠王上》。

小麦的生产为例，小麦的生产周期包括犁地准备期、播种期、越冬期、返青期、拔节期、孕穗期、成熟期等多个时期，在小麦生长的各个时期，农业生产者需要付出耕地、播种、植物保护、灌溉、追肥、收割、干燥等环节的劳动。

"农忙时节"指的是农业生产中以传统手工劳作作为主的劳动力需求比较密集的时节，例如"抢种抢收"的农谚，说明不能在恰当的时期里完成小麦的播种和收割，将对小麦的产出造成巨大的影响。在冬小麦主产区，播种的恰当时机在秋季，如果过早播种会导致小麦长势太旺，不能顺利过冬；而如果播种太晚，天气转凉，小麦的发芽和出芽率降低，会影响小麦的密度。"抢收"时期，通常合理的抢收时间不能超过小麦成熟后一周，如果在小麦成熟期不能尽快收割，会出现小麦穗过干而严重掉粒的现象，造成减产；而如果遇见雨天，小麦可能出现发霉或出芽的现象，严重影响其质量。不同作物对劳动强度和劳动时间跨度的要求也不同。

单家独户的小规模种植，农户购买农业机械的资金压力较大，且购置后的闲置时间较长，造成较高的交易成本。只能依靠人力完成收割的农作物，对劳动力的体能要求较高，且劳动的辛苦程度较大，易出现劳动不及时的现象，造成作物减产。农户选择农业生产环节外包，可以利用外部的大型农业机械进行作业，原因是大型农业机械的作业效率高，减少由劳动不及时而导致的作物减产。

农忙时节过后，北方的小麦主产区由于气候寒冷的原因"农活较少"，即造成了劳动力的大量闲置，农户家庭的收入也间接受到影响，此时便出现了农业生产对劳动力需求的周期性大幅波动。农业生产环节外包降低了劳动力季节需求波动的幅度，最终为农户家庭总收入的提高做出贡献。因此，缓解农业劳动力的季节性短缺是外包的最初原因，也是资本要素对劳动要素的替代过程。

（二）技术原因：种植技术需求与自身文化的矛盾

从资源禀赋对技术变革的诱导来看，技术进步是农业生产水平提高的根源，但由于不同区域的资源禀赋存在差异，农业生产水平提高的技术路径也存在差异（Hayami & Ruttan, 1971）。由于资源禀赋存在差异，技术变革的路径不同，例如以美国为代表的土地资源充裕且劳动力成本高的国家，农业机械技术的提高可能是技术改革路径的较好选择；但是以日本为代表的土地资源匮乏且劳动力人数较多的人口密集国家，选择提高农作物生产的相关生物化学技术的道路可能产生更大的技术外溢效应。既不完全与日本的农情相同，也不同于美国的"地广人稀"，中国耕地面积数量相对较大，分布区域的自然环境差异明显，且人口稠密，所以适应中国农业生产技术发展的道路应该是兼顾农业机械技术发展与生物化学技术的二元结合道路。

大量的研究表明，农户的受教育水平对其采纳农业生产新技术的意愿有显著的正向关系（Ervin C. A. & Ervin D. E., 1982）。中国农户受教育水平普遍偏低，农村居民劳动力文化程度的情况如图 3-1 所示：1990 年到 2012 年基本不识字的农村居民劳动力占比减少，但是高中及以上的农村居民劳动力涨幅仍然不大，50% 左右的农村居民劳动力的文化程度是初中。

农户在农业生产的技术密集环节往往由于受教育水平等原因而受阻，例如小麦生产的"水肥管理"时期，劳动时间跨度大，作业灵活且作业技术的高低对小麦的产出有较大的影响。农户在自身技术水平受限的条件下，通过生产环节外包，将技术密集环节外包给掌握先进生产技术的农业经纪人、农民专业合作社、为农服务中心等，为自身解决了技术水平较低的难题。农户利用外部先进的农业生产技术，提高对农业产出的贡献度，以提高作物产量。

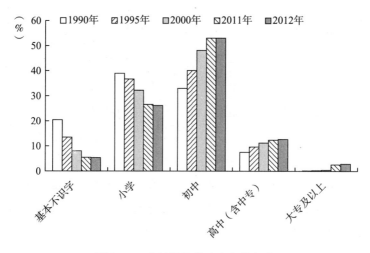

图 3 - 1 农村居民劳动力文化程度

资料来源:《中国农村统计年鉴 2016》。

(三) 制度原因:家庭联产承包责任制下的农地细碎化与小规模问题

我国实行家庭联产承包责任制的农村集体用地政策,是我国国情的历史选择,也是有效解决"三农"问题的基本政策保障,在 1978 年后的改革时期,家庭联产承包责任制激发了农户的生产积极性,创造了实践的巨大成功,但是在改革深化的转型时期,也涌现出了诸多问题,最主要的问题是农地的细碎化和单家独户小规模经营的"规模不经济"问题。

农地细碎化的概念一般来讲是指,农户具有承包权的农地互不相连,地块面积较小,农户可通过互换实现地块合并,主要的产生原因是农地分配政策,不考虑地形与自然灾害等因素 (王兴稳和钟甫宁,2008)。2011 年我国户均耕地面积仅为 5.58 亩 (国务院发展研究中心农村经济研究部课题组,2013),因此小规模和农地细碎化是中国农户农业生产面临的最基本问题,但是中国农业人口基数大,且在城市务工具有不稳定性,所以家庭经营是中国农村稳定发展的基础，不容置疑。

　　农业生产环节外包是依据农业的分工与专业化的原理，通过分工与合作的手段，避开了土地集中规模经营的实现难题，通过垂直专业化的方式，实现"迂回"的规模经济效应。以小麦的收割为例来加以说明，从表面上看，细碎化的农地产权仍然归属于不同的农户，但是小麦收割的过程中，联合收割机可以灵活地在不同地块之间进行先后的收割，就产业发展的视角来看，该环节合理利用了联合收割机和农机手，实现了生产环节层面的规模经济效应。家庭联产承包责任制下的农地细碎化与小规模的外包机理如图 3 - 2 所示。

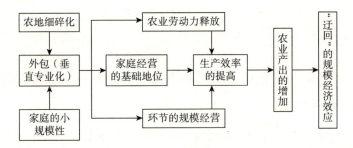

图 3 - 2　家庭联产承包责任制下的农地细碎化与小规模的外包机理

　　农户和中国的农情需要家庭联产承包责任制的基本政策保障，但是由于中国特有的人地环境、农地细碎化和小规模问题，农户需要选择农业生产环节外包来满足对土地承包权的掌控并实现农业生产的规模经济效应。

（四）市场原因：务工的高收入与低保障的矛盾

　　中国劳动力转移使得农业生产的劳动分工得到发展，如图 3 - 3 所示，2015 年农民工总数达到 27747 万人，比 2014 年增加 1.3%，其中本地农民工 10863 万人。从图 3 - 3 可以看出，农民工总数的增幅在逐年降低，农民工的数量仍然不断上升。外出农民工的数量虽大于本地农民工的数量，但是外出农民工的增幅降

低的速度快于本地农民工，即越来越多的农民工选择在本地务工
而不是外出打工。这也解释了农户"离农不离地""进城不弃地"
"弃耕不流转"的普遍现象（罗必良等，2013）。

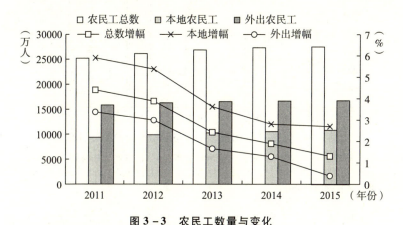

图 3-3　农民工数量与变化

资料来源：《2015 年农民工监测调查报告》，国家统计局网站，http://
www.stats.gov.cn/tjsj/zxfb/201604/t20160428_1349713.html，2016 年 4 月 28
日；根据人民网网站数据整理。

　　进城务工是农村劳动力的大势所趋，因为同样的劳动力在农
村务农每年获得的净收入远远低于外出打工的年净工资总数。如
图 3-4 所示，外出农民工的月工资呈逐年递增的趋势。2015 年
农民工外出务工月平均收入达到 3359 元，2015 年的增速有所回
落，但收入绝对数较大。另外，2015 年农村居民人均工资性收入
为 4600.3 元，相比家庭人均经营收入 4503.6 元/年的数量①，两
者收入相差不大。但 2005 年，农村居民人均工资性收入为
1174.53 元，而家庭人均经营收入为 3164.43 元，相差较大。可
能的原因是，工农产品的价格"剪刀差"趋于扩张的态势，不等
价交换造成了农业生产的"低效性"。

---

　　① 数据来源于《中国统计年鉴 2016》。

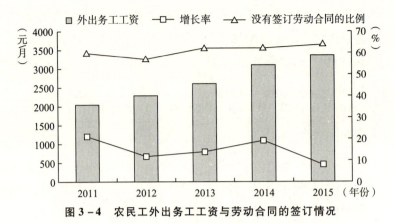

图 3-4　农民工外出务工工资与劳动合同的签订情况

资料来源：《2015 年农民工监测调查报告》，国家统计局网站，http://www. stats. gov. cn/tjsj/zxfb/201604/t20160428_1349713. html，2016 年 4 月 28 日；人民网网站整理。

　　2015 年农民工有 63.8% 的比例没有签订劳动合同，且从 2011 年到 2015 年没有签订劳动合同的比例总体上在增加。可以看出农民工务工的短期性、变动性和不稳定性，原因可能是户籍制度存在城镇与乡村的划分，城市中外来务工人员与本地居民的区别，让流入城镇的农民工面临融合的难题，具有弱势身份的特征（杨菊华，2017）。

　　进入城市，从事非农业生产是农户的理性选择，但由于农民进城务工的不稳定性，且没有城市中的医疗保障和养老保险，子女在城市中无法落户，难以接受城市里的教育，所以农民工在城市没有"扎根"。土地既是农民收入来源不稳定的社会保障，也是农户集体身份的标志，农户不愿将自己的承包权流转出去，随之也出现了农地撂荒的社会问题。

　　农业生产环节外包是采用经济的手段，第一，实现了农民对农地社会保障的基本诉求，农民将农业生产环节依据自己务工时间的灵活性，选择不同的外包方式，实现一定的农业收入，避免撂荒带来的土地资源闲置浪费，冲减了外出务工收入不稳定的风险；第二，实现了农户释放出农业劳动力从事非农业生产，以获得较高的非农业收入工资。所以，务工的高收入与低保障是农户选择农业生产环节外包的外部市场原因。

（五）根本原因：追求家庭总福利的最大化

农户进行农业生产是通过自身的劳动获得相应的农产品以满足自身消费和换取货币收入的过程，这是基于农户理性的角度来分析农户的劳动动机。农户选择家中一部分劳动力从事务工或举家从事务工，通过劳务付出，获得相应的工资收入，提升自身对资源的配置能力。农户亦可以选择不从事任何的农业劳动和非农业劳动，选择闲暇在家，获得闲暇带来的等同于相应的货币能够购买到的正效应。所以无论是选择劳动，包括农业劳动、务工，还是选择闲暇，农户的最终目标都是家庭总福利的最大化。

在家庭总福利最大化的目标驱使下，农户的农业劳动、务工和获取闲暇之间的平衡方式便是农业生产环节外包。农户的户均劳动工时从 2000 年的 2000 工时下降到 2009 年的 1400 工时（Huang et al.，2012），可以看出，农户的户均劳动工时快速下降了。当农户主要劳动力属于青壮年劳动力时，小规模的耕地，无疑很难满足农户的收入需求，农户通过生产环节外包，自己不但可以有充足的时间从事务工等非农工作，而且农业生产也得到了兼顾。对于老年农业劳动力，在较高强度的劳动与闲暇之间，由于身体和精力的原因，他们选择闲暇的正效应可能更高；另外，家中年轻子女从事务工或非农领域的工作，支付一定的外包费用对家庭来说不再是较大的支出，非农收入可以较好地补给外包费用带来的支出。

三　农业生产环节外包的现状特征

（一）农户农业生产环节外包的普遍性

（1）全国小麦种植区域分布情况。全国小麦种植区域分布广泛，除海南省和港澳地区外，都有分布，依据中国不同区域特有的自然和社会条件特征，小麦种植熟制与品质的差异，参照何中虎等（2002）、杨建仓等（2008）和杨尚威（2011）等的划分方法，并结合《中国小麦品种及谱系》，得到中国小麦的种植区域划分，如表 3 - 1 所示。

表 3 - 1　中国小麦种植区域划分

麦作区划分	主要省份与区域	种植品质及特点
黄淮麦作区	河北、山东、河南大部（除信阳地区）、江苏和安徽淮河北部、陕西关中、山西西南部、甘肃天水地区	北部强筋、中筋冬麦区，南部中筋冬麦区，5月中旬至6月下旬成熟
北部麦作区	长城以南的平原地区、山西中部及东南部、陕西北部、辽宁及宁夏南部、河西走廊（甘肃陇东）、京津地区	强筋和中筋冬麦区，6月中下旬成熟
长江中下游麦作区	上海、浙江和江西全部、江苏和安徽淮河以南、湖北北部、河南信阳、湘西丘陵地区	中筋、优质弱筋冬麦区，5月下旬成熟
西南麦作区	贵州、四川和云南大部、陕西秦岭以南、甘肃东南部、湖北和湖南西部	中筋冬麦区，5月中上旬成熟
华南麦作区	广东、广西、福建、台湾、云南南部	中筋、弱筋冬麦区
东北麦作区	黑龙江、吉林、辽宁大部（除南部沿海）、内蒙古东北部	强筋、中筋春麦区，4月中旬播种，7月中下旬成熟
西北麦作区	甘肃和宁夏大部、内蒙古西部、青海东部	强筋、中筋春麦区，8月上旬成熟
新疆麦作区	新疆维吾尔自治区、新疆生产建设兵团	中筋、弱筋春麦区，强筋冬麦区，8月初成熟
青藏麦作区	西藏、青海、四川西部、甘肃西南部、云南西北部	高原春麦为主，8月下旬至9月中旬成熟

　　我国的小麦种植以冬小麦为主，2015 年全国冬小麦种植面积占小麦总播种面积的 93.68%[①]，冬小麦与玉米、水稻、大豆、棉

———————

① 数据来源于《中国农业年鉴 2016》。

花等秋季作物搭配种植，可提高复种指数，提高单位面积总产量。春小麦在全国的种植面积较少，主要分布在长城以北的寒冷地区，熟制为一年一熟。黄淮麦作区是全国最主要的小麦优势产区，种植面积、产量、商品率均是全国最高的，其中河南是全国小麦产量最大的省份，所以主要分析该地区的小麦种植情况。

黄淮麦作区大部分土壤类型是石灰性冲积土，有部分黄壤与棕壤，土壤质地良好，生产力水平较高，生产优质强筋和中筋小麦。熟制以一年两熟为主，旱地及丘陵地为两年三熟。最冷的平均气温在 - 3.4℃ ~ 0.2℃，绝对低温为 - 22.6℃ ~ 14.6℃，越冬气温温和，小麦冬季可保持绿色。水资源丰沛，年降水量分布在 580 ~ 860 毫米，小麦关键拔节孕穗期降水量在 152 ~ 287 毫米，南部地区可基本满足小麦生长需求，偏北地区因雨量不均或年际差异会出现一定程度的干旱，可通过灌溉来补充。不能灌溉的少部分旱作地区，包括陕西关中、河南西部和南部旱垣可一年一熟。干热风在黄淮麦作区较普遍，全蚀病在胶东地区较为严重，适播期一般在 10 月上旬，部分地区因为降雨和秋粮成熟期等的影响延误适播期，导致晚茬播种，影响小麦产量和品质。所以排除晚茬因素，是该地区小麦产量和品质提升的关键。小麦成熟期在 5 月中旬至 6 月下旬，按照熟期可分为黄淮平原、汾渭河谷和胶东丘陵三个副区，该地区的自然特征有利于蛋白质和面筋的积累，是发展优质强筋和中筋小麦的最适宜地区之一。

（2）机械动力要素及其在小麦生产过程中的应用情况。1995 年以来农业机械应用的社会化和市场化得到快速发展，农业外包服务的供给市场逐渐建立，全国小麦大型联合收割机的跨区作业在黄淮麦作区兴起，并迅速蔓延到全国各地，小麦机耕、机播和机收的整体比例也随之得到提高，如图 3 - 5 所示。

可以看出，2011 ~ 2015 年全国小麦机耕、机播和机收的比例都呈现总体上升的趋势，且机收比例一直处于三者的最高，2015

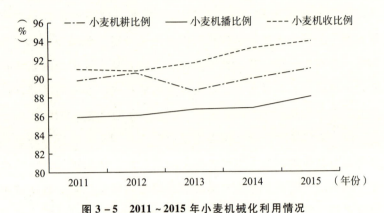

图 3 - 5　2011～2015 年小麦机械化利用情况

资料来源：《中国农业年鉴》（2016～2010 年）。

年小麦机收的比例达到了 94% 的水平。小麦生产过程中机械化的普及代表着农业机械对劳动力的替代，在农业人力工资不断上涨的背景下（Cai & Du，2013），农业机械动力对劳动力的替代通过外包这一生产机制实现，充分发挥了市场的支配作用，释放了农业劳动力，为农业劳动力从事其他工作创造了条件，为降低农业生产成本做出了贡献。

改革开放 40 年来，农用机械的总动力从 1978 年的 11749.9 万千瓦增加到 2015 年的 111728.1 万千瓦，增加了 8.5 倍。机械动力的快速增长为农业生产环节外包提供了强有力的技术支持和动力支撑，农用大中型拖拉机和小型拖拉机的动力[1]的变化情况，更能反映农业生产的管理方式。

图 3 - 6 展示了 1978 年以来农用大中型拖拉机动力与小型拖拉机动力的比值变化情况。从图中可以看出，1978 年农用大中型拖拉机动力是小型拖拉机动力的 1.5 倍，1980～1985 年，大中型

─────────────

[1]　依据农机统计的划分标准，大中型拖拉机是指发动机的额定功率大于等于 14.7 千瓦（20 马力）的拖拉机，可分为链轨式和轮式；小型拖拉机是指发动机的额定功率大于等于 2.2 千瓦（3 马力）、小于 14.7 千瓦（20 马力）的拖拉机，包括农村的小四轮和手扶拖拉机。

拖拉机与小型拖拉机的动力之比开始出现小于 1 的情况，随着集体生产队的瓦解，家庭联产承包责任制的建立，大中型机械的应用逐步降低，小型的家庭生产趋势逐步推进，小型机械的应用得到大量普及。2001 年两者的比值降到最低，为 0.24，之后，随着农业耕地小规模的不经济问题的突出，农业劳动力开始流向城市务工，小麦跨区作业的出现，农业生产环节外包的市场化，农业大中型机械应用的比例又逐步得到上升，2014 年大中型农业机械总动力超过了小型农业机械总动力，标志着规模化生产的机械应用技术以外包的方式在农业生产中逐步深入。

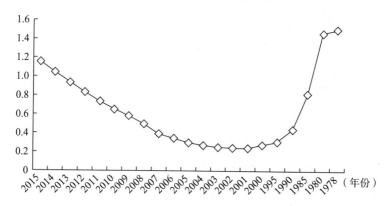

图 3-6　改革开放以来农用大中型拖拉机动力与小型拖拉机动力的比值变化情况

资料来源：历年《中国统计年鉴》。

小麦机械跨区正是在全国小麦生产专业化区域形成的基础上的实际运行，全国因为麦作区的不同，生产和收获的季节也不同，为大型机械的跨区发展提供了良好的时间差，一方面能提高大型机械的利用率，节省闲置造成的交易成本；另一方面也是由小麦专业化生产的规模经济效应驱使，而外包小麦的生产环节正是小麦跨区作业的管理机制。

（3）调查区域小麦种植户生产环节外包的比例。河南和山西样本小麦种植户生产环节外包过程中，631 户小麦种植户耕地环

节外包的比例为 84.3%，播种环节外包的比例达到 72.1%，植保
环节外包的比例为 10.6%，灌溉环节外包的比例为 12.8%，追肥
环节外包的比例为 9.0%，收割环节外包的比例为 91.9%，干燥
环节外包的比例为 6.3%。资本密集环节、劳动密集环节和技术
密集环节的外包比例分布如图 3-7 所示。

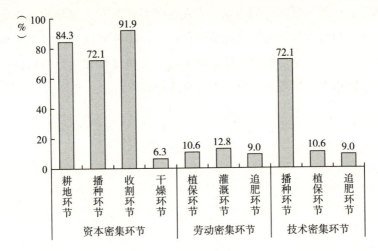

图 3-7 小麦种植过程中不同要素密集环节外包比例分布

资料来源：根据调查问卷整理。

可以看出，资本密集环节中收割环节外包的比例最高，耕地
和播种环节外包的比例较高，而干燥环节外包的比例最低，可能
的原因是，农户一般采用自然风干和晾晒的方式来干燥，外包的
比例较低。劳动密集环节中植保、灌溉和追肥环节外包的比例均
较低，可能的原因是，劳动力供给价格较高且劳动的时间比较分
散，在劳动密集环节农户一般选择自我生产。技术密集环节中各
环节外包的比例分布不均，播种的技术性较强但机械的替代作用
也较强，所以播种环节外包的比例较高；植保和追肥的技术性也
较强，但目前机械的替代能力有限，尤其是在没有实现连片种植
的情况下，机械的替代能力很弱，例如飞机喷洒农药的具体实施
可行性较差，所以这两个环节外包的比例较低。

小麦生产七个环节外包数的平均值是 2.86 个，即全部环节外包的比例为 40.9%，说明目前河南和山西被调查地区小麦生产环节外包总体比例依然较低。小麦种植户的年龄平均值为 53 岁，受教育水平大部分停留在初中阶段。小麦种植年限平均值为 29 年，表明大部分种植户自成年以来一直从事小麦生产工作。非农劳动力的比例为 44%，表明小麦种植户兼业化现象明显。小麦种植规模平均为 44.39 亩，调查地区是农地流转的示范地区，有一部分是流转大户，但种植规模的标准差较大，意味着去掉个别超大规模农户，仍然以小规模农户为主。①

（二）土地利用现状与外包的可行性

外包过程中也伴随着农地流转政策在全国的推进，以试图解决农地细碎化以及单家独户的小规模经营的规模不经济问题。

（1）"三权分置"视角下，农户规模经营方式选择。从 1978 年的农地"两权分离"到党的十八届三中全会明确"三权分置"的政策指导，是完善使用权的政策过程，目前对于"三权分置"的政策内涵、法律逻辑与实现机制，不同的学者给出了不同的研究观点。

"三权分置"政策仍处于众说纷纭缺乏共识的阶段，但是被多数研究者和地方政府形式化地理解为所有权、承包权和经营权并立且叠加的"权利束"，给农地产权制度的构建和完善带来了挑战。农地"三权分置"从要素、主体、制度、价值等四个方面释放改革的"红利"，是保障农村集体经济和集体成员身份的重大政策措施，基于物权性质与农地流转的事实，农地承包权仍属于物权，是集体成员基于社会属性的身份而享有的权利。承包权主要包括占有权、收益权、继承权和退出权，经营权主要包括占

---

① 调查数据显示，小麦种植户规模小于 15 亩（1 公顷）的占总户数的 74.48%。

有权、使用权、收益权和处分权（高飞，2016；张毅等，2016；陈朝兵，2016）。"三权分置"是实现农业规模经营的有效手段，政策内涵经历了"确权不确地"和"确权确地"的理解过程，即从经常调整农民家庭或个人的土地位置和面积，到具体的地块分配到农民个人手中，但是政策实施过程仍具有较大争议（孙宪忠，2016）。

现代产权理论强调"权利束"的完整性，包括排他的使用权、获取租金的收益权以及转让资源的转让权，任何约束都会导致产权的"稀释"（巴泽尔，1997）。"三权分置"的法律逻辑是利用经济理论破解我国农地承包经营权困境的政策方案，对土地的直接占有和使用只能集于一人，遵循"一物一权"的原则，"三权分置"不符合他物权的法律逻辑（单平基，2016）。基于农业生产特点，以财产权性质流动的农地使用权细分，使用权细分建立在承包权与经营权实现分置的效果上，易造成使用权细分的无效率（李宁等，2016）。

实现"三权分置"的有效路径基本可以概括为以下三种观点：第一，在坚持基本法律原则和底线的基础上，修改完善相关法律法规，立足基本国情，加强政策设计和配套，建立承包权和经营权分离的利益协调机制和风险防范机制（陈朝兵，2016）；第二，创设物权性质的经营权，在农地确权的基础上，构建经营权抵押协调流转机制（李韬和罗剑朝，2015；曹瓅和罗剑朝，2015；林文声等，2017），农地入股是农地抵押权实现的有效机制（孙宪忠，2016）；第三，保障家庭经营的主体地位不动摇，以农地股份合作社的方式实现"三权分置"，促进农业经营体系构建和产业化发展，发展新型农业社会化服务组织（李宁等，2016）。

农业规模经营分为内部的土地规模与外部的社会化规模两个层次（Johnson，1994），而土地规模经营方式的选择主要归为直接规模经济效应和"迂回"的规模经济效应。应对"三权分置"的细碎化经营状况，直接规模经济效应实现的路径以土地流转为主要手段（黄延信等，2011；闫小欢和霍学喜，2013；陈海磊等，2014；杨卫忠，2015）；"迂回"的规模经济效应主要通过外包的手段实现外部的环节规模经济（罗必良，2014；胡新艳等，2015b）。另外，还有观点表明，基于"三权分置"的农地特征，规模经济的实现路径是生产环节外包与经营权流转，且二者是一个循序渐进的过程（廖西元等，2011；王志刚等，2011）。

（2）农地确权、农户的产权认知与农业生产环节外包。农地确权在强调产权的固定化、明晰化与长期化的制度改革中赋予农民土地使用权的权能（陈小君和蒋省三，2010）。为稳定承包关系和土地财产权益，从 2008 年开始，全国开展的土地确权登记作为"还权赋能"的国家重要举措（马贤磊等，2015）。产权既取决于国家赋权，又依赖主体的财产保护能力（罗必良，2014），而产权行为能力是影响农户资源配置的重要因素（胡新艳等，2015c）。当前对土地产权规则的界定主要存在公有产权规则、私有产权规则和家业产权规则，对不同规则的认知，分别表现为政治维度、经济维度与社会文化维度（黄鹏进，2014）。产权改革开启了"共有与私用"的"土地使用权私有化"的改革方向（赵阳，2007）。

（三）农业生产环节作业方式的多样性

（1）不同作业方式的出现与发展历程。农业生产的作业方式是伴随着农业生产环节发展阶段不断变化的结果。最初农户每一个环节都是自己生产（这时没有外包产生）。当劳动力出现一定富余或短缺时，农户可通过帮工与换工的方式来完成生产，尤其是小麦生产的"抢种抢收"阶段，此时，农户通过相互帮忙的办法来消除由于劳动时间紧凑造成产出降低的威胁，这是初级的农业生产环节外包，目前仍然在一些地区①存在普遍的应用性。当农村一些资金雄厚且懂机械技术的农户开始购买大中型农业机械时，小麦生产的跨区作业开始流行，江苏沛县为全国最早的大规模农机手外出跨区作业的发源地，也是发展最好的地区之一（杨进，2015）。以下以江苏沛县为例，来分析农业生产环节外包服务供给的发展历程。

江苏沛县地处黄淮麦作区，连接苏北和鲁南，紧邻豫东和皖北，地处交通要道，四通八达，为农机手跨区作业提供了良好的区位优势。2013 年全县联合收割机 2100 台左右，参与跨区作业的有 1000 多台（杨进，2015）。沛县的农机跨区作业开始于 1998 年，是以县农机局牵头的方式，通过政府引导与宣传，带领农机技术人员开始采购大型联合收割机，在农户中发挥"可赚钱"的模范带头作用。通过政府合理引导，农机大户的带动效应，沛县的农机手开始大量参与到农机跨区作业的队伍中，此时主要是政府引导、农户自发前进的方式。2006 年国家颁布《农民专业合作社法》后，2008 年在当地农机局的指导下，农机大户开始成立农机专业合作社，此时农户的农机跨区作业逐步转变为以合作社为组织的联合外出形式，同时政府出台了"库房补贴"的措施鼓励农机专业合作社的成立与发展。随着跨区规模和作业区域范围的进一步扩大，跨区作业中也产生了信息不对称，导致出现农机手的作业时间浪费、"走弯路"等问题，产生了较高的交易成本和协调成本。当地农业部门通过收集信息并搭建信息平台，鼓励农机专业合作社事先与农户签订订单（即"订单模式"），

---

① 尤其是一些山区和丘陵地带的农地，由于土地细碎且田间道路的通畅性较差，大中型机械难以到达，生产作业效率低，且作物的成熟期存在一定差异，所以农户可通过帮工与换工的方式来实现作物的及时耕种，提高劳动力的时间分配性与空间分配性。

以减免通行费等方式为农机跨区作业提供帮助和指导（杨进，2015）。[①]

农机跨区作业的发展带动了整个农机市场的发展，为农户农业生产环节外包提供了更丰富的渠道，同时也在一定程度上促进了农业外包服务供给的组织化。外包服务组织出现后，农户在机械替代性较强的资本密集环节可外包的基础上，亦可通过将生产环节"委托"给专业的服务组织来实现生产的外包，该委托可能是一个环节也可能是多个环节的联合，"托管"的作业方式是农业生产环节外包发展的成果，也是农业生产环节外包的高级形式。

（2）调查地区小麦生产环节外包的主要方式。结合朱文珏和罗必良（2016）对农户农业生产经营能力的分析，本书将农户的作业分为自己生产、帮工与换工、雇请机械、雇请机械与人力、雇请专业服务组织，共五种形式。通过整理河南和山西的调查数据，可得样本区小麦种植户生产环节作业方式的比例分布情况，如表3-2所示。由表可知，在耕地环节小麦种植户选择作业的方式中，雇请机械的比例最高，达到62.12%；在播种环节小麦种植户选择作业方式比例最高的依然是雇请机械，达到53.72%；在植保环节小麦种植户选择作业方式比例最高的是帮工与换工，达到68.94%；在灌溉环节小麦种植户选择作业方式比例最高的依然是帮工与换工，达到67.83%；在追肥环节小麦种植户选择作业方式比例最高的依然是帮工与换工，达到78.92%；在收割环节小麦种植户选择作业方式比例最高的是雇请机械，达到79.71%；在干燥环节小麦种植户选择作业方式比例较高的是自己生产、帮工与换工，分别达到42.00%和51.66%，两种方式基本持平。

[①] 《农机跨区：要跨越误区和盲区》，中国农业新闻网，http://www. farmer. com. cn/zt2017/sx/xzxg/201706/t20170614_1303284. htm，2017年6月14日。

表 3-2 样本区小麦种植户生产环节作业方式的比例分布情况

单位：%

方式 环节	自己 生产	帮工与 换工	雇请 机械	雇请机械 和人力	雇请专业 服务组织
耕地环节	15.37	15.85	62.12	5.55	1.11
播种环节	27.10	11.25	53.72	6.18	1.74
植保环节	20.44	68.94	4.28	5.55	0.79
灌溉环节	19.33	67.83	7.77	4.60	0.48
追肥环节	12.04	78.92	2.38	5.71	0.95
收割环节	2.06	6.18	79.71	9.83	2.22
干燥环节	42.00	51.66	2.69	3.01	0.63

资料来源：调查问卷整理。

资本密集环节、劳动密集环节和技术密集环节选择不同作业方式的农户数量与比例分布情况如图 3-8、图 3-9 和图 3-10 所示。

从图 3-8 可以看出，在资本密集环节中，除了干燥环节，小麦种植户选择雇请机械的比例是最高的，选择自己生产的比例在播种环节和干燥环节较高，选择帮工与换工的比例在耕地环节和干燥环节较高。在资本密集环节作业方式中选择雇请专业服务组织的农户数量基本维持在 10 户左右。小麦种植户选择雇请机械和人力的作业方式的比例在收割环节较高一些，为 9.83%，在资本密集环节中，选择该作业方式的农户总体较少。

从图 3-9 可以看出，在劳动密集环节作业方式中，农户普遍选择帮工与换工的作业方式，其中三个劳动密集环节的比例均在 70% 左右，农村劳动力通过帮工与换工，提高了劳动力的利用程度，并解决了单个农户生产过程中劳动力短期内不足的问题。劳动密集环节小麦种植户选择自己生产的比例在 12% 和 21% 之间；选择雇请机械、雇请机械和人力、雇请专业服务组织的比例均较小，可以看出劳动密集环节目前的机械替代能力较低，专业服务组织发挥的作用有限。

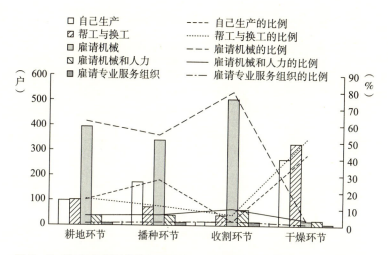

图 3 - 8　资本密集环节选择不同作业方式的农户数量与比例分布情况

资料来源：调查问卷整理。

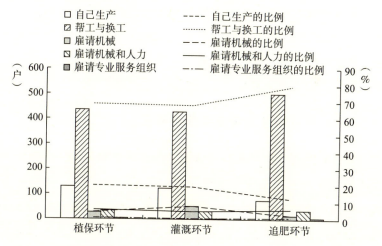

图 3 - 9　劳动密集环节选择不同作业方式的农户数量与比例分布情况

资料来源：调查问卷整理。

从图 3 - 10 可以看出，技术密集环节内部，农户选择作业方式的差异较大，播种环节以雇请机械为主，占到 53.72%；其次是自己生产，占到 27.10%。植保环节和追肥环节农户选择帮工与换工的比例较高，植保和追肥既属于技术密集环节又属于劳动

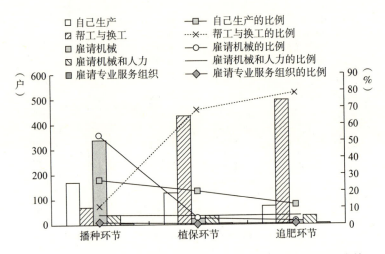

图 3 – 10　技术密集环节选择不同作业方式的农户数量与比例分布情况

资料来源：调查问卷整理。

密集环节，技术需求呈现分散性和经验性且机械替代性较低，所以农户仍以帮工与换工的作业方式来完成生产。农户选择雇请专业服务组织的作业方式比例也较低，表明专业服务组织在技术密集环节发挥的作用有限。

（四）外包服务市场建设的平衡性

从目前的农业生产环节外包服务的供给主体来看，外包供给主体包括政府主导的专业服务组织（为农服务中心、基层农技站、供销合作社）、农民专业合作社、龙头企业、专业服务大户等。但从实际情况来看，农业生产环节外包的主要供给方还是专业服务大户，政府主导的专业服务组织指导的力度有限。

首先，关于政府主导的为农服务中心、基层农技站和供销合作社为主体的外包服务供给组织。政府主导的专业服务组织的本质是非营利性的服务主体，运作模式采用行政指令的方式自上而下传达，即地方农业局或农机局通过行政指令的方式指导基层农技站向农户提供各种免费或收取一定成本费用的农业外包供给服务。村委会的为农服务中心和供销合作社在接受一定政策规范的情况下，依据农户的实际需求开展农资供应、种子供给或农机服务等。在现有的政策体系下，政府主导的专业服务组织能够及时响应国家农业政策，但是仍存在很多问题，其中主要的问题是政府主导的专业服务组织管理能力较强，服务能力较弱，具体问题可以概括为以下三点。第一，对于农资的采购、农业机械的保管和农业机械的驾驶等的管理存在较多问题，由于其缺乏有效的激励和约束机制，所以实际中提供机械和人工服务的机会成本较高。第二，政府主导的专业服务组织由于缺乏竞争压力，容易出现经营动力不足，外包供给的形式僵化和不到位，外包服务的态度和服务效果较差等，进而导致农户对服务的购买意愿不强。第三，由于信息不对称，政府在接收上级服务指令时，很难获得农户的农业生产环节外包需求信息，导致供给和需求错位，出现供需不平衡的局面。

其次，关于农民专业合作社为主体的外包服务供给组织。依据《农民专业合作社法》的规定，农民专业合作社是在家庭联产承包的基础上，同类生产经营服务的提供者，在自愿联合和民主管理的基础上，产生的非营利性或半营利性的互助性经济组织，法律规定其主体是法人。农民专业合作社通过为成员提供服务并收取一定费用的方式提供外包供给服务。农民专业合作社贴近农户，充分了解农户的外包需求，在政策上也受到政府的大力扶持，但是我国农民专业合作社的建设仍处于起步阶段，管理人员的管理能力不足，合作社大多沦为"空壳"组织，农户虽然加入合作社，但由于合作社的松散性，其为农户提供的外包服务数量有限。其中存在的主要问题可以概括为以下三点。第一，组织自身建设的不完善性。农民专业合作社的章程和组织制度与实际的运行脱轨，专业大户在合作社中占据主导地位，一般的小户因为不愿意支付入社的股金成本，以"白条"股份为主，实际为边缘的社员，基本没有参与合作社的管理和表决，所以合作社在提供外包服务的过程中，没有真正发挥组织的作用，协调能力差，对农户的带动和服务没有真正发挥合作的作用。第二，合作社缺乏有管理能力和经验的管理人才。合作社是农民为主体的专业组织，我国农民普遍的受教育水平较低，有能力的管理者大多不愿从事农业工作。合作社由一些管理能力不强的农民组合起来，他们难以真正参透合作社的本质并有效地运行该组织，导致农民专业合作社是政府推动下的机械运行主体，且更多地以"套取补贴"来生存。农业生产环节外包需要农民专业合作社具有独立性和市场性，所以现有的大部分合作社很难在农业外包市场中提供有效的服务。第三，非营利与营利的矛盾性。参与合作社之后，农户可以通过合作社收集外包服务的需求信息并为自身提供外包服务，但是将机械或者专业技术通过折价入股，农户面临的问题是合作社的公益性。相比以个体提供外包服务，农户的外包供给收入可能降低，所以他们会权衡合作社带来的便捷性的大小和外包收入减少的多少，来选择是否通过合作社来接受外包服务。

最后，关于专业服务大户为主体的外包服务供给组织。专业服务大户是以营利为目的，掌握一定农业种植技术并购买农业生产机械的农户个体。通过实际的调研来看，专业服务大户是外包服务供给的主要部分。他们以有偿服务为特征，通过联络本地有外包需求的农户，以提前电话预约的方式，对农户提供连片的外包服务。专业服务大户以个体的形式提供外包，具有较强的灵活性和适应性，同时有较强的竞争激励作用，能够充分节约成本。另外，专业服务大户往往以服务的价格为指导，进行灵活调整，亦可跨区服务，满足农户的多样化需求，对资源的合理配置减少了机械和人力的交易成本。所以外包服务市场上的供给主体以专业服务大户为主，但是专业服务大户在组织形式和实际运行中也存在一些问题，主要可以概括为以下两点。第一，外包服务供给存在严重的不稳定性，农业生产尤其是小麦等粮食作物的生产，是国民的支柱产业，是保障国家粮食安全的重要产业，而市场指导下的专业服务大户是逐利性的供给主体。当"有利可图"时，专业服务大户愿意提供外包服务，且能"不远万里"参与跨区外包服务，但是当外力作用或外包服务市场出现利润较低或不能盈利时，专业服务大户会立刻终止外包服务，可能出现农业生产环节外包服务的供给风险，影响粮食安全的国策大计。第二，专业服务大户的外包服务供给主体由于逐利的特性，对一些地理条件较差的地区①可能提高外包服务收费或放弃提供外包，对该类地区的外包市场发展形成阻碍，加剧地区发展不平衡。地理条件较差的地区一般属于偏远地区，这些地区农户外出务工的可能性更大，农业劳动力转移程度更高，对外包服务的需求更迫切，但他们是贫困农户的概率也更大，支付较高外包服务费用更是加剧了农户之间的收入差距，对农村的平衡性发展不利，也可能造成这些地区的农户弃耕等问题，从而造成耕地资源的浪费。

（五）不同环节外包服务监督的困难性

从信息经济学的角度出发，探索在粮食种植过程中，委托方和受托方之间的委托代理关系，以及利益联结机制的经济效益模型。将农业生产的从业者分成两个角色，在非对称信息的农业生产过程中，存在非对称信息博弈的逆向选择（Adverse Selection）和道德风险（Moral Hazard）问题。农业生产的委托方将某一项业务外包之后，相比较受托方不具有信息优势，受托方可能在追求自身效用最大化的过程中损害委托方的经济效益，利用委托代理理论分别建立非对称信息的逆向选择模型和道德风险模型，形

---

① 地理条件较差的地区可能存在道路坡度较大、耕地细碎化严重、田间道路的通达性较差等问题。

成逆向选择的约束机制，建立的约束机制在保障受托人正常收益的前提下满足委托人的经济目标效益，降低整个过程中的交易成本。由于农业生产的特性，委托代理关系需要建立在农作物生长周期和自然环境不确定的基础之上，缺少工业生产的标准化和可控性，所以受托人常常难以监管，存在道德寻租行为，进而产生委托代理的道德风险问题。建立道德风险模型，从农业生产环节的特性出发，结合农户自身特征与农业服务组织或个人的经济行为，形成道德寻租的约束框架，进而发挥委托代理各个主体之间关系的约束作用。

承包方作为外包服务的供给者与外包方作为外包服务的需求者完全处于市场中，不牵扯产权转移导致的复杂的产权关系，其中的联结机制是委托代理理论。该理论描述了信息不对称条件下的契约关系，委托人授予代理人某些决策权并支付代理人一定的收益（Jense & Meckling，1976），委托代理中存在非对称信息的逆向选择和道德风险问题。在农业生产外包的委托代理关系中，农业生产机械技术的改进缩短了农业生产环节的用工量，外包农户可以通过较短时间的现场监工来降低信息不对称和道德风险，非农劳动力的兼业协助产生的机会成本和交易成本也降低，具有实际操作的可行性，亦可以通过老人来实现监工，而老龄化与外包之间的关系表明，老龄化对传统的劳动密集环节外包具有促进作用（陆岐楠等，2017）。

在城市中务工的收入高于种植农作物的收入，理性农户理应将土地流转，但是由于外在和内在的原因农户没有选择土地流转，内在原因包括禀赋效应、社会保障效应、集体身份认同效应；外在原因是，农业机械技术的发展可以替代劳动密集环节作业，"弱质"劳动力可以监督作业，农户可以兼顾农业和非农业。

农户通过生产环节外包可以释放出原本应该从事农业生产的时间，他们可以选择兼业从事务工与务农，也可以专职从事务工行业，这取决于农户的外包程度和农户家中老年等"弱质"劳动力的情况。如果农户所在地区的外包服务供给充分，且能够提供不同的外包模式，比如单环节外包、多环节的"托管"，以及"全托管"等不同的服务，农户选择了"全托管"服务之后，不需要对农业生产的环节进行监督，他们可以选择全职从事非农行业的工作；如果农户家中有老年劳动力或不能外出务工的女性劳动力，在这里统称"弱质"劳动力（黄宗智，2012），农户可以选择环节外包的方式，利用家中的"弱质"劳动力进行监管，或从事一些环节的生产，另外一部分劳动力可以全职从事非农行业的工作，使得农业和非农业劳动力都得到很好的利用和兼顾。

如果农户所在地区的外包服务不充足且单一，他们将不得不在务工时兼顾家中的农业生产环节外包的监督与一些不能外包环节的自我生产。所以农户对外包能节约更多时间从事非农业生产的认知会影响其农业生产环节外包的决策①。而农户获得以上服务的条件是需要支付一定的环节外包费用和交易成本，且一些环节需要他们进行监工以避免出现信息不对称的道德风险，所以他们需要在外包获得的益处与支付的外包费用及交易成本之间进行权衡并做出外包的响应。

四　本章小结

本章在对农业生产环节外包的发展历程进行梳理和总结的基础上，基于农户的计划行为理论和外包的内外部环境，分析了农业生产环节外包的行为响应动因，并总结了农业生产环节外包的现状特征，提出了外包服务供需市场存在的问题。从生产环节外包的发展历程来看，可分为初级阶段、发展阶段、市场化形成阶

---

① 该决策可能是一种主动选择行为，也可能是一种被动接受行为。

段和市场化快速发展阶段，共四个阶段。农业生产环节外包行为响应的动因可以概括为自然原因、技术原因、制度原因、市场原因以及农户追求家庭总福利最大化的根本原因。农业生产环节外包的现状特征主要包括外包的普遍性、土地利用现状与外包的可行性、作业方式的多样性、外包服务市场建设的平衡性、不同环节外包服务监督的困难性等。

第四章 ◀

基于农地产权认知视角的农户农业生产环节外包程度选择

土地是农业生产的基本要素，农村家庭联产承包责任制下，农地的产权状况直接影响了农业的生产方式，不同的农业生产方式是农户外包程度的表现。鉴于此，本章在第三章对农业生产环节外包的发展历程、外包行为响应的动因、外包的现状特征详细介绍的基础上，从农户对农地产权认知视角出发，分析农户农地产权结构认知、外包的产权效应认知与不同环节外包程度选择的影响关系，并分析三者的中介效应，得出三者之间的相互作用关系。

一 农地产权现状与农户对农地产权的认知

（一）"三权分置"下的农地产权现状

农地产权政策是我国农业生产长期以来依赖的基本政策（姚洋，2008），有效的产权安排能降低土地经营过程中的交易成本，激发农户的生产积极性，最终目标是实现农业生产的规模经济效应（李宁等，2016），而实现的路径是探索的重点和难点（廖西元等，2011），我国以小农户为主的农业生产形式在特定时期取得了应有的成果，但是随着转型时期的到来，农业生产出现了土地细碎化、产权模糊不清、劳动力"弱质化"、耕种规模不经济等问题（王建英，2015）。

2015 年出台的《深化农村改革综合性实施方案》指出，以"三权分置"的模式，把握集体所有制与家庭经营的关系，推进农业社会化服务体系和农业科技创新体系的发展，通过构建现代化服务，引领农民向现代农业发展的轨道靠近。2017 年中央一号文件同样指出，通过代耕代种，实现服务带动型规模经营。可以看出，政策层面对产权结构的调整是为了适应新时期的家庭经营模式。所以，在政策层面优化产权安排，保证家庭经营的基础前提下，实现规模效应需要探究有效的实现机制与内在逻辑关系。继第二轮承包确立的农地承包权三十年不变的政策，党的十九大延续了又一个"三十年不变"的农地承包经营权政策，这是农地确权落实的政策保障。在实现农业规模经济的前提下，若要使得政策更具有实施的可行性和持续发展性，便首先要在理论和逻辑层面分析农地产权认知视角下农户对农业生产环节外包程度的选择。

（二）农户对农地产权的认知

农户对农地产权的认知是建立在已有的农地产权政策和政策实施结果的基础之上，包括宏观的地方治理政策和微观的村庄自治风俗观念等（仇童伟等，2016）。事实上，安全有效的产权安排不但能够激励农户参与农地的流转，而且有助于农户参与农业生产环节外包（罗必良，2014）。中国农地的产权结构包括农地使用权、农地收益权和农地处分权（李宁等，2016）。不同的产权结构映射出了不同的农业生产组织形式，而农户的不同认知更反映了农业生产的基础状态（阿尔钦，1994）。

"法律必须被信仰，否则形同虚设"（伯尔曼，2003），国家法律赋予农民承包权的"排他性"和经营权的"可转移性"，而

实际中农地产权的作用依托于农民对它的认知（Gelder，2007），
而农民对农地产权的认知建立在产权客体资源属性和产权主体自
身行为特征上（李宁等，2016）。农民对土地的知觉控制性大小
表现在他们的主观控制感上，且控制感的强化能增强主体行为能
力和行为主导性（Duval et al.，2002），国家赋予土地"排他性"
的使用权，为农村土地使用权流转市场的出现与繁荣奠定了基
础，农民对农地产权的认知正从社会属性向经济属性转变（黄鹏
进，2014）。

关于农户对土地产权的认知情况的测度分析如下。马婷婷和
陈英（2015）从农户的土地情感认知、产权有效性的强度认知、
处置行为认知、产权收益认知四个方面测度了他们对农地产权的
认知情况。钱忠好等（2007）通过调查农户对土地所有权的归
属、土地增值收益权的归属与土地征用谈判（是否有），来分析
农户对农地产权的认知情况。仇童伟等（2016）采用农户风险偏
好系数与所在行政村土地承包经营权证书发放率来测度农户的产
权安全认知，并从公共治理和村庄自治两方面分析农户的土地安
全认知，公共治理方面采用农户的征地风险感知来分析，村庄自
治方面采用农户土地被调整的感知来分析。罗必良等（2013）分
别从明晰化和依赖度来分析农户自身产权行为能力认知。黄鹏进
（2014）从政治维度、经济维度与社会文化维度以描述性的方法
分析农户对土地产权的认知情况。

依据马斯洛的需求层次理论（Maslow's Hierarchy of Needs），
人们的需求首先是安全和温饱的需求，土地是解决人们温饱问题
的基本要素，所以农户对土地产权的认知首先是对土地产权安全
的感知，安全永远是土地经营的第一要素。农户对土地产权安全
的认知是产权认知最重要的组成部分。土地被征收和调整是土地
产权面临的最大风险之一（Zhang et al.，2011）。Broegaard
（2005）认为农户对土地面临风险的感知表现为他们对未来失去

土地权益可能受到损害的主观恐惧感。土地证书发放不到位强化了农民的土地风险感知（仇童伟等，2016）。明晰的产权赋予了农户更多的财产权能属性（蒋省三等，2007），产权不清晰会阻碍农户参与农地流转的积极性（Alchian & Demsetz，1973）。曾福生（2011）通过对湖南省398个农户的实际调研发现，农户对土地产权认知模糊，与法律赋权存在偏差。仇童伟等（2016）从公共治理与村庄自治的视角出发，认为土地确权登记是国家赋权对村庄道德"人治"的规范，以土地确权实施情况衡量国家赋权的情况。农户对土地的经济依附很大程度上源于土地的社会保障功能，农户的土地产权行为能力表现在他们对土地的经济依赖度上（罗必良，2014）。中国农村普遍存在土地的"平均主义占有权"和"保障生存权"的作用（郭亮，2012）。

二 农地产权认知对农业生产环节外包程度选择的影响机理分析

（一）"三权分置"视角下，农户农业生产环节外包的驱动机制

"三权分置"的农业用地政策在产权"稀释"论和法律"多主体"论中受到了学者们的质疑，在实际实施过程中也表现出了集体的所有权主体的虚化、使用权主体的羸弱、流转的速度缓慢等问题。从契约经济学的角度出发，任何的治理结构都需要通过组织来实现，而组织是契约关系的集结（Jense & Meckling，1976），在农地产权细分条件下，其将如何实现农地的合理配置和有效运用，转变为选择何种用地模式、规避细分带来的产权"稀释"与"多主体"困扰。由于农地的保障属性和农村社会身份象征属性的存在，农户对农地产权权能的控制性是任何生产模式都必须遵从的前提。

农户对土地的实际控制是农地的社会保障属性和集体经济身份认定属性的需要，他们不愿意让自己对农地失去控制，如果感觉到土地流转失去土地实际控制权的风险太大，他们可能宁愿忍受农地产出较低或兼业经营的务工工资较低的不利状况。从行为经济学的观点来分析，农地产权的拥有方倾向于把产权的价值看得比较重，因此他们在放弃经营权时想要获得的补偿比较多（赵伟华等，2010）。这也印证了禀赋效应理论的观点，禀赋效应理论由 Thaler 在 1980 年提出，是指人们"偏爱"的结果，即对拥有的物品或权利的估价要高于不曾拥有的物品或权利的估价（Kahneman et al.，1990）。Thaler（1992）通过实验得到杯子拥有者对杯子的估价，发现拥有者的估价是非拥有者的两倍，其中的原理可以解释为"损失的规避效应"。

农地承包经营权的拥有者把失去经营权看作损失，把获得的租金收入看作收益，而农地的转入者把失去金钱看作损失，把获得的经营权看作收益，农地经营权的转出方为了避免损失带来的威胁，倾向于提高卖价；而农地经营权的转入方对经营权收益评估的稳定性很差，因为他们时常面临被转出方收回经营权的可能，且将失去金钱的损失看得更大，倾向于降低买价，因而表现出传统观点中农地"三权分置"方式流转的禀赋效应。这种禀赋效应使得农地流转的签约时间较短，往往以一年为一个周期，流转的对象以转出方更加熟悉的乡邻或亲戚居多，流转的对象群体受限，一些技术和资金雄厚的大户很难转入"合适"的土地，这里的合适主要指集中连片和合理的租金价格。其中的驱动机制如图 4-1 所示。

农业生产环节外包的生产模式所代表的农地产权的"分置"方式是，集体组织是所有权主体，承包权和经营权都掌握在拥有承包权的农户的手中，而农户又是集体的成员，享有农地所有权部分，经营权仍然是农户手中掌握的权利。农户依据自身劳动力特点，采用契约的方式，将自己的经营权通过市场手段，即外包实

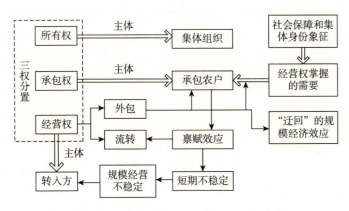

图 4 - 1   "三权分置"与农户外包的驱动机制

现对作物生产的控制,从而稳定了农户对农地社会保障和集体身份象征的把控性,同时规避了"禀赋效应"产生的阻碍。另外,外包方式不同于一般所说的农地流转方式,农地流转是将农户的经营权完全流转给第三方,农户手中的权利被细分和稀释,也存在物权属性的多主体矛盾,而外包规避了产权被稀释和多主体的矛盾,农户完全掌握自家土地的承包权和经营权,外包供给主体或为个体农机手,或为集体经济组织,或为政府为农服务中心,但是农户具有选择的权利,而其中连接的机制为市场这个"看不见的手"。

从农业产业的角度来看,外包能够实现农业生产的"迂回"的规模经济效应(罗必良,2014;胡新艳等,2015a),其中"迂回"的规模经济效应是外包方通过生产环节作业量的扩大来实现,最终将这种效应转移给外包农户,与土地集中连片生产具有"异曲同工"的效果。

(二)农户的农地产权认知与农业生产环节外包程度选择的定义

外包的理论基础是亚当·斯密(1776)的劳动分工理论,在企业管理中的应用最早源于 Coase(1937)、Williamson(1975)关于企业和市场边界的讨论,是企业利用外部资源,以外包的方式实现非优势业务的生产（Prahalad & Hamel，1990；Lepak et al.，2006；Arnold，2000；Carey et al.，2014）。农业外包建立在以西奥多·舒尔茨为代表的"理性小农学派"的理论前提下，农业生产者将部分生产环节转移给承包者，实现家庭自身资源的合理利用，以增加收入（Bensaou and Venkatraman，1995；Vernimmen et al.，2007；Olynk & Wolf，2010；赵玉姝等，2013）。陈昭玖和胡雯（2016）构建了"产权－交易－分工"的分析框架，研究了农地确权、交易装置对农业生产环节外包的影响，表明农地确权通过推进规模经营扩大市场范围，实现服务的规模经济效应，促进分工和"迂回"生产。农户的产权认知不仅包括农户对现有产权结构的认知，还包括现有产权结构下，农户通过农业生产环节外包的生产管理方式具有的产权效应认知。依据前文对农业生产环节划分的理论分析结果，可知生产环节要么划分为资本密集环节，要么划分为劳动密集环节。其逻辑关系如图 4 - 2 所示。

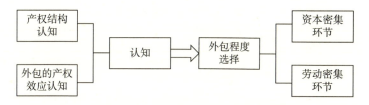

图 4 - 2　农地产权认知与外包程度选择的逻辑关系

外包的产权效应认知是基于农地是农户"命根子"的基础来分析农户对外包这种农业生产方式的产权保障性的主观感知。外包对产权的稳定性的保障（稳定效应），外包过程中产生产权主体纠纷的可能性（纠纷效应），外包过程中产权主体是否模糊不清①（主体明晰效应），外包对农户务工不稳定收入的弥补（收入保障效应），农户对这四种效应通过主观的评估来判断外包的

---

①　是否会有长时间农业外包后，农户之间或农户与组织之间关于"是谁的地说不清楚"的情况。

产权效应大小，进而得出认知结果。

　　农业生产环节外包程度选择一方面受农户自身的农业生产经营能力的影响，另一方面也受外部外包供给主体市场的限制。陈超等（2012）、王建英（2015）在测度农户水稻生产环节外包程度时，采用的方式是借鉴离岸外包程度的理论公式，用某一生产环节在水稻种植过程中的外包支出水平除以所有环节的总支出费用。这种外包程度的测算方式具有一定的科学依据，但是在实际运用中存在较多的问题。首先，农户选择不同的环节外包与否会影响分子和分母的数量，不同的农户很难统一；其次，在技术密集环节，农户的外包基本没有支出费用，但是存在帮工与换工等其他的交易方式①，只通过费用的支出很难测定其中的差异。所以，本书通过农户的不同作业方式来度量其外包程度。农户生产环节外包程度选择的定义与特征归纳起来如表4－1所示。

表4－1　农户生产环节外包程度选择的定义与特征

外包程度等级	作业方式	外包程度与特征
第一级	自己生产	外包程度为零，没有参与外包，受经营能力和外包供给的限制
第二级	帮工与换工	外包程度低，无货币参与，初始的外包方式，在劳动密集环节多见
第三级	雇请机械	外包程度一般，以资本密集环节为主，采用普遍
第四级	雇请机械和人力	外包程度较高，农户的经营能力强
第五级	雇请专业服务组织	外包程度高，外包供给市场丰富

　　第一种方式是农户自己生产，这时农户的外包程度最低，亦可以认为农户的外包程度为零；第二种方式是农户之间的帮工与换工，帮工与换工表面上来看没有货币的参与，但是仍属于一项

---

　　①　在农业生产的技术密集环节作业过程中，农户之间大多以帮工与换工的形式来完成生产。

交易，属于外包的范畴，此时的生产环节外包程度低；第三种方式是雇请机械，这也是大部分农户普遍采用的外包方式，机械对手工劳动的替代使得农业的生产效率得到极大的提高，但是小规模农户自家购买大型机械的成本较高，且闲置造成的固定成本也较高，所以他们更愿意采用雇请机械的方式来实现机械对手工劳动的替代，此时生产环节的外包程度一般；第四种方式是雇请机械和人力，采用该种外包方式的农户对农业生产的效率有较高的要求，也可能是规模较大的农户对技术密集的生产环节不仅需要机械作业，还需要除家庭劳动力以外的额外劳动力来完成生产，此时生产环节的外包程度较高；第五种方式是雇请专业服务组织，即一些地方所谓的"托管"，这种外包方式不仅是农户自身的选择，也是当时外包服务发展水平的结果，大部分情况下，农户对"托管"作业方式属于一种被动接受的状态，即当地"托管"市场发育较好，农户会"跟风"选择这种方式，此时，外包程度高。

三　农地产权认知与农业生产环节外包程度选择影响关系的假设

（一）产权结构认知对外包程度选择的影响

第一，农户对农地产权结构的认知是对现有农地政策呈现状态的感知和预测，按照现有农地产权政策，党的十九大明确提出继第二轮承包确立的三十年承包权不变，继续实施新的三十年承包权不改变的政策，无疑是给农民吃了一颗产权稳定的"定心丸"。然而农村的实际实施情况是由法律和乡村血缘关系的祖先家业遗留观念共同决定的，其中"集体共享的惯例与公正观"（张静，2003）是农户在伦理关系中的衡量标尺，所以，农民对承包权的主观控制感是他们产权认知的重要方面，这种主观控制感的强弱决定了他们在宗法社会与惯例观念中对产权认知的结果。

第二，农户普遍属于风险厌恶型（Ellis，1987），风险规避是大部分农户对农业生产认知的前提，农地征收政策自改革开放以来在各地都取得了一定的实施效果，是改革开放后城镇化对集体土地的法律属性改变的措施，即通过法律强制的方式来实现公共利益。农地征收包括征用和征收，通过给予农民相应地价补偿的方式合理确定征收的农地价格，但是对于农民个体来说，他们是征收政策的被动接受者。依据农民承包地的地理位置来估计农地是否有被征收的可能，如果被征收，农民短期对农地的投资策略将会不同，肥料等农业要素的投入可能是一个长期的投资，如果农民估计被征收的可能性较大，那么这些长期的投资不能在未来获得有效的收益，他们会以理性经济人的角度来平衡其中的投入数量。这种被征收的风险对农民来说是一种不可控制的外在风险。

第三，农地确权是农地产权在法律层面明晰产权的有效实现方式，通过国家政策的方式赋予了农民更多的使用权权能，具体的确权方式包括地界的划分、个人名下或家庭名下的确认、证书的颁发。农地承包权具有了更多的"排他性"，这种排他性的程度越高，农户所具有的农地的物权属性就越强。明晰的产权边界是物权的重要属性，农户对产权认知的明晰程度建立在实际产权边界的基础上，这种明晰化是农户产权行为能力的体现。农户通过感知自己的产权行为能力来分辨自家耕地的产权清晰度，他们的行为能力越强，产权越明晰。

第四，农户对土地的经济依附是其对土地间接行为能力的表现，土地的经济依附来源于农地具有强大的社会保障属性和劳动力吸纳属性，他们对土地的经济依附还间接反映了自身对失去土地风险的承受能力。如果农户对土地的经济依附较小，表明他们可能有较强的标的物转化能力。对土地的经济依附较小的农户在面对农地产权转移的问题时，具有较高的转移积极性。

总的来说，农户对产权结构的认知表现为他们对产权的实际控制性的认知、对产权被征收的风险性的认知、对产权明晰化的认知、对土地经济依附大小（依赖度）的认知四个方面。农户农业生产环节外包程度分为资本密集环节的外包程度和劳动密集环节的外包程度，分别分析产权结构认知对资本密集环节外包程度选择和劳动密集环节外包程度选择的影响。

研究假设一：在农地"三权分置"的政策指导下，小规模农户的理性选择是两权的共同拥有，生产环节外包程度反映了农户选择两权拥有情况下的有效农业生产方式，农户对农地产权结构认知的控制性、明晰化、土地的经济依附性对他们资本密集环节外包程度选择和劳动密集环节外包程度选择具有显著的正向影响，风险性认知对他们资本密集环节外包程度选择和劳动密集环节外包程度选择具有显著的负向影响。

（二）产权效应认知对外包程度选择的影响

依据上文理论分析的结果，农户对外包的产权效应认知建立在他们对不愿失去经营权带来的社会保障属性和集体身份象征属性的自我评估上，外包的产权效应认知正是这种自我评估结果的度量。具体来看，农户选择农业生产环节外包的作业方式，首先，农户可以通过外包释放劳动力从事非农业生产，劳动力得到了合理配置，且避免了劳动密集环节的辛苦劳作，劳动的辛苦程度一方面得到一定的降低，另一方面外包供给方一般是农业生产大户或专业组织，他们将先进的技术和管理方法带到了被外包的环节，外包的农户获得了技术的外溢效应；其次，外包过程中农地的产权与农户自己生产的时候一样，仍然是两权分离的状态，产权的稳定性较高，出现产权纠纷的概率较小，农业在务工收入的情况下具有一定的农业收入，收入的稳定性也较高。

农户对产权结构的认知主要表现为他们对农地控制性的认知、

对产权面临的被征收的风险性的认知、对产权明晰化的认知、对土地经济依附性大小的认知，所以在研究外包的产权效应认知时从产权结构认知的四个方面出发，分别进行分析。第一，在农户对农地控制性的把握方面，农户选择外包的程度反映在农户对外包这一经营方式产生的产权纠纷问题的评估，即外包对农地产权的纠纷效应。第二，农户对产权被征收风险的认知是被动接受认知，因为征收属于政府为了社会发展和公益事业等采取的强制性行为，农户对被征收风险的评估影响其产权保有程度，即选择自己生产、环节外包或土地流转，所以，农户在外包稳定承包权方面做出的判断便是外包的产权稳定效应。第三，产权结构的认知是产权主体明晰的判断，外包过程中是否会出现产权不明晰的问题，出现的可能性大小是农户对外包主体明晰效应的认知结果。第四，农户对土地经济依附性的大小是产权结构认知的内容之一，所以外包的产权效应包括农户通过外包作业方式对获得的农业收入稳定性的判断，即农户对外包收入保障效应大小的评估。

综上所述，外包的产权效应分别包括纠纷效应、稳定效应、主体明晰效应和收入保障效应。所以，针对外包的产权效应认知对农户外包程度选择的影响，本书提出研究假设二。

研究假设二：随着国家政策产权稳定性的提高，农户对外包方式的产权稳定性、产权明晰性、纠纷产生的可能性的认知度得到提高，农户对外包作业方式保障一定农业收入的效应也具有正向的肯定认知，所以农户外包的产权效应认知正向显著影响农户资本密集环节外包程度选择和劳动密集环节外包程度选择。

（三）农户外包产权效应认知的中介效应

中介效应广泛存在于管理学和心理学的研究中，中介效应即间接的影响效应，中介变量起到纽带作用。除了上文中假设农户外包的产权效应认知的变化影响农户的外包程度选择，农户产权结构认知影响农户外包程度选择之外，还可能存在农户的产权结构认知对外包的产权效应认知的影响，即农户产权结构认知除了直接影响他们农业生产环节外包程度选择之外，还存在通过外包的产权效应认知间接影响他们农业生产环节的外包程度选择。针对这种可能存在的中介效应，本书提出研究假设三。

研究假设三：农户外包的产权效应认知是农户产权结构认知与他们农业生产环节外包程度选择的中介变量。

四　农地产权认知与农业生产环节外包程度选择的指标选取

（一）变量指标的选取

关于农地产权的相关法律与制度存在一定的模糊性，农地产权不完整（钱忠好，2002），进而产生产权公共域（巴泽尔，1997），对农民的产权理解造成一定的自由认知空间。农民对土地的产权认知与现行的土地政策存在出入会影响农民的生产决策，进而影响农民福利效应的提高和农业政策的有效实施。关于外包的产权效应认知分析，借鉴陈超等（2012）、申红芳等（2015）、王建英（2015）、张忠军和易中懿（2015）、段培等（2017a）在分析外包行为中的成果，结合农户在农业生产中通过外包获得的农地产出方面、劳动力合理配置方面、劳动的辛苦程度方面和技术的外部性方面，以纠纷效应、稳定效应、主体明晰效应和收入保障效应来测度农户外包的产权效应认知情况。从行为经济学的视角出发，结合朱文珏和罗必良（2016）研究农户参与生产社会化的方式，分析资本密集环节和劳动密集环节的外包程度选择，对外包程度进行五阶段划分，并予以测度。

农户主观认知参照心理学研究的方法，采用李克特七级量表对农户主观认知题项进行测度（其中，控制性 c1、明晰化 c3、纠纷效应 f1、稳定效应 f2、主体明晰效应 f3、收入保障效应 f4 均赋值为极不同意 =1，不同意 =2，不太同意 =3，一般 =4，有点同意 =5，比较同意 =6，非常同意 =7，风险性 c2 赋值为极不同意 =7，…，非常同意 =1，此处的赋值含义比较笼统，仅代表农户主观认知的程度），客观值采用实际值的方法进行分析。综合以上，从农户对产权结构认知的控制性、风险性、明晰化和依赖度四个方面进行测度，其中依赖度主要通过农户家中主要收入来源进行测度（纯农业 =1，农业为主 =2，非农业为主 =3，纯务工 =4，固定非农工作 =5）。农户的外包的产权效应认知从农户对产权稳定效应的认知、纠纷效应的认知、主体明晰效应的认知和收入保障效应的认知四个方面来分析。外包程度选择以小麦生产七个环节的作业方式情况进行划定，包括资本密集的耕地环节、播种环节、收割环节和干燥环节，劳动密集的植保环节、追肥环节和灌溉环节。表 4－2 对变量测度题项进行了详细说明。

表 4－2　农地产权结构认知、外包的产权效应认知
与外包程度选择的测度题项

	代码	变量名	变量测度题项
农地产权结构认知	c1	控制性	能按照自己的意愿流转和选择种植作物的种类
	c2	风险性	自己的承包地随时可能被政府征收的风险
	c3	明晰化	产权清晰地界定到个人或家庭名下且地界清晰
	c4	依赖度	家中主要收入来源
外包的产权效应认知	f1	纠纷效应	外包方式不易出现产权纠纷
	f2	稳定效应	外包能稳定农地产权
	f3	主体明晰效应	外包过程中牵扯土地征收时不会出现主体模糊
	f4	收入保障效应	外包能在务工的前提下保证一定的农业收入

续表

代码	变量名	变量测度题项
w1	耕地环节	
w2	播种环节	
w3	植保环节	生产环节的作业方式是什么［自己生产＝1，帮工与换工＝2，雇请机械＝3，雇请机械和人力＝4，雇请专业服务组织（"托管"）＝5］
w4	灌溉环节	
w5	追肥环节	
w6	收割环节	
w7	干燥环节	

外包程度选择

（二）变量的描述性分析

小麦是中国的三大主粮之一，以小麦种植户为研究对象来分析农户的农地产权结构认知、农业生产环节外包以及规模经济效应的实现具有代表性。中国的小麦产区逐渐向北方和中部省份集中（邓宗兵等，2013），主产省份包括河北、山东、河南、江苏、安徽、新疆、山西等。其中河南为全国小麦生产第一大省，2015年小麦产量为3501.0万吨，占全国小麦总产量的26.89%。①2015年山西小麦产量为271.4万吨。

中部地区农户的收入水平较低，人口密集且非农就业渠道欠缺，迁徙打工的现象比较普遍，农户对农地产权结构认知和外包的产权效应认知也具有全国的普遍性，所以研究河南和山西的农户具有代表性。漯河市是河南小麦生产示范大户最多的地区之一，商丘市地处河南东北部，属于小麦生产的典型传统地区，漯河市和商丘市基本代表河南大部的小麦生产情况，选择这两个地区的小麦种植户进行调研具有代表性。运城盆地是山西重要的粮食产区，是旱作农业的典型，能够代表小麦非优势产区的生产情况。河南地区和山西地区的小麦种植户以冬小麦为主，均为冬播

---

① 数据来源于《中国农业年鉴2016》。

夏收一季小麦，秋季主要种植玉米、大豆等。

　　河南处于中原地区，农耕文化的氛围浓厚，2015 年全省农村居民人均可支配收入为 10852.86 元①，高于全国 10772 元的平均水平，其中家庭经营收入占 45.3%，农业生产收入仍然在农户收入中占据重要地位。2015 年土地流转面积 259.80 万公顷，占承包耕地面积的 38.9%，同时完成了 319.33 万公顷的农地确权工作，② 农地确权工作的进一步实施为农地产权在法律和政策层面明晰化奠定了良好的基础。河南省以"规模示范"小麦种植家庭农场的模式，以机械跨区的方法，在农业生产环节外包的进程中"耕种收"机械化水平达到了 70.0%，科技贡献率超过 56.6%。

　　山西省是黄河沿岸的浇灌农业与旱田农业的交错区，太行山以西的北部地区是以"小杂粮"为特色的小规模劳动密集农业生产区，南部地区是以小麦种植为主的黄土台垣区，是山西的主要商品粮基地。在传统能源供应大省的转型过程中，山西省 2015 年农村居民人均可支配收入以持续增加的态势达到 9454 元③，但仍低于全国平均水平。粮食生产能力在"十二五"期间连创新高，2014 年达到 1331 万吨。土地确权颁证工作顺利实施，清查全省面积 285.87 万公顷，调解仲裁矛盾纠纷 1.69 万件，在农地产权明晰化的进程中取得了一定的成果。2015 年全省土地流转面积达到 52.67 万公顷，流转比例为 16.2%，推进以整省为单位的"县级产权交易市场"的农业生产环节外包模式，培育职业农民 10.3 万人。④

　　河南和山西 631 户小麦种植户产权认知与外包程度选择变量的描述性分析如表 4-3 所示。第一，从农地产权结构认知的情

---

① 数据来源于《河南统计年鉴 2016》。
② 数据来源于《中国农业年鉴 2016》。
③ 数据来源于《山西统计年鉴 2016》。
④ 数据来源于《中国农业年鉴 2016》。

况可以看出：农户对于农地的控制性认知的均值在变量的中位数
4之上，表明农户对自己农地的流转和耕种决策的把握性较强；
对于风险性的测量，最小值1表示农户感知自家地被征收的风险
最大，最大值7表示风险最小，均值和中位数基本相当，所以农
户对土地被征收的风险基本持中立态度；农户对农地产权明晰化
认知的均值小于中位数，且标准差为0.72，表明农户对农地产权
明晰化的认知大多处于一般和不太明晰之间；农户对农地依赖度
认知的均值在中位数以下，表明大多数农户家庭的收入来源在农
业为主和非农业为主之间且更多地以非农业为主。

表4-3　样本区小麦种植户产权认知与外包程度选择
变量的描述性分析

	代码	变量名	最小值	最大值	均值	标准差
农地产权结构认知	c1	控制性	1	7	4.23	1.34
	c2	风险性	1	7	4.07	1.39
	c3	明晰化	1	7	3.97	0.72
	c4	依赖度	1	5	2.94	1.14
外包的产权效应认知	f1	纠纷效应	1	7	3.63	1.52
	f2	稳定效应	1	7	3.04	1.60
	f3	主体明晰效应	1	7	3.99	1.30
	f4	收入保障效应	1	7	4.18	1.53
外包程度选择	w1	耕地环节	1	5	2.61	0.85
	w2	播种环节	1	5	2.45	1.01
	w3	植保环节	1	5	1.97	0.74
	w4	灌溉环节	1	5	1.99	0.70
	w5	追肥环节	1	5	2.05	0.68
	w6	收割环节	1	5	3.04	0.57
	w7	干燥环节	1	5	1.69	0.73

第二，从小麦种植户对外包的产权效应认知可以看出：外包
的纠纷效应的均值在中位数以下，表明农户对外包产生纠纷效应

的认知停留在基本不能产生和产生不多之间，大多数农户持中立态度；稳定效应的均值为3.04，标准差为1.60，表明大部分小麦种植户认为外包基本不能稳定农地产权；主体明晰效应的均值与中位数基本相当，表明大部分小麦种植户认为外包不会出现产权主体模糊的问题；收入保障效应的均值为4.18，大于中位数4，表明小麦种植户对外包能保证稳定的农业收入持中立偏肯定的态度。

第三，对小麦种植户资本密集环节和劳动密集环节外包程度选择的分布情况分别进行分析。首先，资本密集的耕地环节、收割环节和干燥环节外包程度选择的标准差均小于1，播种环节的标准差为1.01，表明小麦种植户资本密集环节外包程度取值的变异较小；耕地环节和收割环节外包程度选择的均值接近3，表明大部分农户以雇请机械的方式进行外包；干燥环节外包程度选择的均值为1.69，表明大部分农户以帮工与换工的方式进行外包，外包程度低。其次，劳动密集的植保环节、灌溉环节和追肥环节外包程度选择的标准差都在0.70左右，表明小麦种植户劳动密集环节外包程度选择取值的变异较小；劳动密集环节外包程度选择的均值都在2.00左右，表明大部分小麦种植户劳动密集环节以帮工与换工的方式进行作业，外包程度低。

五　农地产权认知与农业生产环节外包程度选择影响关系的验证分析

（一）结构方程模型介绍

结构方程模型（SEM）又称协方差结构模型，是基于变量之间的协方差矩阵来分析变量之间因果关系的一种统计方法，是将因子分析和路径分析同时纳入一个模型中，对模型中的潜变量、显变量和误差变量之间的影响关系进行验证分析。结构方程模型可分为探索性模型和验证性模型，探索性模型是针对数据采用探索性因子分析，检测变量的显著性和稳定性，最终建立变量之间复杂关系的过程；验证性模型是建立在严格的理论假设基础上，依据理论假设或经验法则构建模型的结构形式，并进行有效性验证。本节通过结构方程模型验证农户农地产权结构认知、外包的产权效应认知与农业生产环节外包程度选择之间的假设关系。

一个完整的结构方程模型包括两个测量模型［见式（4－1）和式（4－2）］和一个结构模型［见式（4－3）］（Joreskog，1977；Joreskog & Sorbom，2001）。测量模型一般由潜变量和显变量（观测变量）构成，表示潜变量与观测变量之间的关系，多个观测变量构成潜变量①的测量指标，即测量模型是由多个观测变量组成的线性函数；结构模型一般由多个潜变量构成，表示潜变量之间的因果关系。

$$y = \Lambda_y \eta + \varepsilon \qquad\qquad (4-1)$$

$$x = \Lambda_x \xi + \delta \qquad\qquad (4-2)$$

$$\eta = B\eta + \Gamma\xi + \zeta \qquad\qquad (4-3)$$

式（4－1）中，y 表示 $p \times 1$ 阶内生观测变量向量，x 表示 $q \times 1$ 阶外生观测变量向量，η 是 $m \times 1$ 阶内生潜变量向量，ξ 是 $n \times 1$ 阶外生潜变量向量。Λ_y 和 Λ_x 分别为 $p \times m$ 阶和 $q \times n$ 阶回归关联和载荷系数矩阵。B 是一个 $m \times m$ 阶内生潜变量的系数矩阵，其中用 β_{ij} 表示第 j 个内生潜变量对第 i 个内生潜变量的影响；Γ 表示一个 $m \times n$ 阶外生潜变量的系数矩阵，其中用 γ_{ij} 表示第 j 个外生潜变量对第 i 个外生潜变量的影响。ε 和 δ 分别是 $p \times 1$ 阶和 $q \times 1$ 阶关于 y 和 x 测量误差的残差矩阵；ζ 是结构模型的测量误差矩阵。关于模型的进一步识别、判断、检测与修正等过程，借鉴 Joreskog 和 Sorbom（2001）的方法。同时，Folmer 和 Oud（2008）分析了

---

① 潜变量通常是描述潜在现象或抽象概念而无法直接观测的变量，需要多个显变量的观测结果共同表示。

SEM 模型理论与实证方面的优点，不仅允许自变量和因变量的观测值存在测量误差，潜在因子之间存在关联，高阶因子之间存在影响关系，还具有理论假设验证的功能。

模型中潜变量包括农地产权结构认知、外包的产权效应认知、资本密集环节外包程度选择和劳动密集环节外包程度选择，其中农地产权结构认知是外生潜变量，外包的产权效应认知、资本密集环节外包程度选择和劳动密集环节外包程度选择是内生潜变量，潜变量在实证的输出图中采用椭圆表示，观测变量采用矩形表示，如图 4-3 所示。

（二）产权认知与外包程度选择影响关系的验证结果分析

1. 数据缺失处理

传统的处理缺失数据的方式一般采用删除法，包括样本直接删除法和配对删除法。直接删除法是对存在缺失数据的样本进行删除，如果缺失很普遍，这样的做法会使样本量大幅缩减；配对删除法是对需要分析的变量进行提取，然后针对提取的变量进行缺失删除，可能存在的问题是样本主体混乱和出现非正定的协方差矩阵。另一种传统方法是插补法，传统做法包括均值插补和回归插补，即采用变量均值或回归关系对缺失数据进行填补。以上删除法和插补法只有在数据是完全随机缺失（MCAR）的情况下才能够采用，即数据纯粹属于偶然因素造成的缺失，且不包括随机缺失和非随机缺失。相反，在一般回归插补法的基础上，采用参数极大似然法对缺失数据进行处理时，可忽略数据的缺失机制问题，适用于完全随机缺失和随机缺失机制。所以模型验证中选用参数极大似然法对缺失数据进行插补处理，在使用 Amos 22.0 软件进行分析时需要选定估计均值和截距项。下文在模型计算过程中，对数据的缺失问题采用了参数极大似然法进行插补。

2. 极大似然法验证结果与拟合结果

在数据缺失插补完成后，将数据代入构建的模型，采用结构方程极大似然法（ML）进行估计，所得结果如图4-3和表4-4所示。

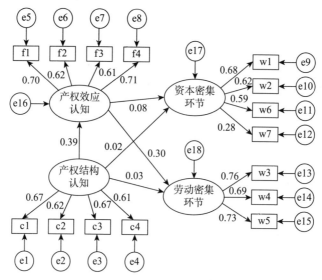

图4-3 产权认知与外包程度选择影响关系的ML
标准化路径系数估计结果与结构

注：为表述方便，将农地产权结构认知简称产权结构认知，将外包的产权效应认知简称产权效应认知。

图4-3是对结构与标准化路径系数的展示，表4-4采用报表的形式给出了未标准化路径系数、标准差、路径系数的显著性、回归的临界比。从图4-3可以看出各潜变量的观测变量的标准化路径系数基本在0.60和0.70之间（除干燥环节对资本密集环节外包程度选择的标准化路径系数为0.28外），表明观测变量能较好地反映潜变量，模型测度题项设计合理。

表4-4 产权认知与外包程度选择影响关系的
ML估计结果

变量关系	未标准化路径系数	标准差	显著性	临界比
产权效应认知 <--- 产权结构认知	0.602	0.091	***	6.624
劳动密集环节 <--- 产权结构认知	0.028	0.047	0.549	0.599

变量关系	未标准化路径系数	标准差	显著性	临界比
资本密集环节 <--- 产权结构认知	0.016	0.053	0.763	0.302
资本密集环节 <--- 产权效应认知	0.041	0.034	0.23	1.2
劳动密集环节 <--- 产权效应认知	0.159	0.032	***	5.002
控制性 <--- 产权结构认知	1.311	0.114	***	11.464
风险性 <--- 产权结构认知	1.253	0.114	***	11
明晰化 <--- 产权结构认知	0.699	0.061	***	11.436
依赖度 <--- 产权结构认知	1			
纠纷效应 <--- 产权效应认知	1			
稳定效应 <--- 产权效应认知	0.935	0.076	***	12.302
主体明晰效应 <--- 产权效应认知	0.744	0.061	***	12.118
收入保障效应 <--- 产权效应认知	1.026	0.077	***	13.375
追肥环节 <--- 资本密集环节	1			
播种环节 <--- 资本密集环节	1.085	0.116	***	9.359
收割环节 <--- 资本密集环节	0.593	0.064	***	9.32
干燥环节 <--- 资本密集环节	0.356	0.065	***	5.507
植保环节 <--- 劳动密集环节	1			
灌溉环节 <--- 劳动密集环节	0.869	0.063	***	13.902
追肥环节 <--- 劳动密集环节	0.884	0.063	***	14.122

注: *** 表示回归系数显著性检验值小于 0.001。

对模型拟合结果的情况如下: 模型整体拟合结果显示, Chi^2 = 177.793, df = 85, 卡方检验的 P 值 = 0.000, 卡方值与自由度的比值为 2.092。实践中大部分研究者采用卡方值与自由度的比值来判断模型的可接受性, 比值的临界值有 3 和 5 两种划分, 比值小于临界值表明模型可接受, 也有学者将近似拟合指数作为接受模型的依据。P 值小于 0.05, 卡方检验的 P 值显著拒绝模型原假设。但是, SEM 模型的卡方检验结果是作为模型被接受或拒绝的依据, 如果数据是偏离正态分布的, 则卡方检验的 P 值是降低的, 即模型卡方检验结果是显著的 (Bollen, 1989; Barrett, 2007)。

另外，卡方检验的结果由于易受样本量的影响，当样本量较大时，卡方值随样本量的增大而增大（Cheung & Rensvold，2002；Meade et al.，2008）。

其他检验指标的结果和可信区间包括：比较适配度指数 GFI = 0.963，可信区间大于 0.9（侯杰泰等，2004）；近似误差均方根 RMSEA = 0.042，Steiger（1990）推荐的标准是小于 0.1 为可接受区间；规范拟合指数 NFI = 0.917，大于 0.9 为可接受区间（Bentler & Bonett，1980）；比较拟合指数 CFI = 0.954，Hu 和 Bentler（1999）给出范围大于 0.95 为可接受区间，并推荐与 SRMR（标准化残差均方根）小于等于 0.08 配合使用，其分析结果中 SRMR = 0.05，在推荐的可信区间内。

从以上拟合结果的分析来看，除了卡方检验的 P 值存在拒绝模型的说法之外，其他结果均表示模型可接受。Kline（2010）表示研究者需要注意显著的卡方检验结果，因为其可能存在模型拟合问题。所以，本节对结构方程模型的验证性分析采用贝叶斯方法进行进一步检验。

3. 贝叶斯检验与拟合结果

进行贝叶斯检验的目的是对 ML 估计结果的稳定性和可接受性进行分析。因为 ML 估计的卡方检验结果可接受性说法不一致，所以在 ML 估计结果的基础上采用贝叶斯估计对模型再次验证。ML 估计是基于样本随机但已知的前提，采用固定模型参数和未知变量的方法进行估计的。而贝叶斯估计是将所有变量视为随机变量，依赖马尔科夫链蒙特卡罗（MCMC）算法，并给每一个随机变量制定一个概率分布，模型的参数是未知且随机的，参数间存在一个联合概率分布，该分布体现了对模型参数的所有预测，被称为先验分布。估计过程中，在样本数据确定的情况下，依据贝叶斯公式对先验分布进行修正，再得到后验分布，基于后验分布得到后验分布平均值、标准差和收敛统计量的信息。

为了体现数据的真实影响力，需要将先验分布的影响力降到最低程度，而 Amos 22.0 软件中默认的先验分布是下限为 -3.4×10^{-38}、上限为 3.4×10^{38} 的均匀分布，分布范围宽，先验分布的影响假设很低，可忽略。在整体拟合结果为可接受的情况下，贝叶斯的估计结果如表 4 - 5 所示，后验分布平均值与 ML 标准化路径系数估计结果基本一致，收敛统计量的大小表示贝叶斯估计依概率收敛到 ML 估计的情况，收敛统计量都为 1，表明贝叶斯估计结果都与 ML 估计结果相同。

表 4 - 5   贝叶斯估计结果

变量关系	后验分布平均值	标准差	收敛统计量
产权效应认知 <--- 产权结构认知	0.613	0	1
劳动密集环节 <--- 产权结构认知	0.029	0	1
资本密集环节 <--- 产权结构认知	0.016	0	1
资本密集环节 <--- 产权效应认知	0.042	0	1
劳动密集环节 <--- 产权效应认知	0.161	0	1
控制性 <--- 产权结构认知	1.348	0.001	1
风险性 <--- 产权结构认知	1.285	0	1
明晰化 <--- 产权结构认知	0.719	0	1
依赖度 <--- 产权结构认知	1		
纠纷效应 <--- 产权效应认知	1		
稳定效应 <--- 产权效应认知	0.945	0	1
主体明晰效应 <--- 产权效应认知	0.751	0	1
收入保障效应 <--- 产权效应认知	1.038	0	1
耕地环节 <--- 资本密集环节	1		
播种环节 <--- 资本密集环节	1.09	0	1
收割环节 <--- 资本密集环节	0.596	0	1
干燥环节 <--- 资本密集环节	0.358	0	1
植保环节 <--- 劳动密集环节	1		
灌溉环节 <--- 劳动密集环节	0.869	0	1
追肥环节 <--- 劳动密集环节	0.883	0	1

　　贝叶斯估计过程中变量的后验分布如图 4 - 4 到图 4 - 13 所示。具体来看：图 4 - 4 表示产权结构认知潜变量对产权效应认知潜变量影响的前三分之一变量回归系数的分布结果和后三分之一变量回归系数的分布结果，可以看出分布结果基本一致，大概 90% 的回归系数在 0.50 和 0.75 之间；图 4 - 5 表示产权结构认知潜变量对产权效应认知潜变量影响的迭代自相关图，从图中可以看出，在进行第 3 次迭代的时候自相关系数为 0.05，在进行第 5 次迭代的时候自相关系数大概为 0，表明自相关系数以较快的速度趋于零，并达到收敛。

　　图 4 - 6 表示产权结构认知潜变量对农户劳动密集环节外包程度选择潜变量影响的前三分之一变量回归系数的分布结果和后三分之一变量回归系数的分布结果，图 4 - 7 表示产权结构认知潜变量对农户劳动密集环节外包程度选择潜变量影响的迭代自相关图；图 4 - 8 表示产权结构认知潜变量对农户资本密集环节外包程度选择潜变量影响的前三分之一变量回归系数的分布结果和后三分之一变量回归系数的分布结果，图 4 - 9 表示产权结构认知潜变量对农户资本密集环节外包程度选择潜变量影响的迭代自相关图；图 4 - 10 表示产权效应认知潜变量对农户资本密集环节外包程度选择潜变量影响的前三分之一变量回归系数的分布结果和后三分之一变量回归系数的分布结果，图 4 - 11 表示产权效应认知潜变量对农户资本密集环节外包程度选择潜变量影响的迭代自相关图；图 4 - 12 表示产权效应认知潜变量对农户劳动密集环节外包程度选择潜变量影响的前三分之一变量回归系数的分布结果和后三分之一变量回归系数的分布结果，图 4 - 13 表示产权效应认知潜变量对农户劳动密集环节外包程度选择潜变量影响的迭代自相关图。图 4 - 6 到图 4 - 13 的分析与对图 4 - 4 和图 4 - 5 的分析基本一致，不再一一赘述。从图 4 - 4 到图 4 - 13 的分布可以看出，贝叶斯估计结果比较稳定，同时也印证了 ML 估计结果的可接受性。

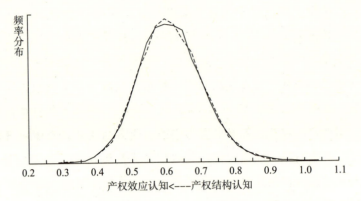

图 4 - 4   产权效应认知 <---- 产权结构认知后验分布结果

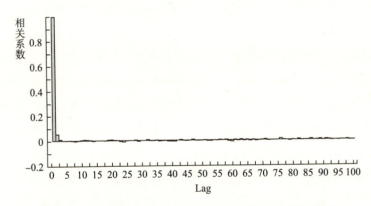

图 4 - 5   产权效应认知 <---- 产权结构认知迭代自相关图

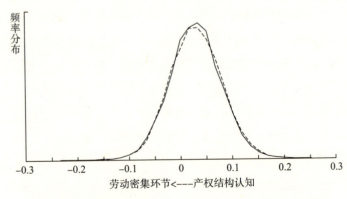

图 4 - 6   劳动密集环节 <---- 产权结构认知后验分布结果

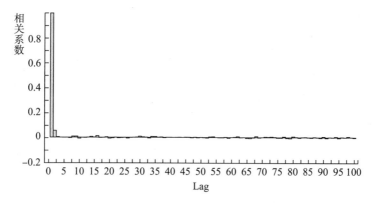

图4-7 劳动密集环节 <---- 产权结构认知迭代自相关图

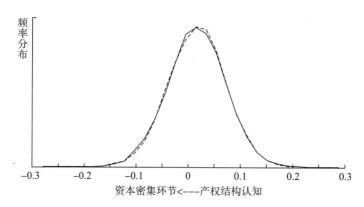

图4-8 资本密集环节 <---- 产权结构认知后验分布结果

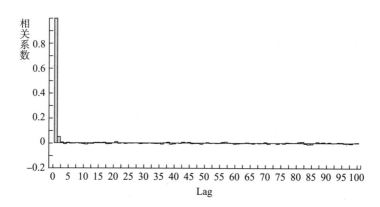

图4-9 资本密集环节 <---- 产权结构认知迭代自相关图

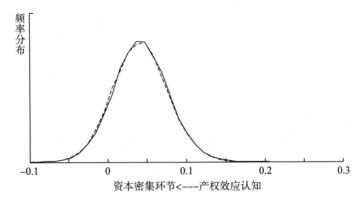

图 4 - 10　资本密集环节 <———— 产权效应认知后验分布结果

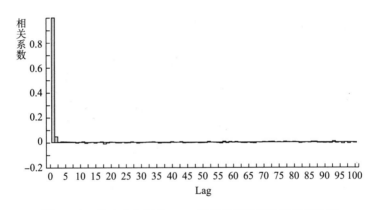

图 4 - 11　资本密集环节 <———— 产权效应认知迭代自相关图

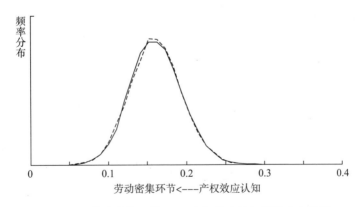

图 4 - 12　劳动密集环节 <———— 产权效应认知后验分布结果

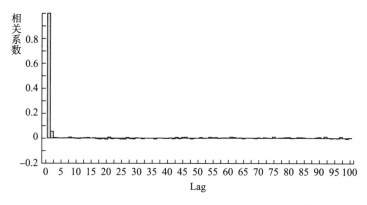

图 4 - 13　劳动密集环节 <---- 产权效应认知迭代自相关图

（三）多组结构模型分析

1. 分地区的多组结构模型分析与优化的结果

为了分析区域差异产生模型结果的不同，本节分别对河南地区样本和山西地区样本进行分析，在分析过程中，运用了结构方程模型的多组结构模型分析方法，将模型分为河南样本组和山西样本组，这样做的好处：一是可以检验两组的结果是否存在差异；二是即使不存在差异，同时对多组样本进行分析所得结果比单独分开分析所得结果更精确。

首先，在未设置模型路径系数的前提下，进行 ML 估计，得到两组的结构模型 ML 估计结果，称之为结果 A。其次，对两组模型潜变量之间的结构模型的回归系数进行设置，将两组模型对应的回归系数设置为相同的变量名称，进行 ML 估计，得到结果 B。研究显示结果 A 和结果 B 的拟合值均达到了显著性水平。最后，对两个模型的卡方值和自由度变化情况进行卡方分布的右尾检验，检验结果为 0.084，大于 0.05，表明结果 B 比结果 A 更优，同时通过各路径系数的方差比较来看，设置组结果 B 中各项回归系数的方差均变小①，模型精确性得到提高，所以下文选择结果 B 进行分析。分地区多组结构模型的 ML 标准化路径系数估计结果如表 4 - 6 所示。

表 4 - 6　分地区多组结构模型的 ML 标准化路径系数估计结果

变量关系	河南地区		山西地区		全样本标准化路径系数
	未设置 A	设置 B	未设置 A	设置 B	
产权效应认知 <--- 产权结构认知	0.356	0.377	0.502	0.464	0.391
劳动密集环节 <--- 产权结构认知	0.075	0.039	- 0.108	0.042	0.035
资本密集环节 <--- 产权结构认知	0.042	- 0.018	- 0.163	- 0.016	0.019
资本密集环节 <--- 产权效应认知	0.141	0.111	- 0.037	0.080	0.076
劳动密集环节 <--- 产权效应认知	0.267	0.307	0.438	0.271	0.301
控制性 <--- 产权结构认知	0.684	0.684	0.655	0.656	0.672
风险性 <--- 产权结构认知	0.609	0.609	0.658	0.644	0.620
明晰化 <--- 产权结构认知	0.724	0.724	0.507	0.516	0.668
依赖度 <--- 产权结构认知	0.582	0.577	0.654	0.670	0.606
纠纷效应 <--- 产权效应认知	0.698	0.699	0.676	0.656	0.695
稳定效应 <--- 产权效应认知	0.639	0.642	0.554	0.540	0.618
主体明晰效应 <--- 产权效应认知	0.583	0.582	0.698	0.703	0.605
收入保障效应 <--- 产权效应认知	0.685	0.686	0.780	0.789	0.709
耕地环节 <--- 资本密集环节	0.649	0.647	0.767	0.776	0.676
播种环节 <--- 资本密集环节	0.587	0.585	0.802	0.790	0.619
收割环节 <--- 资本密集环节	0.620	0.620	0.491	0.507	0.593
干燥环节 <--- 资本密集环节	0.274	0.272	0.294	0.304	0.282
植保环节 <--- 劳动密集环节	0.760	0.764	0.792	0.787	0.762
灌溉环节 <--- 劳动密集环节	0.704	0.705	0.690	0.684	0.691
追肥环节 <--- 劳动密集环节	0.725	0.726	0.737	0.732	0.733

从表 4 - 6 分地区的估计结果可以看出以下方面。第一，农户农地产权结构认知对其外包的产权效应认知影响的全样本标准

---

① 由于篇幅原因，分地区方差结果未给出，可向笔者索要。

化路径系数为 0.391，河南地区为 0.377，山西地区为 0.464，河南地区的标准化路径系数低于全样本，山西地区的标准化路径系数高于全样本，即地区之间存在差异。总的来说，农户农地产权结构认知对其外包的产权效应认知存在显著的正向影响。第二，农户农地产权结构认知对其劳动密集环节外包程度选择影响的全样本标准化路径系数为 0.035，河南地区为 0.039，山西地区为 0.042，但是检验结果均不显著。可以看出分地区后，两个地区的标准化路径系数都得到了提高，其中山西地区较高，河南地区较低，表明不同地区农户农地产权结构认知对其劳动密集环节外包程度选择影响方式存在不同，但最终趋势一致，即农户农地产权结构认知对其劳动密集环节外包程度选择具有正向影响，但结果不显著。第三，农户农地产权结构认知对其资本密集环节外包程度选择影响的全样本标准化路径系数为 0.019，河南地区为 −0.018，山西地区为 −0.016，可以看出，在分地区之后，河南地区和山西地区的标准化路径系数均与全样本产生相反的结果。在全样本中，农户农地产权结构认知对其资本密集环节外包程度选择具有正向影响，分地区之后均产生负向影响，但是所得结果均不显著。第四，农户外包的产权效应认知对其资本密集环节外包程度选择影响的全样本标准化路径系数为 0.076，河南地区为 0.111，山西地区为 0.080，且影响系数均不显著。可以看出，分地区后河南地区和山西地区的标准化路径系数均大于全样本，可能的原因是，地区之间农户外包的产权效应认知对其资本密集环节外包程度选择的影响存在差异，样本合并之后这种差异有削弱的趋势。第五，农户外包的产权效应认知对其劳动密集环节外包程度选择影响的全样本标准化路径系数为 0.301，河南地区为 0.307，山西地区为 0.271，且检验结果均显著。可以看出，河南地区的标准化路径系数高于全样本，山西地区的标准化路径系数低于全样本，即地区之间存在差异。总的来说，农户外包的产权效应认知对其劳动密集环节外包程度选择存在显著的正向影响。

2. 老龄组和非老龄组的结果对比

农业生产主体的老龄化一直是学术界高度关注的热点问题（钟甫宁和向晶，2012）。在农业生产劳动强度需求不同的生产环节，老龄化对外包概率的影响不同（陆岐楠等，2017）。为了分析老龄化农户与非老龄化农户样本的差异性，本节同样采用多组结构模型方法进行分析。老龄化农户分组的依据是：将样本中女性户主55岁以上、男性户主60岁以上的农户划为老龄组，其他归为非老龄组。从样本量的划分结果来看，老龄组样本量为206个，非老龄组样本量为425个，即所调查样本区的户主老龄化比例为32.65%。采用与地区分组模型同样的分析方法，将样本分为老龄和非老龄两个组，得到未设置多组结构模型路径系数的ML估计结果C和设置两组对应潜变量回归系数相同模型的ML估计结果D，其中结果C和结果D的拟合值分别通过了显著性检验。然后对两个模型进行卡方分布的右尾检验，检验结果为0.005，小于0.05，不能表明结果D比结果C更优，但是模型结果D中各项回归系数的方差均变小①，模型精确性得到提高，所以下文选择结果D进行分析。老龄组与非老龄组多组结构模型的ML标准化路径系数估计结果如表4-7所示。

表4-7 老龄组与非老龄组多组结构模型的ML标准化
路径系数估计结果

变量关系	老龄组		非老龄组		全样本标准化路径系数
	未设置C	设置D	未设置C	设置D	
产权效应认知 <--- 产权结构认知	0.207	0.333	0.470	0.427	0.391
劳动密集环节 <--- 产权结构认知	-0.142	0.032	0.087	0.030	0.035

① 由于篇幅原因，未给出老龄组和非老龄组的方差结果，可向笔者索要。

续表

变量关系	老龄组		非老龄组		全样本标准化路径系数
	未设置 C	设置 D	未设置 C	设置 D	
资本密集环节 <--- 产权结构认知	0.013	0.022	0.029	0.021	0.019
资本密集环节 <--- 产权效应认知	0.076	0.077	0.055	0.055	0.076
劳动密集环节 <--- 产权效应认知	0.204	0.340	0.322	0.253	0.301
控制性 <--- 产权结构认知	0.718	0.726	0.664	0.661	0.672
风险性 <--- 产权结构认知	0.606	0.594	0.617	0.622	0.620
明晰化 <--- 产权结构认知	0.710	0.718	0.657	0.656	0.668
依赖度 <--- 产权结构认知	0.578	0.513	0.622	0.638	0.606
纠纷效应 <--- 产权效应认知	0.738	0.735	0.678	0.677	0.695
稳定效应 <--- 产权效应认知	0.536	0.556	0.649	0.641	0.618
主体明晰效应 <--- 产权效应认知	0.589	0.597	0.616	0.616	0.605
收入保障效应 <--- 产权效应认知	0.715	0.725	0.709	0.705	0.709
耕地环节 <--- 资本密集环节	0.607	0.607	0.689	0.689	0.676
播种环节 <--- 资本密集环节	0.495	0.496	0.648	0.648	0.619
收割环节 <--- 资本密集环节	0.573	0.573	0.591	0.590	0.593
干燥环节 <--- 资本密集环节	0.446	0.447	0.221	0.221	0.282
植保环节 <--- 劳动密集环节	0.666	0.718	0.787	0.773	0.762
灌溉环节 <--- 劳动密集环节	0.528	0.538	0.737	0.732	0.691
追肥环节 <--- 劳动密集环节	0.722	0.718	0.737	0.734	0.733

从表 4 - 7 的估计结果可以看出，老龄组的产权结构认知对其外包的产权效应认知影响的标准化路径系数为 0.333，非老龄组为 0.427，可知非老龄组的标准化路径系数大于老龄组；老龄组的产权结构认知对其劳动密集环节外包程度选择影响的标准化路径系数为 0.032，非老龄组为 0.030，两组所得结果基本相当；老龄组的产权结构认知对其资本密集环节外包程度选择影响的标准化路径系数为 0.022，非老龄组为 0.021，两组所得结果也基本相当。老龄组的产权效应认知对其资本密集环节外包程度选择影

响的标准化路径系数为 0.077，非老龄组为 0.055；老龄组的产权
效应认知对其劳动密集环节外包程度选择影响的标准化路径系数为
0.340，非老龄组为 0.253，可以看出老龄组的产权效应认知对劳动
密集环节外包程度选择影响的标准化路径系数大于非老龄组。

总体来看，老龄组、非老龄组、全样本三者的标准化路径系
数差异不大，从具体的结果来看，老龄化导致了农户农地产权结
构认知对其外包的产权效应认知的影响显著降低，农户外包的产
权效应认知对其劳动密集环节外包程度选择的影响显著升高。也
就是说，小麦种植户的老龄化与其农地产权结构认知和外包的产
权效应认知的关联性较小，在农户外包的产权效应认知对其劳动
密集环节外包程度选择的影响方面有更强的作用。

六　假设验证与有效的农业作业方式选择

（一）农地产权认知对外包程度选择影响的假设验证

通过 ML 估计和贝叶斯检验的结果，本书接受了整个模型的
原假设，在通过对河南地区和山西地区的分地区分析、老龄组和
非老龄组的分组分析，得出了如下研究结论。

首先，在农地"三权分置"的政策指导下，农户对农地的控
制性认知、被征收的风险性认知、产权明晰化的认知和依赖度的
认知对其产权结构认知影响的标准化路径系数均显著，所以研究
假设一得到验证。ML 估计结果的标准化载荷值分别为 0.67、
0.62、0.67、0.61，表明四个变量共同构成了农户农地产权结构
认知的结果。产权结构认知分别对劳动密集环节外包程度选择和
资本密集环节外包程度选择产生正向影响，可能的原因是，农户
对目前产权政策有较高的预期，对"三十年不变"的承包权政策
有较强的心理肯定，所以其对产权结构认知的正向预期也较强。

其次，农户外包的产权效应认知对其劳动密集环节外包程度选择产生显著的正向影响。在"三权分置"的农地政策指导下，农户对产权的稳定性的追求表现在他们对农业作业方式的选择上。劳动密集环节是作业时间零散、跨度大、机械替代难度大的生产环节。农户对外包这一耕作方式带来的产权纠纷效应、稳定效应、主体明晰效应和收入保障效应的认可度越高，他们选择劳动密集环节外包的程度也越大。农户外包的产权效应认知对其资本密集环节外包程度选择也具有正向的影响，所以假设二得到验证。

最后，农户农地产权结构认知对其外包的产权效应认知产生显著的正向影响。农户农地产权结构认知对其劳动密集环节外包程度选择影响的间接效应为 0.117，总效应①为 0.147。农户农地产权结构认知对其资本密集环节外包程度选择的间接效应为0.031，总效应为 0.051。可知农户农地产权结构认知不但直接影响其生产环节外包程度选择，而且通过农户外包的产权效应认知间接地影响其生产环节外包程度选择，所以存在中介效应且农户外包的产权效应认知是中介变量，假设三得到验证。

（二）农户有效的农业作业方式的选择

生产环节外包程度差异源于农户对不同农业作业方式的选择，表现在农户对生产环节不同特征的把握上。对于机械替代性较强的资本密集环节，农户在可选择的范围内通过雇请机械的方式完成生产；对于劳动密集环节，农户更多地通过帮工与换工的方式来完成生产。受目前服务水平的限制，专业服务组织的数量较少和覆盖面较小，对于专业服务组织的选择，农户更多的是一种被动接受的状态，所以专业服务组织的良好发展对于外包供给

---

① 总效应＝直接效应＋间接效应，其中间接效应＝农户农地产权结构认知对其外包的产权效应认知影响的标准化路径系数×农户外包的产权效应认知对其劳动密集环节外包程度选择影响的标准化路径系数。

市场的建立具有重要的发展带动性。

围绕农地产权"三权分置"的视角，分析农户在农业生产中产权的有效配置方式，发现在农业生产环节外包的生产方式下，农户作为外包的需求主体，掌握着农地的承包权和经营权。农户在产权稳定性、明晰化的前提下，以合理的风险性认知，保证了农户对农地承包权和经营权的绝对占有。农户在农业生产过程中，通过对生产环节不同作业方式的选择，实现了农业收入的保障性，解决了农户的农地依赖心理问题，在农业收入的合理安全范围内，消减了农户非农收入不稳定性的焦虑。

七　本章小结

在构建农地产权结构认知、外包的产权效应认知和生产环节外包程度选择理论模型并提出假设的基础上，利用河南地区和山西地区的 631 户小麦种植户的产权认知与生产环节外包程度选择调查数据进行了实证分析，得到了如下重要结论。

第一，农户产权结构认知对其外包的产权效应认知产生显著的正向影响，农户外包的产权效应认知对其劳动密集环节外包程度选择也具有显著的正向影响，农户农地产权结构认知对其劳动密集环节外包程度选择具有中介效应。

第二，通过河南地区和山西地区的分地区样本结果来看，山西地区农户农地产权结构认知对其外包的产权效应认知影响的标准化路径系数显著高于河南地区，农户外包的产权效应认知对其劳动密集环节外包程度选择影响的标准化路径系数显著低于河南地区。

第三，从老龄化农户与非老龄化农户的结构方程模型的标准化路径系数的结果来看，老龄化农户农地产权结构认知对其外包的产权效应认知的影响小于非老龄化农户，老龄化农户外包的产权效应认知对其劳动密集环节外包程度选择的影响大于非老龄化农户。

第五章 ◄

基于资本密集与劳动密集视角的
农户农业生产环节外包选择行为

资本要素和劳动要素是农业生产的最基本要素，通过比较农业生产环节资本要素与劳动要素的需求程度，得出农业生产的资本密集环节和劳动密集环节的划分结果。然后，通过分析农户资本密集环节和劳动密集环节的外包选择行为影响因素，找出资本要素与劳动要素内部的影响关系，得出农户不同生产环节外包过程的资本要素与劳动要素的限制和促进因素，为农户的行为决策提供参考。

一 农业生产环节外包的资本与劳动
要素内外部特征

（一）农户的资本与劳动要素内部特征

依据联合国粮农组织（FAO）数据库的统计结果，2012 年的世界人均耕地面积为 1.05 公顷，而中国的人均耕地面积为 0.081 公顷，中国"人多地少"的农地特征和传统的小农经营文化反映了中国农村小规模经营的基本农情。依据第三次全国农业普查数据，2016 年全国有 2.1 亿农业经营户，户均耕地面积 8 亩（0.53 公顷），虽然 2008 年以来，农地流转速度加快，全国已有 30 亩

（2 公顷）以上耕地面积的农户 1052.1 万户，50 亩（3.33 公顷）以上耕地面积的农户 356.6 万户，但规模仍然较小，小规模经营仍然是主体部分。党的十九大提出了"促进小农户与现代农业发展有机衔接"，这里的小农户的提法与以往的现代农业经营主体相对应，主要包括专业大户、家庭农场、农业龙头企业与农民专业合作社等，这类小农户具有的特征是兼业种地、在本地或外地务工，其兼业种地的目的是满足自身对粮食的需求并获得一定的非农收入，提高家庭的收入水平。粮食多为土地依赖型大田作物，小规模兼业农户的耕地多以粮食种植为主，对农业劳动力的需求相对经济作物较少，可以腾出多余的劳动力务工，且家中的老年劳动力或女性劳动力可以完成生产。小农户是我国农户的主体，对小麦种植户的外包问题进行分析具有代表性。小规模农户因为受耕地面积的限制，为了增加家庭的总收入，不得不从事务工行业，这样他们一方面可以补充家庭农业收入的不足，另一方面又可以通过种地弥补务工工作的不稳定。

改革开放 40 年来，小农户生产一直是中国农业的基本格局，且这一格局具有一定的延续性，数量可能会逐渐减少，但这是一个缓慢的过程（张晓山，2018）。从小农户家庭本身具有的资本要素特征和劳动要素特征来看，耕地规模较小，难以实现家庭内部的农业规模经营。在促进农户自身粮食保障和国家粮食安全的前提下，怎样将小规模种植户纳入农业现代化并使他们实现农业规模经济的效应呢？在小规模经营的前提下，本章通过分析农户本身具有的资本和劳动要素特征，以及随着时代发展农业生产外包的资本和劳动环境特征，进一步分析在特定外部环境下农户的外包行为。

（二）农业生产资本与劳动要素外部环境特征

农业生产资本与劳动要素外部环境的变化如图 5-1 所示。

改革开放初期，农业机械技术发展缓慢，农业生产多以人力加畜力来完成，此时农业生产的机械化水平低。之后大田作物的粮食种植从改革开放初期的以人力种植为主逐渐转变，同时由于城市的务工机会较少，农户外出务工获得工作难度大，农村劳动力出现剩余。而农户在农业生产的发展过程中，对资本要素和劳动要素的投入随着自身和外部环境的发展而进行相应调整，当农户家中劳动力充裕且难以转移时，农业生产的各环节以劳动力的投入为主，此时农业生产多为劳动密集环节。

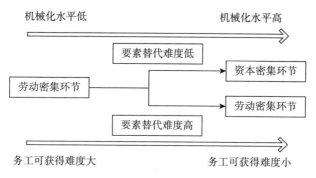

图 5 - 1　农业生产资本与劳动要素外部环境的变化

随着改革开放的深化，农业机械技术得到大力发展，通过国内研发和国外引进，农业机械技术的应用程度得到大力提高，机械对手工和畜力劳作逐渐取代，也为劳动力从农业生产中释放出来创造了良好的条件。另外，城市建设的大力发展，户籍政策的松动，城市中涌现出了大量的务工机会，且务工的收入远高于同样时间投入农业生产的收入，所以出现了大量农村劳动力转向城市务工的现象，此时农户的收入得到提高。随着农业生产机械化水平的提高，农户自身购买农业机械的成本高且闲置的时间长，自家的耕地面积小难以对机械进行充分有效利用，造成较高的机会成本，所以外包这一管理方式在农业生产中得到大量的应用，且仍处在不断发展中。

随着机械化水平的提高，农业生产中要素替代难度低的一些生产环节率先被机械生产进行替代，其从原始的劳动密集环节转向资本密集环节。而要素替代难度高的生产环节，仍然属于劳动密集环节，当然，随着机械的逐步发展，农业生产技术的更加成熟，农业管理和监管制度的逐步建立，农业社会化服务体系的更加完善，被遗留的劳动密集环节可能逐步被技术所替代进而成为技术密集环节，但是在目前的机械发展水平、农业生产和管理的技术水平下，这些环节仍属于劳动密集环节，对于技术密集环节的情况在下一章着重探讨，本章主要分析资本与劳动密集环节的外包选择行为。

本章通过对农业生产资本与劳动要素内外部特征的分析，把握农业生产资本密集环节与劳动密集环节转换的变化规律，并分析农户资本密集环节与劳动密集环节外包的行为特征，为研究农户的外包选择行为奠定理论与现实基础。

二 小麦种植户外包选择行为 差异性的描述性分析

通过以上分析可知，外包过程中影响农户资本要素的主要变量为机械的拥有量和耕地面积的大小情况，影响农户劳动要素的主要变量为农户务农劳动力数量和非农劳动工资情况，同时农户自身的技术水平也是分析其外包选择行为的重要方面。所以，以下从农户的种植规模、受教育水平和务工工资情况对样本区小麦种植户外包选择行为进行描述性分析。

（一）不同种植规模的小麦种植户生产环节外包选择情况

小麦种植规模是指农户当年的实际小麦种植面积，包括流转的耕地用于小麦种植的部分，联合国粮农组织对种植规模的定义为，2公顷为一个界限，小于2公顷的农户为小农户。本研究依据小麦的种植特征，将小麦种植户分为四种类型，小于等于 1 公顷的为小规模农户，大于 1 公顷且小于等于 2 公顷的为中等规模农户，大于 2 公顷且小于等于 7 公顷的为大规模农户，大于 7 公顷的为超大规模农户。

从调查结果来看，小规模小麦种植户为 470 户，占总户数的 74.48%，中等规模小麦种植户占 6.50%，大规模小麦种植户占 7.45%，超大规模小麦种植户占 11.57%。所调查地区是小麦主产区土地流转推行比较普遍的地区，所以大规模和超大规模小麦种植户占了一定的比例，但是仍然以小规模小麦种植户为主。

从不同种植规模的小麦种植户生产环节选择外包的比例来看，规律性较强，如图 5 - 2 所示，耕地和收割环节随着小麦种植规模的扩大，外包比例在降低；植保、灌溉、追肥和干燥环节随着小麦种植规模的扩大，外包比例在增加；播种环节随着小麦种植规模的扩大，外包比例总体在降低。小麦种植规模较大的农户往往具有较高的资本量，即资本要素比较充足，其资本密集环节外包比例相对小规模农户较低。在劳动密集环节，小麦种植规模较大的农户，生产环节的完成需要较多的劳动量，采用外包的比例较高。干燥环节随着小麦种植规模的扩大，外包比例在上升，该环节虽然属于资本密集环节，但是实际运行中，大部分农户仍然采

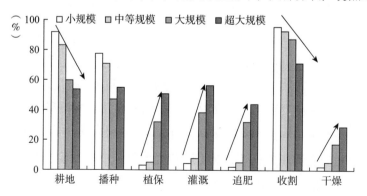

图 5 - 2　不同种植规模的小麦种植户生产环节选择外包的比例

取传统的自然晾晒和风干。小麦种植规模越大，依靠自然晾晒的成本和风险就越大，需要配套大面积的风干晒场和大量劳动力，所以种植户倾向于选择外包来完成该环节。

（二）不同受教育水平的小麦种植户生产环节外包选择情况

所调查样本小麦种植户有 318 户的受教育水平为初中，占总户数的 50.40%；没上过学的为 53 户，占总户数的 8.40%；大专及以上的为 15 户，占总户数的 2.38%。可以看出大部分小麦种植户的受教育水平不高，小麦种植户的不同受教育水平影响了他们接受新技术的能力，文化水平普遍偏低不利于小麦新品种、新技术和新管理模式的推广。

不同受教育水平的小麦种植户在各个生产环节选择外包的比例如图 5－3 和图 5－4 所示。其中图 5－3 为技术密集环节的外包比例情况，随着小麦种植户受教育水平的提高，播种环节的外包比例在降低，而植保和追肥环节的外包比例在升高，虽然都同为技术密集环节，却表现出小麦种植户受教育水平对外包比例影响趋势的不同。播种环节的机械化程度较高，一般农户采用外包的方式来完成，而学历水平较高的农户通常是农机大户，所以在自家拥有播种机的情况下不需要外包。植保和追肥环节机械化普及率较低，受教育水平高的小麦种植户对新技术和新管理模式接受较快，所以在机械化程度较低的生产环节外包的水平突出。

在非技术密集环节，如图 5－4 所示，收割和耕地环节的外包比例随着小麦种植户的受教育水平的提高总体在降低。收割和耕地环节属于非技术密集环节，对农机的依赖性较强，受教育水平较高的小麦种植户对农机的持有水平通常较高，所以会减少这两个环节的外包。灌溉和干燥环节随着小麦种植户的受教育水平的提高，外包的比例总体在升高。这两个环节属于非技术密集环节，也属于低值劳动密集环节（针对干燥环节，此处认为大部分农户采取自然风干的方式），即一般需要较多的体力劳动，受教育水平较高的小麦种植户通过将该环节外包，可以将精力投放于技术需求较高的环节上。综上可以看出，不同受教育水平的小麦种植户在技术密集环节和非技术密集环节的外包中表现出不同的趋势特征。

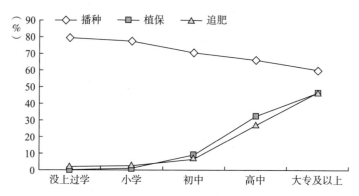

图 5 - 3　不同受教育水平的小麦种植户在技术密集环节选择外包的比例

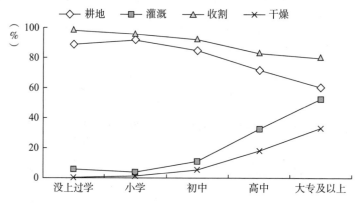

图 5 - 4　不同受教育水平的小麦种植户在非技术密集环节选择外包的比例

（三）不同务工工资的小麦种植户生产环节外包选择情况

小麦种植户的外出务工情况是他们兼业化的反映，所调查样

本区的小麦种植户中，有 131 户的外出务工时间是 0 天，即没有
外出务工，占总户数的 20.76%。外出务工平均日工资在 0~100
元的小麦种植户为 107 户，其年平均务工天数为 265 天；外出务
工平均日工资在 100~200 元的小麦种植户为 168 户，其年平均务
工天数为 164 天；外出务工平均日工资在 200~300 元的小麦种植
户为 120 户，其年平均务工天数为 83 天；外出务工平均日工资在
300 元以上的小麦种植户为 105 户，其年平均务工天数为 71 天，
其中小麦种植户日工资最高为 833 元。可以看出，工资较高的农
户外出务工天数较少，其中有 79.24% 的小麦种植户存在兼业化
现象，兼业化种植是小麦种植户在能够外包的前提下，将剩余劳
动力流转获得更高收益的结果。

　　不同的务工工资水平下，小麦种植户各个生产环节选择外包
的比例如图 5-5 所示。植保、灌溉、追肥和干燥环节，日均务
工工资高的小麦种植户外包比例有较大提升，植保、灌溉和追肥
都属于劳动密集环节，外出务工工资较高的小麦种植户，通过将
该环节外包可以节省更多的劳动力，用于务工，以提高家庭总收
益。干燥环节在考虑采用传统晾晒的方式时属于劳动力耗费较多
的环节，通过外包可以利用资本替代劳动力，务工收入较高的农
户倾向于选择将该环节外包。

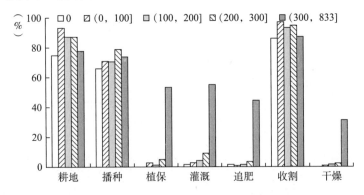

图 5-5　不同务工工资水平的小麦种植户生产环节选择外包的比例

三　变量选取、描述性分析与实证研究方法

（一）变量选取与描述性分析

依据小麦种植户理性行为特征的基本理论框架，农户以家庭收入最大化为出发点，平衡家中资本要素、劳动要素的支出水平和分配比例。在分析小麦种植户生产环节外包选择行为的影响因素，以及选取其影响变量时，本节主要从小麦种植户的资本要素、劳动要素、技术要素、耕地禀赋要素、流转价格、外包费用、外出务工工资、交易成本以及农户的自身特征方面进行分析。实证估计方程如下所示：

$$O_{os\_i} = \alpha_0 + \alpha_1 Mach + \alpha_2 Labor + \alpha_3 Tec + \alpha_4 Rent + \alpha_5 Land +$$
$$\alpha_6 Nwag + \beta Cost + \gamma\, T_c + \delta P + \varepsilon \qquad (5-1)$$

对于式（5-1）中的变量解释如下。

O_{os_i} 表示小麦种植户纵向分工的各生产环节外包选择行为的结果变量，$O_{os\_i}=1$ 表示小麦种植户选择了其中一个生产环节进行外包，$O_{os\_i}=0$ 表示小麦种植户没有进行其中某一个生产环节外包，$i=1$，2，$\cdots$，7，表示小麦生产的七个环节。

Mach 表示小麦种植户的机械现值（规模），单位为万元，代表小麦种植户的资本要素，包括拖拉机、旋耕机、播种机、收割机、耘锄机械、打药机、水泵和烘干机等。根据小麦种植户在被调查年份（2015年）的机械拥有量，依照资本存量和流量的计算方法，即采用直线折旧法，按照农户购买机械的年份和购买时的价格，以7年为界限，使用超过7年的机械折旧后的现值为零。*Labor* 表示小麦种植户家庭务农劳动力数量，代表劳动要素。*Tec* 表示小麦种植户是否为技术示范户，代表技术要素。

Rent 表示小麦种植户参与流转的土地的平均租金费用，单位

为元/亩。如果农户没有参与流转，取本村问卷中获得的数值，即以本村的平均流转费用来表示；如果由于外部条件原因没有获得本村问卷，用邻村问卷的数值来代替。小麦种植户的土地禀赋用小麦种植面积 *Land* 来表示，单位为亩。*Nwag* 表示小麦种植户外出务工工资水平，单位为元/天，没有从事外出务工的农户，外出务工工资为零。

Cost 是生产环节外包费用（未参与环节外包的农户用本村除该农户外的平均费用表示），单位为元/亩，干燥环节为元/千克，单一环节均有对应的环节外包价格，其中包括七个取值，耕地、播种、植保、灌溉、追肥、收割和干燥，分别对应 $Cost_1$、$Cost_2$、$Cost_3$、$Cost_4$、$Cost_5$、$Cost_6$、$Cost_7$。

T_c 表示交易成本，用是否加入农民专业合作社虚拟变量 *Dcoo*（是 =1，否 =0）、本村有无农业服务中心虚拟变量 *Dcent*（有 =1，无 =0）、本村有无专业服务大户虚拟变量 *Dpriv*（有 =1，无 =0），共三个变量来表示。

P 表示影响小麦生产环节外包选择的农户个体特征变量，用小麦种植年限 *Exper* 和户主受教育水平 *Edu* 来表示，小麦种植年限单位为年，受教育水平赋值为：没上过学 =1，小学 =2，初中 =3，高中 =4，大专及以上 =5。

对所取变量进行描述性分析，所得结果如表 5 - 1 所示。对于各生产环节外包的情况在此不再一一赘述，第三章已经详细分析，主要看各自变量的分布情况。

第一，机械现值的均值为 1.28 万元，标准差为 4.30，该值较大，表明农户的机械拥有量差异较大，可以看出所调查的小麦种植户因为仅有部分农户持有大型农业机械，可以为本村或邻村农户提供外包服务，所以机械的持有量在农户之间具有较大差异。小麦种植面积的均值虽然较大，但是标准差为 118.06，表明农村存在数量较少的超大规模种植农户，此类农户在农村被称为

"流转大户",在河南地区和山西地区属于政府推动的典型示范户,一般也注册有家庭农场,但是仍旧以小农户为主,所以表现为小农户规模小、数量多,流转大户规模大、数量少的基本特征。

表 5 – 1　小麦种植户生产环节外包选择行为各变量描述性分析

变量	代码	均值	标准差	最小值	最大值
机械现值	$Mach$	1.28	4.30	0	62
小麦种植面积	$Land$	44.39	118.06	1	1500
务农劳动力数量	$Labor$	2.74	1.10	0	8
非农劳动工资	$Nwag$	168.35	146.24	0	833
是否为科技示范户	Tec	0.15	0.36	0	1
流转租金	$Rent$	556.89	159.47	0	1100
是否加入农民专业合作社	$Dcoo$	0.18	0.38	0	1
本村有无农业服务中心	$Dcent$	0.66	0.47	0	1
本村有无专业服务大户	$Dpriv$	0.92	0.28	0	1
小麦种植年限	$Exper$	29.37	12.86	0	70
受教育水平	Edu	2.77	0.88	1	5
耕地环节外包费用	$Cost_1$	64.18	24.36	5	200
播种环节外包费用	$Cost_2$	31.20	15.42	0	200
植保环节外包费用	$Cost_3$	40.96	11.35	3	150
灌溉环节外包费用	$Cost_4$	59.96	16.91	10	200
追肥环节外包费用	$Cost_5$	26.01	7.13	1	150
收割环节外包费用	$Cost_6$	54.24	14.68	0	130
干燥环节外包费用	$Cost_7$	0.20	0.06	0.1	0.3
耕地	O_{os_1}	0.84	0.36	0	1
播种	O_{os_2}	0.72	0.45	0	1
植保	O_{os_3}	0.11	0.31	0	1
灌溉	O_{os_4}	0.13	0.33	0	1
追肥	O_{os_5}	0.09	0.29	0	1
收割	O_{os_6}	0.92	0.27	0	1
干燥	O_{os_7}	0.06	0.24	0	1

第二，从小麦种植户的务农劳动力数量来看，其均值为 2.74 人，标准差为 1.10，该值较小。无论是流转大户，还是一般的小农户，其家中务农劳动力数量基本稳定在 2.74 人左右。非农劳动工资的均值为 168.35 元/天，但是标准差为 146.24，该值较大，表明农户非农劳动获得的工资差异较大，一部分农户是单纯依靠体力劳动的打工者，另一部分农户是拥有机械或技术的高级务工者，所以工资差异较大。

第三，是否为科技示范户的均值是 0.15，表明所有样本中有 15% 的小麦种植户为科技示范户。科技示范户一般是农村中专业从事农业生产的具有一定带动作用的农业生产户，从所得结果来看，科技示范户所占比例适中。流转租金的均值为 556.89 元/亩，标准差为 159.47，表明不同的耕地流转租金差异较大。在调查中了解到，由于耕地的集中连片程度和肥沃程度不同，流转租金差异很大，一些村庄，如果能够实现整村的土地全部流转，且流转给少量的农户，便能有效地实现集中连片，种植规模也得到扩大，转出户在村委会的带领下也能够获得较高价格的流转租金，但是大部分地区由于农户的自发性和不集中性，他们多以较低的价格流转给亲戚或本村农户。小麦种植年限变量的均值为 29.37 年，表明小麦种植户的小麦种植时间较长，可能的原因是，农户从事小麦生产，一般具有"世袭制"特征，即所在地区有小麦种植的传统，且这一传统会不断传承，具有较强的路径依赖特征。

第四，是否加入农民专业合作社变量的均值为 0.18，表明有18% 的小麦种植户加入了农民专业合作社，加入农民专业合作社会拓宽农户的外包渠道，使得农户外包供给主体的范围更广。本村有无农业服务中心变量的均值为 0.66，表明有 66% 的小麦种植户所在村庄存在农业服务中心，农业服务中心是以村委会为主体，以原有的供销合作社为组织者，建立起的基层为农服务中心，具有社会化服务供给的特征。本村有无专业服务大户变量的均值为 0.92，表明 92% 的村庄具有专业服务大户，从调查中了解到，农村的大部分外包供给主体为专业服务大户。专业服务大户管理便捷（农户家庭资本的自我管理，管理成本低、难度小），在外包服务的供给市场中具有先发优势，但是也存在趋利性和契约随意性[1]等问题。

第五，关于小麦生产环节外包费用的情况，耕地环节外包费用的均值为 64.18 元/亩，播种环节外包费用的均值为 31.20 元/亩，植保环节外包费用的均值为 40.96 元/亩，灌溉环节外包费用的均值为 59.96 元/亩，追肥环节外包费用的均值为 26.01 元/亩，收割环节外包费用的均值为 54.24 元/亩，干燥环节外包费用的均值为 0.20 元/千克[2]。从七个环节外包费用的多少来看，干燥环节外包的成本最高，这也解释了为什么大部分农户没有选择该环节的外包服务。

（二）实证研究方法

实证研究小麦种植户生产的七个环节外包选择行为，每一个环节外包与否，都是一个二值选择模型，可以采用二元 Probit 模型进行回归分析，表达式如下所示：

$$P[O_{os\_i} = 1 | \Pi] = F[\alpha_0 + \alpha_1 Mach + \alpha_2 Labor + \alpha_3 Tec + \alpha_4 Rent +$$
$$\alpha_5 Land + \alpha_6 Nwag + \beta Cost + \gamma T_c + \delta P + \varepsilon] \quad (5-2)$$

式（5-2）表示小麦种植户选择生产的七个环节中第 i 个环节外包的影响因素，其中 Π 表示 O_{os_i} 服从正态分布。但是相关文

---

[1] 通过调查了解到，小麦种植户一般不需要和专业服务大户签订任何契约，大多是专业服务大户主动联系连片的小麦种植户，表示愿意提供外包服务，并在提前说好价格的情况下，以短期的口头契约方式来完成外包服务。

[2] 调查地区的小麦平均单产为 455.09 千克/亩，折算后干燥环节每亩地的外包费用平均为 91.02 元。

献在分析水稻生产环节外包选择行为时，只考虑了自变量对外包选择行为的影响，没有考虑自变量之间可能存在的内生性问题（申红芳等，2015；陈昭玖和胡雯，2016；蔡荣和蔡书凯，2014）。依据前文分析的理论基础，种植规模是农户粮食生产资本要素投资的基础，非农工作水平影响农户家庭劳动力在农业与非农业之间的分配，所以在资本密集环节将机械现值（*Mach*）作为资本要素的测量变量与小麦种植面积（*Land*）可能存在内生性，劳动密集环节农户的非农劳动工资（*Nwag*）与务农劳动力数量（*Labor*）可能存在内生性。对于变量之间可能存在内生性的回归分析，工具变量 Probit 模型（Instrumental Variable Probit），即 IV Probit 模型，不但能够分析环节外包选择行为的影响因素，而且能够检验变量之间的内生性。

依据沃尔德（Wald）检验法，采用 Stata 12.0 软件，将七个环节分为资本密集环节（耕地、播种、收割、干燥）和劳动密集环节（植保、灌溉、追肥），分别予以回归。同时采用二元 Probit 模型分别对七个环节外包选择行为进行分析，并对回归结果的稳定性予以检验。

四 小麦种植户外包选择行为实证估计结果与分析

对小麦生产的七个环节进行二元 Probit 模型分析，实证检验的 P 值均为 0，通过了显著性检验，与 IV Probit 模型的检验结果基本一致，表明模型稳定性良好，可以进一步分析。表 5 - 2 给出小麦种植户七个环节外包选择行为的二元 Probit 模型回归结果，表 5 - 3 为小麦种植户资本密集环节外包选择行为的 IV Probit 模型回归结果，表 5 - 4 为小麦种植户劳动密集环节外包选择行为的 IV Probit 模型回归结果，下面分别对回归结果进行分析。

（一）小麦种植户全部生产环节外包选择行为的实证结果

从表5-2可以看出，机械现值（*Mach*）对耕地、播种、植保、收割和干燥环节外包选择行为均具有显著的负向影响，且二元Probit模型与IV Probit模型的回归结果基本一致。小麦种植面积变量对植保、灌溉、追肥、干燥环节外包选择行为均具有显著的正向影响，对收割环节外包选择行为具有显著的负向影响，所得结果与劳动密集环节IV Probit模型回归结果基本一致。务农劳动力数量变量对干燥环节外包选择行为具有显著的负向影响，所得结果与资本密集环节IV Probit模型回归结果基本一致。非农劳动工资变量对小麦种植的七个环节外包选择行为均具有显著的正向影响，所得结果与资本密集环节IV Probit模型回归结果基本一致。

表5-2　小麦种植户全部生产环节外包选择行为的二元Probit模型回归结果

变量	Probit I 耕地	Probit II 播种	Probit III 植保	Probit IV 灌溉	Probit V 追肥	Probit VI 收割	Probit VII 干燥
Mach	-0.150*** (0.039)	-0.098*** (0.030)	-0.042*** (0.016)	0.003 (0.015)	0.025 (0.019)	-0.105*** (0.026)	-0.082** (0.040)
Land	-0.001 (0.001)	0.000 (0.001)	0.002*** (0.001)	0.002*** (0.001)	0.001*** (0.001)	-0.002*** (0.001)	0.003*** (0.001)
Labor	-0.030 (0.092)	0.004 (0.085)	0.020 (0.149)	0.016 (0.139)	-0.007 (0.150)	0.113 (0.130)	-0.276** (0.138)
Nwag	0.001* (0.001)	0.001** (0.001)	0.006*** (0.001)	0.005*** (0.001)	0.005*** (0.001)	0.002** (0.001)	0.004*** (0.001)
Tec	-0.164 (0.217)	-0.022 (0.178)	0.719*** (0.231)	0.461** (0.208)	0.827*** (0.224)	0.497* (0.288)	0.590** (0.255)
Edu	-0.066 (0.094)	-0.011 (0.072)	0.382*** (0.107)	0.144 (0.108)	0.184* (0.109)	-0.110 (0.112)	0.237** (0.115)
Rent	0.001 (0.000)	0.000 (0.000)	0.001** (0.001)	0.001* (0.001)	0.000 (0.001)	-0.001** (0.001)	0.001 (0.001)

续表

变量	Probit I 耕地	Probit II 播种	Probit III 植保	Probit IV 灌溉	Probit V 追肥	Probit VI 收割	Probit VII 干燥
$Dcoo$	-0.399** (0.188)	-0.145 (0.160)	0.318 (0.235)	0.274 (0.212)	0.018 (0.269)	-0.088 (0.254)	-0.108 (0.276)
$Dcent$	0.222 (0.145)	0.073 (0.119)	0.057 (0.204)	0.234 (0.190)	0.010 (0.212)	-0.006 (0.184)	0.109 (0.245)
$Dpriv$	0.63*** (0.192)	0.496*** (0.186)	-0.174 (0.280)	-0.837*** (0.241)	0.299 (0.346)	0.742*** (0.224)	-0.217 (0.334)
$Exper$	0.018 (0.007)	0.017*** (0.005)	-0.014* (0.008)	-0.014** (0.007)	-0.016** (0.008)	0.025*** (0.008)	-0.003 (0.007)
$Cost_1$	-0.003 (0.002)	—	—	—	—	—	—
$Cost_2$	—	0.002 (0.003)	—	—	—	—	—
$Cost_3$	—	—	-0.004 (0.007)	—	—	—	—
$Cost_4$	—	—	—	0.008 (0.005)	—	—	—
$Cost_5$	—	—	—	—	0.002 (0.010)	—	—
$Cost_6$	—	—	—	—	—	0.009** (0.004)	—
$Cost_7$	—	—	—	—	—	—	0.408 (2.186)
Constant	0.105 (0.553)	-0.406 (0.514)	-4.165*** (0.769)	-3.243*** (0.815)	-3.421*** (0.759)	0.255 (0.787)	-3.19*** (0.802)
Chi^2	76.04	53.64	140.96	114.79	120.8	79.5	108.35
P 值	0	0	0	0	0	0	0
Pseudo R^2	0.273	0.109	0.570	0.483	0.509	0.339	0.474

注：①***、**和*分别表示回归系数在1%、5%和10%的置信水平下具有统计显著性；②括号中的数字为回归的稳健标准误；③—表示变量没有参与相应的分析。

（二）小麦种植户资本密集环节外包选择行为的实证结果

小麦种植户资本密集环节外包选择行为的 IV Probit 模型回归结果如表 5 - 3 所示。四个环节 IV Probit 模型回归结果的 Wald 检验的 P 值分别为 0.193、0.738、0.046、0.000，表明收割和干燥环节拒绝外生性的原假设，即小麦种植面积对机械现值在收割和干燥环节有影响，内生性假设成立。

表 5 - 3　小麦种植户资本密集环节外包选择行为的
IV Probit 模型回归结果

变量	耕地 I		播种 II		收割 VI		干燥 VII	
	系数	标准误	系数	标准误	系数	标准误	系数	标准误
$Mach$	-0.217***	0.041	-0.112***	0.036	-0.2***	0.039	0.092**	0.042
$Labor$	-0.017	0.093	0.006	0.087	0.120	0.122	-0.247**	0.117
$Nwag$	0.001*	0.001	0.002**	0.001	0.002**	0.001	0.003***	0.001
Tec	-0.138	0.215	-0.018	0.179	0.487*	0.279	0.432*	0.232
Edu	-0.037	0.097	-0.006	0.074	-0.065	0.112	0.133	0.105
$Rent$	0.001	0.000	0.000	0.000	-0.001	0.001	0.000	0.001
$Dcoo$	-0.270	0.225	-0.123	0.179	0.080	0.267	-0.337	0.244
$Dcent$	0.238*	0.141	0.077	0.119	0.029	0.172	0.034	0.200
$Dpriv$	0.617***	0.187	0.498***	0.186	0.702***	0.219	-0.201	0.282
$Exper$	0.016**	0.007	0.017***	0.005	0.022***	0.008	0.000	0.007
$Cost_1$	-0.002	0.002	—	—	—	—	—	—
$Cost_2$	—	—	0.002	0.003	—	—	—	—
$Cost_6$	—	—	—	—	0.008**	0.004	—	—
$Cost_7$	—	—	—	—	—	—	0.248	1.796
Constant	-0.053	0.578	-0.431	0.526	0.027	0.757	-2.227***	0.784
athrho	0.276	0.212	0.052	0.154	0.402**	0.202	-0.682***	0.161
lnsigma	1.317***	0.184	1.317***	0.184	1.318***	0.184	1.318***	0.184
rho	0.270	0.197	0.052	0.154	0.382	0.172	0.050	0.316
sigma	3.734	0.686	3.734	0.686	3.734	0.686	0.323	0.013

续表

变量	耕地 Ⅰ		播种 Ⅱ		收割 Ⅵ		干燥 Ⅶ	
	系数	标准误	系数	标准误	系数	标准误	系数	标准误
Wald Chi²	1.700		0.110		3.970		17.880	
Wald P 值	0.193		0.738		0.046		0.000	

注：① ***、** 和 * 分别表示回归系数在1%、5%和10%的置信水平下具有统计显著性；②—表示变量没有参与相应的分析。

第一，机械现值对耕地、播种和收割环节外包选择行为均有显著的负向影响。机械的持有量是农户农业生产资本的重要体现，机械拥有量较多的小麦种植户可以通过自家的机械来完成生产，不需要市场的外部服务；同时，机械拥有量较多的种植户一般是种植规模较大的农户，因为小麦的成熟期较短，种植大户必须在有限的时间内完成干燥，不然可能会造成较大损失，所以他们倾向于选择将干燥环节外包来完成生产。

第二，非农劳动工资对耕地、播种、收割和干燥环节外包选择行为均有显著的正向影响，非农劳动工资越高的农户，其小麦生产的机会成本越大，农业收入依赖度越小，越倾向于选择该环节的外包服务。相反，务农劳动力数量对干燥环节外包选择行为产生显著的负向影响，务农劳动力数量较多的小麦种植户，采用自然晾晒的可能性越大，以节约干燥环节外包的费用。

第三，本村有专业服务大户对耕地、播种和收割环节外包选择行为均产生了显著的正向影响，本村有农业服务中心对耕地环节外包选择行为也产生了显著的正向影响。小麦种植户所在村建立农业服务中心且专业服务大户越多，外包的交易成本越低，他们选择生产环节的外包越有助于提高自己的收入。

第四，小麦种植年限对耕地、播种和收割环节外包选择行为均有显著的正向影响，可能的原因是，种植年限较长的小麦种植户往往是老年农户，家中机械持有量较少，选择外包来弥补资本要素的不足。收割环节外包费用对该环节有正向影响，可能的原因是，支付费用较高的农户一般是小规模的种植户，这类农户因为规模较小，承包方的耕作难度较大，单位面积成本也较高，但是由于自己收割的人力要求太高，所以外包的可能性也较大。科技示范户对收割和干燥环节外包选择行为有显著的正向影响。

（三）小麦种植户劳动密集环节外包选择行为的实证结果

劳动密集环节包括植保、灌溉和追肥环节，劳动密集环节外包选择行为的 IV Probit 模型回归结果如表 5 - 4 所示。三个环节都通过了非农劳动工资为工具变量的内生性检验，即非农劳动工资对务农劳动力数量有显著影响，内生性假设成立，依据 IV Probit 模型回归结果可以得出以下结论。

第一，家庭务农劳动力数量对植保、灌溉和追肥环节外包选择行为均有显著的负向影响。这表明家庭务农劳动力数量越多，小麦种植户对劳动环节外包的需求就越少，另外，可能因为中国的农业劳动力没有退休的概念，家中老年劳动力可以从事植保这类劳动具有持续性、耗时长的环节生产，从而节省外包费用，也不影响家中其他劳动力外出获得务工收入。

第二，小麦种植面积对劳动密集环节外包选择行为均有显著的正向影响。种植面积越大的农户，对劳动力的需求越多，家庭内部劳动力难以满足，所以倾向于选择外包。土地流转租金对植保和灌溉环节外包选择行为均有显著的正向影响，土地流转租金较高的种植户往往转入的是等级较高的耕地（这类耕地由于地理位置、规模、土壤肥沃度等原因租金较高），转入农户也较倾向于商品化生产，所以他们较倾向于选择劳动密集环节外包。

第三，科技示范户与受教育水平对劳动密集环节外包选择行为均有显著的正向影响。受教育水平较高的小麦种植户与成为科技示范户的种植户，劳动力的素质水平通常较高，他们选择劳动密集环节的外包以节约时间，从事附加值较高或单位时间收入较多的作业。

第四，小麦种植年限对劳动密集环节外包选择行为均产生显著的负向影响。种植年限较长的小麦种植户一般是老年农户，外出务工的可能性较小，所以不倾向于选择外包。机械现值对植保环节外包选择行为产生显著的负向影响，本村有专业服务大户对灌溉环节外包选择行为产生显著的负向影响。

表 5 - 4　小麦种植户劳动密集环节外包选择行为的
IV Probit 模型回归结果

变量	植保 Ⅲ		灌溉 Ⅳ		追肥 Ⅴ	
	系数	标准误	系数	标准误	系数	标准误
$Labor$	- 0. 748 ***	0. 086	- 0. 736 ***	0. 070	- 0. 676 ***	0. 106
$Mach$	- 0. 031 **	0. 015	0. 007	0. 014	0. 026	0. 017
$Land$	0. 002 ***	0. 001	0. 002 ***	0. 001	0. 002 **	0. 001
Tec	0. 750 ***	0. 211	0. 530 ***	0. 194	0. 857 ***	0. 214
Edu	0. 373 ***	0. 094	0. 173 *	0. 098	0. 207 **	0. 102
$Rent$	0. 001 **	0. 000	0. 001 *	0. 001	0. 000	0. 001
$Dcoo$	0. 315	0. 209	0. 281	0. 190	0. 057	0. 244
$Dcent$	- 0. 082	0. 178	0. 074	0. 166	- 0. 106	0. 190
$Dpriv$	- 0. 091	0. 259	- 0. 671 ***	0. 228	0. 318	0. 320
$Exper$	- 0. 014 **	0. 007	- 0. 014 **	0. 006	- 0. 016 **	0. 007
$Cost_3$	- 0. 003	0. 006	—	—	—	—
$Cost_4$	—	—	0. 006	0. 005	—	—
$Cost_5$	—	—	—	—	0. 005	0. 010
Constant	- 0. 766	0. 542	0. 026	0. 586	- 0. 675	0. 687
athrho	0. 607 ***	0. 097	0. 592 ***	0. 096	0. 516 ***	0. 086
lnsigma	- 0. 344 ***	0. 049	- 0. 344 ***	0. 049	- 0. 345 ***	0. 049
rho	0. 542	0. 068	0. 532	0. 069	0. 475	0. 067

续表

变量	植保 Ⅲ		灌溉 Ⅳ		追肥 Ⅴ	
	系数	标准误	系数	标准误	系数	标准误
sigma	0.709	0.035	0.709	0.035	0.708	0.035
Wald Chi^2	39.560		37.820		35.840	
Wald P 值	0.000		0.000		0.000	

注：① *** 、** 和 * 分别表示回归系数在 1%、5% 和 10% 的置信水平下具有统计显著性；②—表示变量没有参与相应的分析。

五　本章小结

在构建小麦种植户生产环节外包选择行为理论框架的基础上，运用河南和山西两省小麦主产区 2015 年 631 户小麦种植户的第一手调查数据，描述性分析不同要素特征的小麦种植户各环节外包选择的基本情况，在二元 Probit 模型回归的基础上，运用 IV Probit 模型验证资本密集环节和劳动密集环节的外包选择行为影响因素，以及资本要素与劳动要素的内部影响关系。主要得出以下结论。

第一，小麦种植仍以小规模农户为主，资本密集环节外包的比例较高，尤其是机械替代性较强的耕地、播种和收割环节，劳动密集环节外包的比例较低。农户通过生产环节外包可以实现环节生产带来的分工效应，并实现生产环节"迂回"的规模经济，相比单纯依靠土地流转实现规模经济具有更高的现实可行性。

第二，资本要素对小麦种植户通过生产环节外包实现纵向分工并形成环节规模化生产具有重要的影响。种植大户通过购置机械要素，加入农民专业合作社，实现生产的内部联合，减少外包产生的交易成本；资本要素量较少的农户通过外包资本密集的生产环节，充分利用外部要素进行生产，实现"迂回"的规模经济效应。

第三，劳动要素对农户劳动力的非农转移和农业的兼业化生产具有重要的影响。非农劳动力较多的家庭通过外包劳动密集环节，实现劳动力的合理利用，老年劳动力也可以发挥应有的作用，不同能力的劳动力在农业和非农业间合理有效利用，可以实现劳动力配置的范围经济。

第六章 ◀

基于技术密集视角的农户农业
生产环节外包个体响应

第五章分析了农业生产资本密集环节和劳动密集环节的外包选择行为，本章对农户农业生产技术密集环节外包个体响应问题进行分析。农业生产呈现劳动密集环节外包选择行为比例高，技术密集环节外包选择行为比例低的状态（王志刚等，2011；申红芳等，2015；王建英，2015）。而技术是推动农业发展的基石，那么，为什么农业生产技术密集环节外包选择行为比例如此低？从计划行为理论出发，研究是哪些因素影响了农户农业生产技术密集环节外包的个体响应。本章着重构建农户农业生产技术密集环节外包个体响应模型、外包意愿的影响因素、外包选择行为的影响因素。

一 农业生产技术密集环节外包个体
响应的理论框架

（一）理性人假设下的农户农业生产技术密集环节外包决策模型

假设农户家庭劳动力禀赋为 L，家庭原有的农业机械禀赋为 $\overline{K}$（假设机械现值在一个生产周期内不变），农户的种植面积为 A，ω 为外出务工从事非农工作的工资（已考虑非农工作预期失业率、往返务工地与家乡的交通成本等），L_f 为家庭劳动力从事农业生产的部分，L_e 为从事非农工作的部分，M 为外包费用。C_s 为单位面积环节外包费用（s 为外包环节的排序，小麦按照耕地、播种、植保、灌溉、追肥、收割、干燥的顺序，分别对应 $s = 1$，2，$\cdots$，7），$C(n)$ 为环节外包的交易成本（n 为外包环节个数，$0 \leqslant n \leqslant 7$）。家庭劳动力与外包费用的函数表达式分别如式（6 - 1）和式（6 - 2）所示：

$$L = L_f + L_e \tag{6 - 1}$$

$$M = \sum_{s=1}^{n} C_s A_s + C(n) \tag{6 - 2}$$

基于成本收益理论，农户以追求家庭收益最大化为生产目标，技术密集环节外包的生产决策函数表达式如下：

$$\text{Max}I = F(L_f, A, \overline{K}, M) + \omega L_e - M \tag{6 - 3}$$

根据式（6 - 1）、式（6 - 2）、式（6 - 3），农户的外包决策函数可以表示为：

$$y^* = (L, A, \omega, C_s) \tag{6 - 4}$$

式（6 - 4）中，y^* 表示农户的外包决策，可以看出，理性农户的外包决策分别受到家庭劳动力禀赋、种植面积、外出务工工资、外包费用的影响。

（二）农业生产技术密集环节外包的个体响应机理

计划行为理论（TPB）是社会心理学领域中解释和预测人类行为的理论，与多属性态度理论和理性行为理论共同发展（Ajzen, 1985）。该理论认为，行为的发生取决于个体的特定行为态度，即对某项行为的看法，而看法建立在个人对行为的认知之上，认知建立在过去的经验和预期的阻碍之上。Fulton 等（1996）基于个体决策的价值观、态度与行为的关系，提出了人类行为的层级认知模型，即价值观 - 态度 - 行为意图 - 行为的一个决策过程。

　　基于赫伯特·西蒙（2007）有限理性决策理论，一方面，农户追求经济效益的最大化，对外包成本和预期收益进行比较，理性判断外包带来的经济收益；另一方面，农户由于"社会人"的属性，对技术密集环节外包认知和意愿不同，做出外包的行为也不同，即种植业技术密集环节外包的个体响应是农户认知 - 意愿 - 行为[①]的一个综合作用的决策过程。农业生产技术密集环节外包的个体响应机理如图 6 - 1 所示。

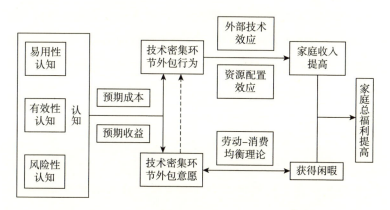

图 6 - 1　农业生产技术密集环节外包的个体响应机理

　　依据技术接受模型（Davis，1989），外包作为一项管理新技术[②]，农户是否采纳，由其潜在需求决定，而潜在需求由易用性和有效性认知决定，易用性认知是农户对学习和应用该技术难度的判断，有效性认知是农户对该技术在一定条件下产生效用大小

---

①　此处的行为即第五章中的选择行为，即是否选择技术密集环节外包的行为，第六章中统称行为。

②　外包是农户对管理新技术的采纳，这里的"技术"不同于书中所说的技术密集环节中的技术，技术密集环节中的技术是技术的总称，外包技术是其中一项具体的管理技术，变量中的"易用性"和"有效性"表示的是外包作为一项管理技术的易用性和有效性。

的判断。农户外包认知可以通过易用性认知和有效性认知来度量。另外,农户普遍属于风险厌恶型(Ellis, 1987),风险规避是理性农户选择技术密集环节外包的前提。外包带来不确定性,农户可能因为预期风险过大而不愿意外包,所以他们对技术密集环节外包的风险性认知是外包意愿和外包行为的重要考虑因素。

农户不同环节的外包决策通过预期外包成本与收益大小来分析。预期外包收益包括产量提高带来的单位面积产出的增加、节省时间从事非农业生产的工资收入;预期外包成本包括外包环节支付的服务费、监督作业花费时间的机会成本。当农户预期的外包收益大于外包成本时,他们外包的意愿强,选择外包的可能性大;当农户预期的外包收益小于等于外包成本时,他们外包的意愿弱,倾向于家庭自己生产。所以,外包意愿是建立在历史外包成本度量和外包效果认知基础上的农户心理状态,而这种心理状态是外包行为的潜在影响因素。

农户选择种植业技术密集环节外包后,实现了"迂回"的规模经济效应,同时引进了外部的先进技术。农业生产技术密集环节外包相当于多个分散的农户共同承担了技术购置成本(陈超等,2012)。黄季焜等(2008)指出单个农户对施药时间点和次数把握不准确,而外包之后的统防统治不仅可以较为准确地把握施药时间和施药频率,而且能够节约生产成本、提高产品质量;同时,外包后,农户的时间、资本、劳动要素得到了重新分配,资源合理配置后产出的增加带来的"技术冲击",通过降低交易成本能改变农业生产的分工,实现专业化生产的效益。

农户通过农业生产技术密集环节的外包,降低了劳作的辛苦程度,获得了闲暇的机会。依据恰亚诺夫(1996)的农户劳动 – 消费均衡理论,农户对种植业生产的辛苦程度与外包支付一定费用获得闲暇的效益进行比较,当他们认为闲暇消费的效益大于外包支付的费用时,农户会选择支付外包费用以获得闲暇体验,小于时农户选择自己劳动。总之，闲暇带来的正效应和外包获得的家庭收入的增加是农户家庭总福利提高的促进因素。

二　技术密集环节外包个体响应模型构建与变量选择

（一）模型构建

农业的生产是农户对资本要素、劳动要素、土地要素和技术要素进行配置以获得原始农产品的过程。技术上的可分工性比人们想象的要普遍得多（Williamson，1985），农业生产技术密集环节的可划分性是可外包的基础。依据生产环节对技术依赖作用的大小来划分技术密集环节（廖西元等，2011），亦可依据农户生产经验的要求来划分（陈思羽和李尚蒲，2014），还可以通过任务环节的复杂性和不确定性来划分。

小麦种植户生产环节外包个体响应是综合考虑环节特征、农户内在特征和务工市场行情等相关因素做出的符合自身利益最大化的系统行为。小麦生产环节包括耕地、播种、植保、灌溉、追肥、收割和干燥七个环节。① 依据前文农业生产技术密集环节的定义，按照生产时间的灵活性、劳作次数的多少、选择和配置农资的数量等特征，对小麦生产环节的技术密集度进行划定，得出小麦生产的技术密集环节包括播种、植保和追肥。

农业生产技术密集环节外包个体响应是以农户的外包行为作

---

① 干燥环节是小麦成为产成品（商品）的必备环节，从广义的生产来看，将之归为生产环节。小麦生产环节包括从耕地到干燥后成为商品的全过程，河南和山西调研地区的数据显示，收割后运输籽粒到干燥场所的环节，70%的农户用小型三轮车自己运输，其余是以亲戚帮工或与邻居换工等方式运输，用工量较小，在环节的分析中省略。植保是植物保护环节的简称，包括病虫害防治和除草过程。

为因变量的函数。基于前文的理论分析,小麦生产技术密集环节外包的分析是指播种、植保、追肥环节外包的分析,同时对小麦种植户的外包意愿和外包环节个数①进行分析。

第一,对于农业生产技术密集环节外包意愿的分析,自变量是李克特七级量表类的七级虚拟变量,采用 OLS 模型进行分析。自变量包括上文分析的认知变量、控制变量。首先,分析认知变量中是否存在交互效应;其次,为分析地区之间的农户农业生产技术密集环节外包意愿的调节效应,借鉴温忠麟等(2004)对调节效应的检验方法,在检验调节变量与自变量的关系时,可采用分组回归的方法,比较不同系数之间的差异,若存在明显差异,则调节效应存在,所以下文对地区之间进行分组分析,检验调节效应的显著性。通过认知变量的交互项对外包意愿的影响来检验是否存在交互效应②。模型具体公式如下所示:

$$aspir_d = a_0 + a_1 risk_d + a_2 fea_d + a_3 incr_d + a_4 fea_d \times incr_d + b_j control_j + \phi$$

$$(6-5)$$

式(6-5)中,$aspir$ 表示技术密集环节外包意愿变量,$risk$ 表示风险性认知变量,fea 表示易用性认知变量,$incr$ 表示有效性认知变量,$fea \times incr$ 表示易用性认知与有效性认知的交互项,d 表示地区虚拟变量(河南 =1,山西 =0),$control_j$ 表示控制变量,j 表示控制变量的个数,ϕ 表示误差项。

第二,对于播种、植保和追肥环节的外包行为,通常可以采

──────────

① 外包环节个数是农户在一季小麦生产的七个环节中参与外包的个数,包括技术密集度高、一般和低的所有环节,是农户外包参与度的测量,以从全环节上把握小麦生产技术密集环节的农户外包行为。

② 在社会科学研究中,调节效应和交互效应一般可替换使用,但是调节效应并不等同于交互效应,二者的区别是,在分析交互效应时,两个自变量的影响关系不固定,而调节效应中调节变量的影响关系是明确固定的,所以可认为调节效应是特定的交互效应。一般的检验方法是看式(6-5)中的回归系数 a_4 是否显著,若显著表示交互效应存在。

用多个二元 Probit 模型分析，但是每个环节的分析是孤立的，多元 Probit 模型不但能够估计出各生产环节外包行为的回归结果，而且能够给出各环节回归结果的似然比检验，通过似然比可以判断各环节之间的相互关系（Greece，2008）。正如前文分析，小麦种植户选择技术密集环节外包时，会同时选择多个环节外包，且这些环节并不排斥，而简单的二元 Probit 模型没有考虑环节之间的相关关系，采用多元 Probit 模型系统估计的方法，提高了估计的效率。

鉴于此，本书采用多元 Probit 模型分析样本农户农业生产技术密集环节外包行为的影响因素。模型具体形式如下：

$$y^* = \alpha_0 + \sum_i \alpha_i x_i + \sum_j \beta_j control_j + D + \varepsilon \qquad (6-6)$$

$$y = \begin{cases} 1, & y^* > 0 \\ 0, & 其他 \end{cases} \qquad (6-7)$$

式（6-6）、式（6-7）中，y^* 表示潜变量，y 是因变量的观测变量，x_i 表示核心解释变量，i 表示核心解释变量的个数（$i = 1,2,3$）；D 表示村庄虚拟变量。从式（6-7）可以看出，若 $y^* > 0$，则 $y = 1$，表示农户选择相应的生产环节外包。α_i、β_j 是估计参数。ε 是随机扰动项，服从均值为零，协方差为 Ψ 的多元正态分布，即 $\varepsilon \sim MVN(0, \Psi)$。对式（6-6）进行模拟的最大似然估计（Simulated Maximum Likelihood Estimation），可得模型的参数估计值。

第三，外包环节个数的分析是从总体上把握不同技术密集环节中，农户外包行为的差异，分析一个生产周期内农户生产环节外包的个数是计数模型，可以采用 Poisson 模型进行估计（Cameron & Trivedi，2005）。因变量 Y 表示农户的外包环节个数，服从期望为 μ 的 Poisson 分布，表达式为：

$$P = \{Y = n \mid \mu\} = \frac{e^{-\mu} \mu^n}{n!} \qquad (6-8)$$

式（6-8）中，$E(Y) = Var(Y) = \mu$。n 表示外包环节个数 $(0 \leqslant n \leqslant 7)$，同时假设 X_{hl} 表示 h 个自变量经过 l 次观察得到的观察值矩阵，引入连接函数 $\ln(\mu)$ 可得到 Poisson 模型：

$$\ln[E(Y|X)] = \ln(\mu) = X\alpha = \sum_h \alpha_h x_h \qquad (6-9)$$

式（6-9）中估计值 α_h 表示自变量 x_h 改变一个单位时 Y 的期望值变为原来的 $\exp(\alpha_h)$ 倍。

（二）数据的描述性分析

依据上文对农业生产技术密集环节外包个体响应的理论分析与变量选择，分析小麦种植户技术密集环节外包的个体响应，下文分别给出了技术密集环节外包行为变量、认知变量、意愿变量、控制变量和村庄虚拟变量均值和标准差的分布情况，另外还给出了外包环节个数的情况，变量定义及描述性分析如表 6-1 所示。

小麦生产的技术密集环节包括播种、植保和追肥环节，三个环节中播种环节外包的比例达到 72%，植保和追肥环节外包的比例在 10% 左右，均较低，小麦种植户外包环节个数平均为 2.86 个，表明大部分小麦种植户外包环节个数在中位数 4 以下，外包情况在不同环节之间分配不均匀。认知变量中，易用性认知的均值为 5.18，大于中位数 4，表明大部分小麦种植户对技术密集环节外包的易用性认知程度较高；有效性认知的均值为 3.89，稍小于中位数 4，表明大部分小麦种植户对技术密集环节外包的有效性认知偏低；风险性认知的均值为 1.36，小于中位数 2，表明大部分小麦种植户普遍认为技术密集环节外包的风险较高。外包意愿的均值为 3.83，小于中位数 4，表明大部分小麦种植户对技术密集环节外包的态度在不太愿意和一般之间，即外包的意愿较低。

表 6 - 1 变量定义及描述性分析

	变量	变量取值	均值	标准差
因变量	播种	该环节外包 = 1，没有外包 = 0	0.72	0.45
	植保	该环节外包 = 1，没有外包 = 0	0.11	0.31
	追肥	该环节外包 = 1，没有外包 = 0	0.09	0.29
	外包环节个数	七个环节外包的数目	2.86	1.31
主要解释变量	认知			
	易用性认知	极困难 = 1，困难 = 2，有点困难 = 3，一般 = 4，比较容易 = 5，容易 = 6，非常容易 = 7	5.18	1.11
	有效性认知	非常小 = 1，较小 = 2，有点小 = 3，一般 = 4，比较大 = 5，大 = 6，非常大 = 7	3.89	1.27
	风险性认知	风险大 = 1，风险一般 = 2，风险小 = 3	1.36	0.57
	意愿			
	外包意愿	极不愿意 = 1，不愿意 = 2，不太愿意 = 3，一般 = 4，有点愿意 = 5，比较愿意 = 6，非常愿意 = 7	3.83	1.46
控制变量	非农劳动力比例	从事非农业生产劳动力占家庭总人口比例	0.44	0.24
	外出务工工资	外出务工工资水平，单位：元/天	168.35	146.24
	种植规模	小麦种植面积，单位：亩	44.39	118.06
	环节外包平均费用	七个环节外包费用平均值，单位：元/亩	46.09	8.12
	播种环节外包费用	对应环节外包价格，单位：元/亩	31.20	15.42
	植保环节外包费用	对应环节外包价格，单位：元/亩	40.96	11.35
	追肥环节外包费用	对应环节外包价格，单位：元/亩	26.01	7.13
	年龄	户主的实际周岁	53.18	9.97
	受教育水平	户主的受教育情况，没上过学 = 1，小学 = 2，初中 = 3，高中 = 4，大专及以上 = 5	2.77	0.88
	是否为村干部	是 = 1，否 = 0	0.10	0.30

续表

	变量	变量取值	均值	标准差
控制 变量	种植年限	小麦实际种植年限，单位：年	29.37	12.86
	是否受到技术培训	一个生产周期内，是否受到来自政府和合作社的小麦生产方面的技术培训，是=1，否=0	0.13	0.34
村庄虚拟变量	有无服务组织	所在村庄有没有小麦生产服务组织（合作社、为农服务中心、农业服务企业），有=1，无=0	0.66	0.47

控制变量中，非农劳动力比例的均值为 0.44，表明小麦种植户家中从事非农业生产劳动力占家庭总人口比例的平均值为 44%；外出务工工资的均值为 168.35 元/天，标准差为 146.24，标准差较大，表明小麦种植户外出务工工资的差异较大；环节外包平均费用为 46.09 元/亩，而技术密集三个环节外包费用的均值为 32.72 元/亩，从所有小麦生产环节来看，技术密集环节外包费用较低；户主的平均年龄为 53.18 岁，可以看出小麦种植户户主年龄普遍偏大；是否为村干部变量的均值为 0.10，表明调查的 631 户小麦种植户中有 10% 担任了村干部，比例偏高，可能的原因是，农村中担任村干部的户主，一般留在农村，外出打工的时间较少，所以能调查到的小麦种植户中有较多的村干部；是否受到技术培训变量的均值为 0.13，表明有 13% 的小麦种植户在 2015 年受到了来自政府和合作社的小麦生产方面的技术培训；有无服务组织变量的均值为 0.66，表明调查的小麦种植户中有 66% 所在村庄有小麦生产服务组织。

（三） 变量选择

（1）认知。①易用性认知。一般来讲，环节外包采纳者需要事先经过认知来判断环节外包的易用性，决定是否选择该环节外包。易用性认知通过农户对环节外包可行性（学习和使用难度）的判断来测量，农户对小麦生产过程中技术密集环节外包的可行性判断分为极困难到非常容易七个级别。②有效性认知。有效性认知通过农户对环节外包可提高收入的认可度来测量，农户认为技术密集环节外包对收入提高的影响越大，有效性越大，分为非常小到非常大七个级别。③风险性认知。农户对技术密集环节外包的风险预期反映了他们对不同环节外包可控性的心理状态，对每个环节预期风险的大小分为三个级别。

（2）外包意愿。信念决定偏好，进而决定行为（Denzau & North，1994）。作为技术密集环节外包服务的需求者，农户外包的意愿一定程度上反映了他们在闲暇偏好和支付外包费用之间的选择。外包意愿划分为七个级别，从极不愿意到非常愿意。

（3）控制变量。①非农劳动力比例，反映农户家庭中劳动力在农业和非农业之间的分配情况。②外出务工工资，农户外出务工的工资水平表示非农工作的效率，没有从事外出务工的农户，外出务工工资为零。③种植规模，以小麦种植面积表示，包括转入后土地用于小麦种植的面积。④环节外包费用，包括播种环节外包费用、植保环节外包费用、追肥环节外包费用、环节外包平均费用，对于没有参与某一环节外包的农户，采用村平均外包费用计算。⑤反映小麦种植户户主特征的变量，包括年龄、受教育水平、是否为村干部、种植年限、是否受到技术培训。

（4）村庄虚拟变量。本书研究采用"有无服务组织"来测度该变量，即小麦种植户所在村庄是否有合作社、为农服务中心、农业服务企业等组织。村庄虚拟变量的控制可以很好地消除模型构建中遗漏变量的问题。

三　农业生产技术密集环节外包意愿影响因素分析

对农业生产技术密集环节外包意愿影响因素的分析，按照式

（6-5），采用分组回归模型进行实证，因为易用性认知和有效性
认知共同来自技术接受模型，农户对农业管理技术的潜在需求和
效用大小的判断可能存在交互效应，所以在分析认知变量对技术
密集环节外包意愿的影响时采用交互效应检验的方法判断易用性认
知与有效性认知是否存在交互效应。对于地区变量的调节效应的检
验，分组回归河南地区和山西地区的数据，三个模型的总体显著性
均通过了检验，山西地区检验不显著，所得结果如表6-2所示。

表6-2 技术密集环节外包意愿影响因素分析回归结果

变量		技术接受交互效应		地区调节效应	
		全样本	全样本交互效应	河南地区	山西地区
认知变量	易用性认知	0.139*** (0.05)	0.338** (0.161)	0.14** (0.061)	0.095 (0.094)
	有效性认知	0.18*** (0.046)	0.438** (0.203)	0.207*** (0.053)	0.098 (0.096)
	风险性认知	-0.03 (0.098)	-0.023 (0.098)	-0.022 (0.11)	-0.004 (0.231)
交互项	易用性认知×有效性认知	—	-0.048 (0.037)	—	—
控制变量	非农劳动力比例	-0.502** (0.252)	-0.49* (0.252)	-0.462 (0.294)	-0.429 (0.524)
	外出务工工资	0.002*** (0.000)	0.002*** (0.000)	0.002*** (0.000)	0.001 (0.001)
	种植规模	0.002*** (0.001)	0.002*** (0.001)	0.002*** (0.001)	0.001 (0.001)
	环节外包平均费用	-0.012* (0.007)	-0.012* (0.007)	-0.019** (0.009)	-0.001 (0.011)
	年龄	-0.002 (0.007)	-0.002 (0.007)	-0.003 (0.008)	0.001 (0.017)

续表

变量		技术接受交互效应		地区调节效应	
		全样本	全样本交互效应	河南地区	山西地区
控制变量	受教育水平	0.135 ** (0.067)	0.138 ** (0.067)	0.179 ** (0.076)	− 0.034 (0.153)
	是否为村干部	0.379 ** (0.188)	0.391 ** (0.188)	0.314 (0.24)	0.36 (0.316)
	种植年限	− 0.005 (0.006)	− 0.005 (0.006)	− 0.001 (0.007)	− 0.011 (0.013)
	是否受到技术培训	0.537 *** (0.165)	0.538 *** (0.165)	0.668 *** (0.196)	0.23 (0.319)
	常数项	2.625 *** (0.649)	1.518 *** (1.07)	2.596 *** (0.78)	3.292 *** (1.298)
	R^2	0.193	0.196	0.242	0.07
	F 值	12.34 ***	11.53 ***	13.06 ***	0.94

注：①***、**和*分别表示回归系数在1%、5%和10%的置信水平下具有统计显著性；②括号中的数字为回归的稳健标准误；③—表示变量没有参与相应的分析。

（一）技术接受交互效应的结果分析

从表6-2中全样本和全样本交互效应的回归结果可以看出，易用性认知变量对外包意愿都具有显著的正向影响，且在考虑了交互项的模型中，易用性认知对外包意愿的影响系数明显变大；有效性认知变量也同样对外包意愿都具有显著的正向影响，且考虑交互项后其对外包意愿的影响系数显著变大；易用性认知和有效性认知的交互项对外包意愿产生负向影响，但是影响不显著，所以技术接受模型内的易用性认知与有效性认知对技术密集环节外包意愿的交互效应不存在。

各控制变量在全样本模型和全样本交互效应模型中均具有相同的影响关系和显著性，模型比较稳定。从具有显著影响的各变量来看，非农劳动力比例、环节外包平均费用对技术密集环节外包意愿均具有显著的负向影响；外出务工工资、种植规模、受教育水平、是村干部和受到技术培训对技术密集环节外包意愿均具有显著的正向影响。

（二）地区调节效应的结果分析

易用性认知在河南地区组具有显著的正向影响，在山西地区组影响不显著，所以河南地区和山西地区之间在技术密集环节易用性认知与外包意愿之间存在调节效应；有效性认知在河南地区组具有显著的正向影响，而在山西地区组影响不显著，所以河南地区和山西地区之间在技术密集环节有效性认知与外包意愿之间存在调节效应。各控制变量中，外出务工工资、种植规模、受教育水平、受到技术培训在河南地区组中，对技术密集环节外包意愿均具有显著的正向影响；环节外包平均费用在河南地区组中，对技术密集环节外包意愿具有显著的负向影响。

四 农业生产技术密集环节外包选择行为影响因素分析

（一）中介效应检验

理论研究表明，农业生产技术密集环节外包的个体响应是外包认知、外包意愿和外包行为综合作用的结果。外包意愿是否充当外包认知与外包行为的中介变量？由于尚未有文献实证外包认知、外包意愿与外包行为三者之间的影响关系，本书借鉴温忠麟等（2004）、刘同山（2016）的研究，检验外包认知是否通过外包意愿间接影响外包行为，检验包括三个步骤。

第一步：模型自变量中，除外包意愿变量，对播种、植保和追肥环节进行多元 Probit 模型回归。结果显示，在 10% 的显著性水平下，易用性认知对植保和追肥环节外包产生显著的直接影响，有效性认知对植保环节外包产生显著的直接影响，风险性认知对植保和追肥环节产生显著的直接影响。第二步：借鉴 Baron 和 Kenny（1986）的部分中介效应检验方法，采用多元线性回归模型，检验农户认知变量和其他控制变量对外包意愿的影响。结果显示，在 10% 的显著性水平下，易用性认知和有效性认知对外包意愿均有显著影响，说明易用性认知除了直接影响小麦种植户植保和追肥环节外包之外，还通过外包意愿间接影响这两个环节的外包，有效性认知也间接影响植保环节外包。第三步：对第一步所得结果显著且第二步所得结果不显著的变量做 Sobel 检验①。检验结果显示：风险性认知通过外包意愿间接影响植保环节外包的 Z 值为 -2.113，间接影响追肥环节外包的 Z 值为 -2.005，均在 5% 的置信水平下显著，说明风险性认知通过外包意愿间接影响植保和追肥环节外包。

从以上结果来看，外包意愿是外包认知与外包行为的中介变量。对于检验中既有直接影响又有间接影响的环节和变量，不能将之同时放在一个方程中估计（刘同山，2016），因此本书分别估计了未加入外包意愿的外包行为和外包环节个数的回归结果；加入外包意愿同时去掉认知变量中对外包意愿具有中介效应的变量的回归结果，结果见表 6-3 和表 6-4。

（二）估计结果分析

为了保证回归结果的准确性，本书分别给出了未加入外包意

---

① 计算的原理和公式为 $Z = \hat{a}\hat{b} / \sqrt{\hat{a}^2 SE_b^2 + \hat{b}^2 SE_a^2}$，其中 Z 表示检测结果，$\hat{a}$ 表示认知变量对意愿变量的回归系数，$\hat{b}$ 表示意愿变量对行为变量的回归系数，SE_a 表示 $\hat{a}$ 的标准差，SE_b 表示 $\hat{b}$ 的标准差，具体检验的程序可参照温忠麟等（2004）的文献。

愿的多元 Probit 模型和加入外包意愿变量且规避了变量中介效应的多元 Probit 模型回归结果，同时采用 Poisson 模型分别估计了外包环节个数的影响因素。表6-3 和表6-4 的回归结果基本一致，多个主要变量通过了显著性检验，模型具有较好的稳定性，所得结果可信度高。

（1）技术密集环节外包之间的关系。表6-3 的结果显示，追肥和植保环节外包选择行为的相关系数（atrho32）通过了显著性检验；表6-4 的结果显示，植保和播种环节外包选择行为的相关系数（atrho21）、追肥和植保环节外包选择行为的相关系数（atrho32）均通过了显著性检验。这表明小麦种植户播种和植保环节外包选择行为之间存在正相关，植保和追肥环节外包选择行为也存在正相关。

（2）认知变量。从表6-3 可以看出认知变量对外包选择行为的影响。[1] ①易用性认知对植保、追肥环节外包和外包环节个数都有显著的正向影响。在植保和追肥环节外包决策过程中，小麦种植户认为学习和使用越容易时选择这两个环节外包的可能性越大。②有效性认知对植保环节外包和外包环节个数有显著的正向影响。小麦种植户预期植保环节外包能提高的收入越多，外包行为发生的概率越大，同时，外包环节个数也越多。③风险性认知对植保和追肥环节外包有显著的负向影响，对外包环节个数也有显著的负向影响。农户认为风险越小，选择植保和追肥环节外包的可能性越小。可能的原因是，农户大部分属于风险规避型[2]，虽然预期技术密集环节外包风险不大，但技术密集环节外包的预

---

[1] 表6-3 是认知变量对外包行为的直接影响，表6-4 的多元 Probit 模型回归是加入外包意愿且规避了变量中介效应的结果，即不含中介效应检验时认知变量对外包行为影响的显著性变量，部分认知变量被省略，因此采用表6-3 的结果分析认知变量对外包行为的影响更加全面。

[2] 调查数据显示，67.99% 的小麦种植户属于风险规避型，27.58% 的小麦种植户属于风险中立型。

期收益较低,他们较倾向于自己生产。

(3) 意愿变量。表 6 – 4 给出了外包意愿影响外包选择行为的回归结果。外包意愿对植保和追肥环节外包有显著的正向影响,即农户外包意愿越强,他们选择植保和追肥环节外包的可能性越大,与 Prokopy 等 (2008)、Baumgart-Getz 和 Prokopy (2012) 的分析结果一致。外包意愿对播种环节外包产生显著负向影响,可能的原因是,播种环节具有较强的机械替代性,外包意愿不能成为决策结果的决定因素,播种环节机械生产受地块因素和市场因素的影响,农户愿意外包未必找得到合适的外包供给方,即"外包意愿与行为的偏差"(张燕媛、张忠军,2016)。

表 6 – 3　未加入外包意愿的小麦种植户技术密集环节
外包行为和外包环节个数的回归结果

	多元 Probit 模型			Poisson 模型
	播种	植保	追肥	外包环节个数
认知变量				
易用性认知	0.006 (0.051)	0.205 ** (0.090)	0.272 *** (0.094)	0.051 *** (0.018)
有效性认知	0.072 (0.048)	0.228 *** (0.080)	0.069 (0.077)	0.031 ** (0.014)
风险性认知	− 0.095 (0.099)	− 0.493 ** (0.205)	− 0.744 *** (0.262)	− 0.116 *** (0.034)
控制变量				
非农劳动力比例	0.158 (0.270)	− 0.358 (0.472)	− 0.069 (0.483)	0.057 (0.070)
外出务工工资	0.001 ** (0.000)	0.006 *** (0.001)	0.005 *** (0.001)	0.001 *** (0.000)
种植规模	− 0.002 *** (0.001)	0.001 (0.001)	0.001 * (0.001)	0.000 (0.000)
环节外包 平均费用	—	—	—	0.000 (0.003)

续表

	多元 Probit 模型			Poisson 模型
	播种	植保	追肥	外包环节个数
控制变量				
播种环节 外包费用	0.002 (0.004)	—	—	—
植保环节 外包费用	—	0.000 (0.005)	—	—
追肥环节 外包费用	—	—	−0.007 (0.007)	—
年龄	0.018** (0.008)	−0.030** (0.013)	0.008 (0.013)	0.004* (0.002)
受教育水平	−0.036 (0.070)	0.433*** (0.140)	0.299** (0.132)	0.036* (0.019)
是否为村干部	0.065 (0.198)	0.394 (0.301)	0.199 (0.302)	0.026 (0.062)
种植年限	0.011* (0.006)	−0.003 (0.010)	−0.023** (0.010)	0.001 (0.002)
是否受到 技术培训	−0.293* (0.168)	0.394 (0.269)	0.579** (0.257)	−0.035 (0.050)
村庄虚拟变量				
有无服务组织	0.099 (0.118)	−0.114 (0.223)	0.110 (0.223)	0.026 (0.034)
常数项	−0.982 (0.597)	−3.743*** (1.033)	−4.041*** (1.113)	0.218 (0.222)
atrho21	0.167 (0.131)			—
atrho31	0.073 (0.132)			—
atrho32	0.700*** (0.170)			—
Wald χ^2	265.34			154.270
Prob > χ^2	0.000			0.000
Log Likelihood	−514.030			—
Pseudo R^2	—			0.047

注：①因变量回归似然比检验显示：rho21 = rho31 = rho32 = 0.000，χ^2（3）= 18.865，且在1%的水平下显著，拒绝因变量相关系数为0的原假设，表明采用多元 Probit 模型具有有效性；②***、**和*分别表示在1%、5%和10%的水平下具有显著性；③括号中数字为稳健标准误；④多元 Probit 模型回归中 Wald χ^2 和 Prob > χ^2 的自由度为39，Poisson 模型回归中 Wald χ^2 和 Prob > χ^2 的自由度为13。

（4）控制变量。对表 6 - 3 和表 6 - 4 中基本一致的回归结果进行分析。①外出务工工资对小麦种植户技术密集环节外包均具有显著的正向影响，对外包环节个数也有显著的正向影响，即农户外出获得非农收入的能力越强，其越倾向于选择农业生产技术密集环节外包。②种植规模对播种环节外包产生显著的负向影响，对追肥环节外包产生显著的正向影响。③环节外包费用（播种、植保、追肥和平均）对技术密集环节外包的影响均不显著，可能的原因是，现在的外包市场属于供给方市场，农户没有定价的权利，只能被动接受。①④年龄对播种环节外包和外包环节个数均产生显著的正向影响。⑤受教育水平对植保、追肥环节外包和外包环节个数均有显著的正向影响。⑥种植年限对播种环节外包产生显著的正向影响，对追肥环节外包产生显著的负向影响。这表明种植年限越长，农户将播种环节外包的概率越大，将追肥环节外包的概率越小，可能的原因是，播种环节需要机械投资，种植年限长的农户大部分是老年农户，对机械的投资少，所以他们倾向于选择外包；而追肥环节需要较多的生产经验，种植年限较长的农户经验越足，越倾向于自己生产。⑦受到技术培训对追肥环节外包产生显著的正向影响，说明农户接受政府等组织的技术培训次数越多，将追肥环节外包的可能性越大。

（5）村庄虚拟变量。农户所在村庄有没有种植业服务组织对其外包行为没有产生显著影响。可能的原因是：第一，小麦技术密集环节外包服务的供给者受区域限制较小，外包供给者采用跨区的方式流动服务，同时，不同地区小麦成熟期不同，为跨区流动提供了时间差；第二，农村虽然存在大量的农业合作组织，但是合作组织在农村中发挥的实际效应并不明显，大多属于"空壳"组织。

---

① 对外包环节价格农户议价能力的调查显示，农户一般回答"别人家是什么价格，我家就是什么价格"，所以，外包价格一般是外包的供给方（承包方）定价。

表 6 – 4　加入外包意愿的小麦种植户技术密集环节

外包行为和外包环节个数的回归结果

	多元 Probit 模型			Poisson 模型
	播种	植保	追肥	外包环节个数
认知变量				
易用性认知	0.009 (0.051)	—	—	—
有效性认知	0.073 (0.049)	—	-0.020 (0.074)	—
风险性认知	-0.072 (0.100)	—	—	—
意愿变量				
外包意愿	-0.070 * (0.042)	0.365 *** (0.082)	0.208 *** (0.074)	0.014 (0.012)
控制变量				
非农劳动力比例	0.126 (0.271)	-0.108 (0.484)	-0.209 (0.466)	0.075 (0.071)
外出务工工资	0.001 *** (0.000)	0.005 *** (0.000)	0.005 *** (0.001)	0.001 *** (0.000)
种植规模	-0.002 ** (0.000)	0.001 * (0.000)	0.002 ** (0.001)	0.000 (0.000)
环节外包 平均费用	—	—	—	-0.001 (0.003)
播种环节 外包费用	0.002 (0.004)	—	—	—
植保环节 外包费用	—	0.002 (0.005)	—	—
追肥环节 外包费用	—	—	-0.003 (0.007)	—
年龄	0.018 ** (0.008)	-0.018 (0.012)	0.019 (0.012)	0.005 ** (0.002)
受教育水平	-0.027 (0.070)	0.377 *** (0.137)	0.271 ** (0.128)	0.035 * (0.019)

续表

	多元 Probit 模型			Poisson 模型
	播种	植保	追肥	外包环节个数
控制变量				
是否为村干部	0.094 (0.200)	0.239 (0.300)	0.037 (0.283)	0.008 (0.064)
种植年限	0.011 * (0.006)	-0.005 (0.010)	-0.023 ** (0.009)	0.001 (0.002)
是否受到 技术培训	-0.256 (0.17)	0.179 (0.272)	0.521 ** (0.243)	-0.027 (0.052)
村庄虚拟变量				
有无服务组织	0.095 (0.118)	-0.017 (0.224)	0.085 (0.216)	0.032 (0.034)
常数项	-0.810 (0.601)	-4.478 *** (0.863)	-4.697 *** (0.893)	0.352 * (0.189)
atrho21	0.281 ** (0.136)			—
atrho31	0.152 (0.133)			
atrho32	0.649 *** (0.168)			
Wald χ^2	263.39			135.82
Prob > χ^2	0.000			0.000
Log Likelihood	-515.652			—
Pseudo R^2	—			0.041

注：①因变量回归似然比检验显示：rho21 = rho31 = rho32 = 0.000，χ^2（3）= 18.739，且在1%的水平下显著，拒绝因变量相关系数为0的原假设，表明采用多元 Probit 模型具有有效性；② *** 、 ** 和 * 分别表示在1%、5%和10%的水平下具有显著性；③括号中数字为稳健标准误；④多元 Probit 模型回归中 Wald χ^2 和 Prob > χ^2 的自由度为37，Poisson 模型回归中 Wald χ^2 和 Prob > χ^2 的自由度为11。

五　本章小结

基于农户行为理论和行为经济学理论，本章构建了农户决策模型和农业生产技术密集环节外包的个体响应机理，并以河南和山西两省631户小麦种植户的调查数据为基础，采用多元分组模型、多元 Probit 模型和 Poisson 模型进行实证分析，研究发现以下方面。

第一，外包意愿的影响因素分析中，易用性认知与有效性认知对小麦种植户技术密集环节外包意愿均具有显著的正向影响，即小麦种植户对技术密集环节的外包接受程度越高，其在技术密集环节的外包意愿就越强；地区差异在易用性认知与技术密集环节外包意愿之间存在调节效应，同样也在有效性认知与技术密集环节外包意愿之间存在调节效应。

第二，在技术密集环节外包过程中，农户的播种和植保环节外包选择行为、植保和追肥环节外包选择行为之间均存在正相关，即农业生产技术密集环节外包不是独立的决策过程。

第三，农业生产技术密集环节外包的个体响应是农户技术密集环节外包认知、外包意愿对外包行为的直接和间接影响。具体来看，农户对技术密集环节外包易用性认知程度越高，选择技术密集环节外包的概率越大；农户对技术密集环节外包有效性认知程度越高，选择技术密集环节外包的概率越大。

第四，未加入外包意愿和加入外包意愿的小麦种植户技术密集环节外包选择行为影响因素回归结果同时表明：外出务工工资、种植规模、年龄、受教育水平、种植年限、是否受到技术培训是影响农户技术密集环节外包行为的重要因素。另外，农户外包意愿越强，选择植保和追肥环节外包的可能性也越大。

第五，农户所在村庄有没有种植业服务组织对其外包选择行为影响不显著，即村庄的区域性限制对小麦生产技术密集环节外包不构成约束。

第七章

农业生产环节外包的规模经济效应
与范围经济效应

农业生产环节外包的最终目标是实现农业生产的规模经济效应和农户家庭的范围经济效应，以提高农业产出水平和农户家庭的收入水平，所以本章主要分析农业生产环节外包如何影响农业生产的规模经济效应，以及农户选择生产环节外包后的范围经济效应。本章从外包的角度出发，对规模经济效应和范围经济效应分别予以测量，并分析农业生产规模经济效应的影响因素和农户家庭范围经济效应的影响因素。

一 规模经济效应与范围经济效应实现的基础

（一）分工、合作视角的农业规模经营与规模经济效应实现的基础

分工促进专业化生产，是生产效率提升的源泉（亚当·斯密，1776），科技的进步与管理的创新使农业生产分工成为可能（阿林·杨格，1996）。农业分工可以分为横向分工和纵向分工，横向分工是不同作物种类之间的分工，纵向分工是不同生产环节交给不同主体的分工（Young，1928）。

对于农民合作问题的研究，学者们主要从合作社的理论基础（张学会和王礼力，2014）、合作社的现实适用性（林毅夫和李

周，1992）、合作社的组织构建（潘劲，2014）、合作社的委托代理问题等方面来研究（高雅，2010）。罗必良（2014）指出，由于专业合作社能够获得机械装备等方面的融资和专项补贴，分工后"生产权"的细分使专业合作社更能够实现规模经济效应。黄祖辉和俞宁（2010）研究了合作社对产业纵向分工的整合作用。黄宗智（2015）研究了合作社从事农资购买、组织加工、技术咨询、信贷担保和销售等业务内容。包宗顺等（2015）研究得出土地股份合作社能够降低土地流转过程中的交易成本，从而加速土地流转的进程。

农业规模经营一直是学术界研究的热点问题，学者们对于农业"规模报酬递减与递增"的争论也是众说纷纭（Sen，1966；Barrett et al.，2010；Prosterman，2013；许庆等，2011）。但是世界各国相同历史时期都表现出了土地规模不断扩大的经营趋势，尤其是印度、巴西等人口大国也同样印证了这样的变化趋势（Weiss，1999；Baumanna et al.，2011）。由于特有的人口与地形等因素，中国短期内不可能实现农业规模经营的大农制（张忠明和钱文荣，2008；曾福生，2011）。保持原有的分户承包制度，通过合作经营与集体经营实现规模服务型的规模经济（苏华等，2014）。从土地规模经营转向服务规模经营，是农业规模经营的新路径，土地的种植规模与农户外包的参与行为呈"倒U形"曲线关系（胡新艳等，2015b）。以农业收入为主的农户，生产环节外包能够促进土地的规模经营（戚迪明等，2015）。Wolf（2003）实证分析了美国西部牧场主，发现91%的牧场主在规模扩大过程中实施了小母牛饲养环节外包。

农业规模经营分为内部的土地规模与外部的社会化规模两个层次（Johnson，1994），而土地规模经营方式的选择主要有直接规模经济效应和"迂回"的规模经济效应。应对"三权分置"的土地细碎化经营状况，直接的规模经济效应实现的路径以土地流转为主要手段（黄延信等，2011；闫小欢和霍学喜，2013；陈海磊等，2014；杨卫忠，2015）；"迂回"的规模经济效应主要通过外包的手段实现（罗必良，2014；胡新艳等，2015a）；另外，还有观点表明，基于"三权分置"的农地特征，规模经济效应的实现路径是生产环节外包与经营权流转，且二者是一个循序渐进的过程（廖西元等，2011；王志刚等，2011）。

已有研究者分析的农业规模经济大多是建立在规模经营基础上实现的，而没有分析生产环节的规模经济，生产环节的规模经济是建立在一种作物的基础上进行分析的，这种作物可能不是集中连片的，但是通过生产环节外包，实现了承包方的"规模经营"效果。

事实上，农业生产规模经济效应的实现最终取决于参与生产的各要素的利用效率和分工与合作的水平。相关文献中土地生产效率与规模经济研究得出负相关结果的有非洲地区（Barrett et al.，2010；Carletto et al.，2013）、亚洲地区和拉美地区（Heltberg，1998；Berry & Cline，1979）。农业生产中劳动力的效率、机械的利用效率依托于外包来实现农业生产绩效的提高（陈超等，2012）。由此可见生产环节外包对规模经济效应实现的影响伴随着不同的产权结构设计和农户对外包的产权效应的不同认知。但已有的大多数研究并没有考虑在不同产权结构配置和农户外包的产权效应认知情况下生产环节外包对规模经济效应实现的影响机制。

（二）农户家庭范围经济效应实现的基础

范围经济效应的测度可以通过比较企业联合生产多种产品与分别生产每种产品节约的成本和提高产出的大小。Pulley 和 Braunstein（1992）将范围经济的来源概括为两个方面，分别是生产主体对现有闲置生产能力的利用和不同产品的投入要素的共享。在非农业生产中，农户是如何节约成本的？

第一，假设农户只从事农业生产。首先，出现的问题是"优质"① 劳动力资源的不合理利用。由于我国人多地少的特征，大部分农户的耕地规模偏小，再加上农业生产的季节性、气候限制性和地形差异等，农户家中劳动力在农忙时节可能得到合理的利用，但是农闲时节②基本处于劳动力闲置的状态。劳动力即使处于闲置状态，也需要一定的消费和开支，只从事农业生产的"优质"劳动力大量浪费。其次，从农业机械的使用角度来分析范围经济减少成本的作用。农业机械的出现为提高农业生产效率产生了重大作用，小规模农户持有农业机械在为自家农业生产提供服务之外，也向其他农户提供外包服务。③ 因为自家耕地规模小，机械的利用时间较短，机械会长时间的闲置，从会计学固定成本折旧的角度来看，机械不使用也会产生巨大的折旧成本，所以机械不向外提供服务，将造成较高的机会成本，相反，向外提供服务会获得服务的利润，机械从一个农户的利用，变为多个农户的共享，可以实现农业机械合理利用的范围经济效应。

第二，假设农户只外出务工。农户只外出务工，即农户家中不从事农业生产，他们面临的范围不经济表现在多个方面。首先是非农业收入不稳定的风险。农户大多属于受教育水平偏低的劳动力，在城市中从事重体力且高风险的作业，且这些工作不具有稳定性，在项目结束或者组织变动后容易出现集体失业的状况。另外，又由于大部分在城市务工的农户没有城市中的社会保障和

---

① 这里的"优质"劳动力资源是与"弱质"劳动力（黄宗智，2012）资源相对的概念，前文中对"弱质"劳动力资源进行了阐述，这里的"优质"劳动力资源是指除农户家中的"弱质"劳动力资源外剩余的劳动力，泛指青壮年的男性劳动力。

② 以北方农区为例，冬季气温在零度以下的时间长，气候寒冷不适合作物的生长，尤其是高纬度地区和高山气候区，寒冷期较长，农业生产常常是一年一熟。

③ 农业机械的外包服务便是由机械持有户最早发起的。

风险金，在高风险作业中出现意外状况时他们面临的是失业和劳动能力损失的双重打击。可以看出，外出务工的农业劳动力存在较高的收入不稳定和失去收入的风险。所以，只务工的农户面临较高的风险。其次是农户家中"弱质"劳动力不能合理利用，即家中的女性劳动力和老年劳动力的闲置浪费。中国农村人口2014年老龄化程度已达到15.40%，比全国13.26%的水平高出2.14个百分点（穆光宗，2015），而女性劳动力承担照顾子女的任务，一般也留在农村。如果农户不从事农业生产，那么家中的老年劳动力和女性劳动力便不能得到合理的利用。在一些地区由于土地细碎化和地形不平整等原因，土地流转价格较低，且流转后转入户的粗放管理不利于我国有限耕地的合理利用，所以即使土地流转，也难以合理利用劳动力并实现规模经营。

从以上两方面的分析可以看出，农户单纯从事农业生产或务工存在严重的范围不经济问题，所以他们只有合理地分配劳动力在农业生产与外出务工之间的比例与时段，才能既获得非农业生产以外的家庭收入，又可以降低非农业生产的不稳定性，且家中的各项劳动力都能得到合理利用。另外，上海财经大学发布的《2014中国农村养老现状国情报告》中指出，半数农村老人还在从事耕种劳作，全部老人从事一定程度的家庭劳作。这也印证了大部分农户在追求家庭范围经济中的理性决策结果。

（三）农户外包过程中规模经济效应与范围经济效应的联系与区别

从前文对规模经济效应和范围经济效应的理论分析可以看出，二者既存在联系又有区别，简单来说，规模经济效应可以概括为农户的农业生产环节通过外包实现了在供给方的环节规模经济效应，对农户来说是"迂回"的规模经济效应。虽然从农户的角度来看并没有出现环节生产的规模扩大，但是从环节生产的整体来看，外包供给方通过服务于多个不同的农户而实现了某一环节生产的规模经济效应。相反，农户家中有限的农业劳动力在农业和非农业之间进行合理的配置，不参与外包的农户只从事农业生产，或多数劳动力从事农业生产。劳动力在农业和非农业之间配比或劳动个体分配①的改变，即"优质"劳动力和"弱质"劳动力在农业和非农业之间的合理分配，可以实现农业生产的经济效应。

在农业生产环节外包过程中，农户实现了农业生产的"迂回"的规模经济效应，而且农户在进行农业生产的前提下选择生产环节外包，既从事农业生产又从事非农业生产，在农户家庭内部也实现了范围经济效应。另外，对非农业生产来说，农户通过外包，家中"优质"劳动力可以专业从事务工工作，在务工工作中实现了专业化生产，减少了在农业和非农业之间"奔走"的时间成本等，所以对专业的务工劳动力来说实现了务工的专业化及规模经济效应。

所以，农户的农业生产和非农业生产在选择外包的前提下，既存在规模经济效应又存在范围经济效应，二者既存在联系又有区别。

二 农业生产环节外包规模经济效应与范围 经济效应实现的机理分析

（一）外包视角下农业规模经济效应实现的机理

农业生产既可以通过农地的集中来实现连片的规模经济效应，也可以通过不同生产环节的外包实现种植过程中"迂回"的规模经济效应（王志刚等，2011）。罗必良（2014）在研究农地

---

① 如果不外包，家中的"优质"劳动力必须从事农业生产，而外包之后，"优质"劳动力可以从事非农业生产，农业生产可以留下家中的"弱质"劳动力从事监督和生产，比如老年劳动力和女性劳动力。

产权认知、农地流转和农业规模经济效应的实现问题时，提出了家庭经营仍然是中国农业生产的稳定形式，单纯依靠农地流转来实现农业生产的规模经济效应存在重大政策缺陷。

农业生产环节外包在我国取得了一定的实践效果（杨进等，2013）和理论支撑（Prahalad & Hamel，1990；Lepak et al.，2006；Arnold，2000；Carey et al.，2014），大多数研究者从"农地细碎化"的基本国情出发（许庆等，2011；李谷成等，2010），而本书致力于分析产权"分置"与农户产权结构认知视角下，农户农业生产环节外包程度、外包费用对农业规模经济效应实现的影响，并分析其中的影响机理。已有研究中，Picazo-Tadeo 和 Reig-Martinez（2006）采用 DEA 方法分析荷兰柑橘种植户的外包行为与绩效，研究得出，小规模种植户通过生产环节外包利用家庭外部的有效技术，降低了投入的总成本，同时种植户的外包程度与技术的利用效率成正比。蔡键等（2017）利用河南、河北和山东三省的农户调查数据，研究了要素价格和土地资源条件限制下的农户农业生产环节外包需求，得出农业劳动力富余程度、务工经历引发的要素价格改变和土地规模过小的资源条件都是农户外包需求的根本原因。陆岐楠等（2017）分析了农业劳动力老龄化和非农业劳动力兼业化对农业生产环节外包的影响，研究结果表明，老龄化对农业生产低劳动强度环节有显著负向影响，而对农业生产高劳动强度环节有显著正向影响，务工的兼业化降低了外包的概率。从已有研究可以看出，农户的经营规模、技术要素、劳动要素、外包费用等均是影响农业规模经济效应实现的重要影响因素。针对已有研究成果与农业规模经济理论，本章得到如图 7-1 所示的外包视角下农业规模经济效应实现的机理。

从图 7-1 可以看出，农业规模经济效应的实现受多方因素的影响，在农业生产环节外包"迂回"的规模经济效应理论指导下，农户的农业生产过程受其自身对农地产权认知的影响，产权

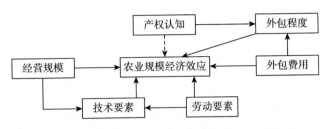

图 7 - 1　外包视角下农业规模经济效应实现的机理

的认知是农户对现有产权政策和外包生产方式下的产权效应的主观判断，不同的认知是农业生产环节外包程度指导的结果，也可能对农业规模经济效应的实现产生影响。农户的农业生产环节外包程度是生产行为的重要考量，从行为经济学的角度出发，不同的生产行为最终决定生产结果。外包费用是农户获取外包相应服务后支付给外包供给方的服务费，从成本收益的角度来分析，农户对外包费用的多少与产出的大小进行比较，理性判断后做出农业生产行为响应，也是农户家庭农业资本要素①的决策结果。劳动要素是农户家庭农业生产的基本前提，也是决定农业生产效率的重要因素。技术要素是农业生产的基本要素②，也是决定农业产出的重要因素，所以其是影响农业规模经济效应实现的重要方面。农户农业生产环节外包的规模经济效应的直接目标是实现土地生产率的提高，即种植作物能在多大程度上提高单位面积的产出，同时外包增加的服务费用能在合理的范围内，所以，农户在土地上的利润增加实际上是单位面积的产出（单价乘以产量）减去因为外包额外付出的劳动成本，农户外包相比较不外包若能够获得更多的农业产出利润，他们的外包意愿会更强。

---

① 农业资本要素主要通过农户家中机械的持有情况来分析，而机械的持有情况也是农户对外包费用支出进行理性判断后做出的选择。
② 前文中从理论溯源的角度分析了除土地要素之外的农业生产重要三要素，包括资本要素、劳动要素和技术要素。

（二）外包与务工情况下农户家庭范围经济效应实现的机理

农户家庭范围经济效应是农户在家中各要素固定情况下，即劳动力数量和质量不变、农业生产的土地要素不变、农业资本要素和技术要素一定条件下，单一从事农业生产或单一务工，所获得的家庭纯收入小于农户既从事农业生产[①]又从事务工的联合作业条件下获得的家庭总收入，如式（7-1）所示：

$$
\begin{cases}
I_1(Agr,0) < I_3(Agr,Wor) \\
I_2(0,Wor) < I_3(Agr,Wor) \\
L_1 = L_2 = L_3 \\
C_1 = C_2 = C_3 \\
T_1 = T_2 = T_3 \\
A_1 = A_2 = A_3
\end{cases}
\tag{7-1}
$$

式中，I_1（·）代表单一从事农业生产（Agr）的净收入，I_2（·）代表单一从事务工（Wor）的净收入，I_3（·）代表既从事农业生产又从事务工的收入，L 代表农户家中劳动要素，C 代表资本要素，T 代表技术要素，A 代表土地规模和质量，$L_1 = L_2 = L_3$ 表示三种情况下，劳动要素固定不变，其余分别表示资本要素固定不变、技术要素固定不变和土地要素固定不变。

前文分析了农户外包的经济激励是追求家庭总福利[②]的最大化，即农户家庭农业收入与非农收入之和的最大化。所以，范围经济的来源是农户合理分配家中劳动力，充分利用劳动力的不同特质，在规避非农收入不稳定风险的基础上，实现家庭收入的增加。具体的实现机理如图 7-2 所示。

---

① 通过外包来完成的农业生产。
② 家庭总福利包括家庭农业生产收入、务工收入和闲暇的正效应，闲暇的正效应折算成可购买它的货币，即农户外包费用的支出。

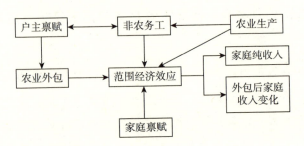

图 7 - 2　外包与务工情况下农户家庭范围经济效应实现的机理

农户一方面主动选择外包程度的大小，另一方面其外包情况受外包供给主体的限制，因为外包市场中，农户大多只能被动接受服务，若市场供给充分，农户可选择供给主体，若市场供给不充分，农户只能选择接受或不接受，所以外包的内外部情况是农户家庭实现劳动力合理配置并实现范围经济效应的重要考量方面。

农户的家庭禀赋与户主禀赋分别反映了农户"优质"和"弱质"劳动力的数量和质量，依据范围经济理论，农户家中老龄人数和未成年人数是农户外出务工与务工人数的重要决策依据，另外，农户既有的收入质量也是其合理分配务工与务农劳动力的重要考量方面。综上，农户家庭范围经济效应的实现依托于其横向绝对收入的大小与外包后家庭纵向的收入变化情况。

三　变量选取、描述性分析与模型构建

（一）产权认知与外包程度选择指标权重的度量

依据上文的理论与机理分析，农户农地产权结构认知、外包的产权效应认知与外包程度选择分别是需要考量的影响农户农业规模经济效应和家庭范围经济效应实现的变量。而农户农地产权结构认知测量指标包括控制性、风险性、明晰化与依赖度，外包的产权效应认知测量指标包括纠纷效应、稳定效应、主体明晰效

应和收入保障效应，外包程度选择测量指标分别包括耕地环节、播种环节、植保环节、灌溉环节、追肥环节、收割环节和干燥环节，所以需要对各测量指标进行整合，得到一个总的测量结果，进而分析农地产权结构认知、外包的产权效应认知及外包程度选择（即外包情况）对规模经济效应和范围经济效应实现的影响。

采用熵值法确定指标权重具有客观性，因为熵值法是依据指标之间差异的大小来确定权重系数的。熵值法来源于物理学中的热力学，反映系统内部的混乱程度。信息论中，数据越离散，信息熵越小，信息量越大。熵值法确定指标权重可避免主观性和指标之间信息息重叠的问题（郭显光，1998）。熵值法中无量纲化处理的方法包括标准化处理法、极值处理法、线性比例法、归一化处理法、向量规范法和功效系数法等（朱喜安和魏国栋，2015）。依据归一化处理方法的优缺点，结合本书的分析，以及功效系数法和极值处理法，本研究提出改进的极值熵值法，具体计算过程如下。

第一步，指标的标准化处理，若评级指标 x_j 为正向指标，则：

$$x_{ij}^* = \frac{x_{ij} - m_j}{M_j - m_j} \quad (i=1, 2, \cdots, n; j=1, 2, \cdots, m_k) \quad (7-2)$$

若评价指标 x_j 为逆向指标[①]，则：

$$x_{ij}^* = \frac{M_j - x_{ij}}{M_j - m_j} \quad (i=1, 2, \cdots, n; j=1, 2, \cdots, m_k) \quad (7-3)$$

其中，i 表示农户的个数，j 表示变量的测量指标个数，M_j 表示测量指标的最大值，m_j 表示测量指标的最小值，分析中有三个变量，所以 m_k 表示变量的测量指标个数，k 有三个取值，$m_k = m_1 = 4$，$m_k = m_2 = 4$，$m_k = m_3 = 7$，分别表示农地产权结构认知的测量指标为 4 个，外包的产权效应认知的测量指标也是 4 个，外包

---

① 在农地产权结构认知、外包的产权效应认知及外包程度选择的测量指标中，只有风险性属于逆向指标，即取值越小，风险性越大，其余均属于正向指标。

程度选择的测量指标为 7 个。

第二步，改进的极值熵值法，依据第一步的标准化处理方法，计算公式如下：

$$p_{ij} = \frac{x_{ij}^*}{\sum_{i=1}^{n} x_{ij}^*} + c = \frac{x_{ij} - m_j}{\sum_{i=1}^{n} (x_{ij} - m_j)} + c \qquad (7-4)$$

式（7-4）中[①]，c 为已知正常数，表示"平移"，为了规避后部分计算中出现为零的结果而取对数无意义的情况，计算中 $c = 0.001$（或其他较小值），取值较小对计算结果的趋势不产生改变。

第三步，计算各评价指标的差异系数：

$$e_j = -\frac{1}{\ln n} \sum_{i=1}^{n} p_{ij} \ln(p_{ij}) \qquad (7-5)$$

$$g_j = 1 - e_j \qquad (7-6)$$

其中，g_j 表示差异系数，$0 \leq e_j \leq 1$。可知若 x_{ij} 的差异越小，则 e_j 越大，g_j 越小；若 x_{ij} 全部相等，则 $e_j = 1$ 取最大值，$g_j = 0$ 取最小值；若 x_{ij} 的差异越大，则 e_j 越小，g_j 越大，则指标 x_j 在被评价对象之间的作用越大。

第四步，计算指标的权重系数：

$$w_j = g_j / \sum_{j=1}^{m_k} g_j \qquad (7-7)$$

w_j 为各指标最终的权重系数。

第五步，计算各指标综合权重值：

$$y_i = \sum_{j=1}^{m_k} w_j x_{ij}^* \qquad (7-8)$$

农户总数为 631 户，所以以上各式中 $n = 631$，所对应的 m_k 取

---

① 式（7-4）只表示了正向评价值，负向评价值以此类推，此处不再赘述。

198

值分别为 4、4、7，对三个变量求三次综合权重值，表 7 - 1 为三个变量的权重系数，计算结果为后文分析规模经济效应和范围经济效应提供数据支撑。

表 7 - 1　指标的权重系数

变量	测量指标	代码	权重系数	变量	测量指标	代码	权重系数
农地产权结构认知	控制性	w_{11}	0.2026	外包程度选择	耕地环节	w_{31}	0.1000
	风险性	w_{12}	0.2701		播种环节	w_{32}	0.1719
	明晰化	w_{13}	0.0739		植保环节	w_{33}	0.1550
	依赖度	w_{14}	0.4534		灌溉环节	w_{34}	0.1434
外包的产权效应认知	纠纷效应	w_{21}	0.2445		追肥环节	w_{35}	0.1040
	稳定效应	w_{22}	0.4268		收割环节	w_{36}	0.0218
	主体明晰效应	w_{23}	0.1362		干燥环节	w_{37}	0.3039
	收入保障效应	w_{24}	0.1925				

（二）规模经济效应与范围经济效应测度的指标体系选择

参照陈超等（2012）、王建英（2015）、张忠军和易中懿（2015）的文献，其研究中均以亩均产出来分析农业生产的规模经济效应，所以本章用农户的平均小麦单产来表示规模经济效应的实现情况。表 7 - 2 为规模经济效应的评价指标体系变量定义及描述性分析结果。农户的耕地细碎化程度平均为 15.51 亩/块，标准差较大，因为部分村庄流转程度较高，所以地块面积差异较大。选取户主年龄平方变量是为了分析年龄变量与小麦单产是否存在曲线影响关系。地区虚拟变量能有效规避变量遗漏的问题。

表 7 - 2　规模经济效应的评价指标体系变量定义及描述性分析

变量	测量变量	变量定义	均值	标准差
产权认知	农地产权结构认知	熵值法对测量变量求综合权重值	0.5	0.14
	外包的产权效应认知	熵值法对测量变量求综合权重值	0.42	0.2

变量	测量变量	变量定义	均值	标准差
外包 情况	外包程度	熵值法求小麦生产的七个环节综合权重值	0.28	0.13
	外包费用	七个环节外包费用总值，单位：元/亩	276.55	48.74
种植 规模	种植面积	2015 年农户小麦种植面积，单位：亩	44.38	118.06
	细碎化程度	2015 年实际耕种面积除以块数，单位：亩/块	15.51	49.56
技术	是否为科技示范户	2015 年是否被评为科技示范户，是 = 1，否 = 0	0.15	0.36
劳动力 资源	年龄	户主实际年龄	53.18	9.97
	年龄平方	户主年龄中心化后取平方值	99.24	157.01
	受教育水平	户主受教育情况，没上过学 = 1，小学 = 2，初中 = 3，高中 = 4，大专及以上 = 5	2.77	0.88
	农业劳动力占比	农业劳动力数占总劳动力数的比例	0.56	0.24
	老人数量	实际老人数量，女性大于 55 岁，男性大于 60 岁	1	0.94
地区虚拟 变量	农户所在地区	河南地区 = 1，山西地区 = 2	1.25	0.43
因变量	小麦单产	平均小麦单产，单位：斤/亩	1.25	0.43

注：为了降低与年龄变量之间的多重共线性，对年龄平方项采用了中心化处理。

范围经济效应采用农户 2015 年家庭横向纯收入与农户感知的参与外包后家庭收入变化[①]来度量，具体如表 7 – 3 所示。家庭纯收入包括种植业纯收入（小麦、玉米、大豆、棉花、蔬菜、水果等）、畜牧养殖业纯收入、务工纯收入（机械提供外包服务）、农地流转租金收入、财产性收入（银行储蓄利息、房屋租金等）、

---

① 实际调查中有 32 户农户没有参与外包，占 5%，对农户没有参与外包的情况，采用农户感知的 2015 年相比 2010 年的收入变化来反映外包程度较低（即帮工与换工的农户没有货币参与的外包形式）对收入的影响。

转移性收入（赠予、遗嘱继承、节日礼金等）。对于农户职业类型的划分，农业兼业型表示以农业生产为主、农业打工或外出务工为辅，即一年中花费在农业生产上的时间大于务工的时间；非农业兼业型表示以非农业为主、农业生产为辅，一年中花费在农业生产上的时间小于务工的时间；非农业型表示全年从事非农业生产，农业生产全部环节以外包形式进行。

表 7 - 3　范围经济效应的评价指标体系变量定义及描述性分析

变量	测量变量	变量定义	均值	标准差
纵向收入变化	外包后家庭收入变化	参与生产环节外包后家庭收入变化，变少 =1，不变 =2，变多 =3	2.6	0.6
横向收入	2015 年家庭纯收入	2015 年实际家庭纯收入，单位：万元	7.35	13.68
外包情况	外包程度	熵值法求小麦生产的七个环节综合权重值	0.282	0.126
	外包供给主体	本村有无专业服务大户，有 =1，无 =0	0.196	0.278
务工情况	非农劳动力比例	从事非农业生产劳动力占家庭总人口比例	0.44	0.24
	外出务工工资	外出务工工资水平，单位：元/天	168.35	146.24
	农业打工工资	本地农业打工工资水平，单位：元/天	81.07	28.51
户主禀赋	受教育水平	户主受教育情况，没上过学 =1，小学 =2，初中 =3，高中 =4，大专及以上 =5	2.77	0.88
	年龄	户主实际年龄	53.18	9.97
	年龄平方	户主年龄中心化后取平方值	99.24	157.01
家庭禀赋	职业类型	纯农业型 =1，农业兼业型 =2，非农业兼业型 =3，非农业型 =4	1.38	0.62
	老人数量	实际老人数量，女性大于 55 岁，男性大于 60 岁	1	0.94
	小孩数量	小于 16 岁的未成年人数量	1.29	1.08
地区虚拟变量	农户所在地区	河南地区 =1，山西地区 =2	1.25	0.43

　　注：此处的外包情况与规模经济效应的测量变量不同，采用外包供给主体与外包程度来度量，突出反映农户外包的市场状况。

（三）横向收入、职业类型、种植规模与农地细碎化程度的分布

表7-4 为横向收入、职业类型、种植规模和农地的细碎化程度在小麦单产和农户外包后收入变化的分布情况，并进行了皮尔逊（Pearson）卡方检验。首先对各变量进行说明：依据国家统计局2016 年粮食公告，全国小麦平均单产为710.32 斤/亩[①]，而样本地区的平均单产为910.18 斤/亩，所以将所有样本分为三个级别[②]，取值区间分别是 [100，710.32]、(710.32，910.18]、(910.18，2000]。横向收入为2015 年农户家庭纯收入，参照李桦等（2013）的划分方法，家庭纯收入低于0.25 分位点的为低收入农户，家庭纯收入在0.25 分位点和0.75 分位点之间的为中等收入农户，家庭纯收入高于0.75 分位点的为高收入农户。杨昭熙和杨钢桥（2017）对地块平均面积、地块数量和地块之间平均距离三个指标归一化，得到农地细碎化综合指数，并将农地细碎化程度分为高、中、低三个级别。本书依据细碎化程度的定义，将地块面积分为小于3 亩、3~5 亩、5 亩及以上三类（纪月清等，2016），并将样本分为三个级别，即将细碎化程度分为高细碎、一般细碎、低细碎。

表7-4 小麦单产和农户外包后收入变化的分布

单位：%

		单产			Pearson 卡方检验	外包后收入变化			Pearson 卡方检验
		低	中等	高		变少	不变	变多	
纯收入	低收入	15.19	43.04	41.77	0.06	22.78	40.51	36.71	0.225 ***
	中等收入	12.97	30.70	56.33		0.95	30.70	68.35	
	高收入	16.56	26.75	56.69		0.00	9.55	90.45	

---

① 《国家统计局关于2016 年粮食产量的公告》，新华网，http://www.xinhuanet.com/politics/2016-12/08/c_129395608.htm，2016 年12 月8 日。

② 样本中的单产最小值为100 斤/亩，最大值为2000 斤/亩。

续表

		单产			Pearson 卡方 检验	外包后收入变化			Pearson 卡方 检验
		低	中等	高		变少	不变	变多	
职业 类型	纯农业型	15.89	33.64	50.47	0.06	6.54	27.34	66.12	-0.14
	农业兼业型	11.49	28.16	60.34		4.60	29.89	65.52	
	非农业兼业型	14.29	38.10	47.62		9.52	14.29	76.19	
	非农业型	0.00	75.00	25.00		12.50	50.00	37.50	
种植 规模	小规模	10.96	33.33	55.71	-0.69*	6.85	33.79	59.36	0.136***
	中等规模	14.81	25.93	59.26		5.56	25.93	68.52	
	大规模	19.23	36.54	44.23		3.85	17.31	78.85	
	超大规模	28.74	32.18	39.08		4.60	5.75	89.66	
细碎 化程 度	高细碎	11.06	37.33	51.61	0.03	7.83	36.41	55.76	0.077*
	一般细碎	10.79	28.63	60.58		5.39	32.37	62.24	
	低细碎	23.70	32.95	43.35		5.20	10.98	83.82	

注：*** 和 * 分别表示在 1% 和 10% 的水平下具有显著性。

从表 7-4 可以看出，纯收入为高收入的农户，小麦单产水平高的占比大于低收入和中等收入农户，但是小麦单产水平低的占比也最大；高收入的农户认为外包后收入变少的占比为 0.00%，收入变多的占比为 90.45%，可以看出高收入的农户小麦单产分布不均，且外包后收入普遍变多。农户的职业类型中，农业兼业型的农户小麦单产水平高的占比最大，非农业型的农户小麦单产水平中等的占比最大，达到 75.00%；非农业兼业型的农户认为外包后收入变多的占比最大，农业兼业型的农户认为外包后收入变少的占比最小。中等规模农户小麦单产水平高的占比最大，超大规模农户小麦单产水平低的占比最大，表明种植规模大不一定产出水平高；超大规模农户认为外包后收入变多的占比最大，大规模农户认为外包后收入变少的占比最小。从细碎化程度来看，一般细碎化程度的农户小麦单产水平高的占比最大，低细碎化程度的农户小麦单产水平低的占比也最大；低细碎化程度的农户认为外包后收入变多的占比为 83.82%，占比最大，高细碎化程度的农户认为外包后收入变少的占比最大，可以看出规模经营有利于外包的产出投入比增大。

皮尔逊卡方检验显示，2015 年农户家庭纯收入与其外包后纵向收入变化之间存在显著的正相关；种植规模与小麦单产水平之间存在显著的负相关，与外包后纵向收入变化之间存在显著的正相关；耕地的细碎化程度与外包后纵向收入变化之间存在显著的正相关。

四 农业生产环节外包规模经济效应实现的影响因素

在模型的分析过程中借鉴 MaCurdy 和 Pencavel（1986）的研究方法，在对小麦单产、外包费用、种植面积、细碎化程度取对数前，人为在原值上加 0.001，避免非随机因素观测值为 0 产生取对数无意义的问题，且不会对模型回归结果的趋势产生影响。本章采用 Stata 12.0 对变量进行 OLS 回归，并控制技术要素在小麦单产规模经济效应中的调节效应。[①] 模型回归结果的 F 检验和 R^2 检验中，全样本模型和非科技示范户模型均通过了显著性检验，所得结果如表 7−5 所示。

表 7−5 以小麦单产测量的规模经济效应实现的影响因素

变量	测量变量	全样本		科技示范户		非科技示范户	
		系数	标准误	系数	标准误	系数	标准误
产权认知	农地产权结构认知	0.064	0.079	−0.147	0.225	0.112	0.085
	外包的产权效应认知	0.04	0.056	0.077	0.16	0.007	0.061

---

① 将样本分为科技示范户和非科技示范户，其中 97 户科技示范户、534 户非科技示范户，可能由于科技示范户数量较少，模型最终整体结果不显著。

续表

变量	测量变量	全样本		科技示范户		非科技示范户	
		系数	标准误	系数	标准误	系数	标准误
外包情况	外包程度	- 0.172 **	0.085	- 0.239	0.243	- 0.161 *	0.094
	外包费用（取对数）	0.16 **	0.063	- 0.052	0.141	0.253 ***	0.075
种植规模	种植面积（取对数）	0.011	0.008	0.01	0.04	0.012	0.008
	细碎化程度（取对数）	- 0.022 **	0.011	- 0.045	0.044	- 0.02 *	0.012
技术	是否为科技示范户	0.006	0.032				
劳动力资源	年龄（取对数）	- 0.088	0.065	- 0.282	0.21	- 0.062	0.068
	年龄平方	0	0	- 0.001 *	0	0	0
	受教育水平						
	小学	- 0.044	0.042	- 0.005	0.176	- 0.048	0.042
	初中	- 0.03	0.04	0.005	0.159	- 0.035	0.041
	高中	0.015	0.049	0.031	0.159	0.021	0.054
	大专及以上	- 0.084	0.08	- 0.007	0.188	- 0.178	0.12
	农业劳动力占比	- 0.06	0.045	0.03	0.165	- 0.077 *	0.046
	老人数量						
	1	- 0.038	0.027	0.035	0.09	- 0.045	0.029
	2	0.037	0.029	0.154	0.096	0.028	0.03
	3	0.015	0.081	0.293	0.254	- 0.008	0.087
	4	0.19	0.117	0.456	0.342	0.165	0.125
地区虚拟变量	农户所在地区	- 0.266 ***	0.025	- 0.332 ***	0.086	- 0.258 ***	0.026
	常数项	6.627 ***	0.435	8.74 ***	1.216	5.979 ***	0.491
	R^2	0.221		0.235		0.245	
	F 值	9.1 ***		1.33		9.26 ***	

注：①受教育水平以没上过学为基准组，老人数量以 0 为基准组；② *** 、 **
和 * 分别表示回归系数在 1% 、5% 和 10% 的置信水平下具有统计显著性。

第一，农地产权结构认知和外包的产权效应认知的综合权重值在全样本中对农户的小麦单产水平产生正向的影响，但是影响不显著。外包程度综合权重值在全样本中对小麦单产水平产生显著的负向影响，且在科技示范户与非科技示范户之间具有差别，表明农户的外包程度越高，小麦单产水平越低，且技术要素在外包程度与小麦单产水平之间具有调节效应。外包费用在全样本中对小麦单产水平产生显著的正向影响，同时外包费用对非科技示范户产生显著的正向影响，对科技示范户的影响不显著，表明外包费用越高，农户的小麦单产水平也越高，且技术要素在外包费用与小麦单产水平之间具有调节效应。

第二，细碎化程度在全样本中对小麦单产水平产生显著的负向影响，表明小麦种植户的细碎化程度越高，小麦单产水平越低，即小规模不利于农业产出规模经济效应的实现。细碎化程度在科技示范户与非科技示范户之间影响的显著性不同，表明技术要素在细碎化程度与小麦单产水平之间具有调节效应。

第三，劳动力资源测量变量中，年龄的平方对科技示范户的小麦单产水平产生显著的负向影响，即在小麦科技示范户中，年龄与小麦单产水平呈"倒 U 形"关系，表明科技示范户中，年龄越大或越小，小麦单产水平越低，年龄处于中间水平，小麦的单产水平较高。农业劳动力占比在非科技示范户中，对小麦单产水平具有显著的负向影响，表明非科技示范户中，农业劳动力占比越高，小麦单产水平越低。另外，农业劳动力占比在科技示范户与非科技示范户回归中，模型的显著性具有差异，表明技术要素在农业劳动力占比与小麦单产水平之间具有调节效应。

第四，地区虚拟变量在三个模型中均具有显著的负向影响，表明与河南地区相比，山西地区小麦单产水平较低。

五 农业生产环节外包范围经济效应
实现的影响因素

依据前文的机理分析，本节分别从纵向收入变化和横向收入两个方面测量小麦种植户外包的范围经济效应实现的影响因素。农户的纵向收入变化为有序变量，所以采用有序 Logistic 模型进行分析，横向收入为农户 2015 年客观的家庭纯收入，采用 OLS 模型进行分析。有序 Logistic 模型似然比结果为 53.76，在 1% 的显著性水平下通过了检验，模型拟合结果较好，横向收入的 OLS 模型也通过了显著性检验，所得结果如表 7-6 所示。

表 7-6　基于纵向收入变化与横向收入的范围
经济效应实现的影响因素

变量	测量变量	纵向收入变化（有序 Logistic 模型）				横向收入（OLS 模型）
		系数	边际效应			
			$P (y=1)$	$P (y=2)$	$P (y=3)$	
外包情况	外包程度	0.899 (0.694)	0.006 (0.043)	0.016 (0.116)	-0.022 (0.159)	-7.216 (4.499)
	外包供给主体	3.279*** (0.959)	-0.066*** (0.019)	-0.179*** (0.042)	0.245*** (0.058)	3.598* (1.906)
务工情况	非农劳动力比例	2.489** (1.161)	-0.051* (0.027)	-0.137** (0.07)	0.188** (0.095)	0.717 (2.9)
	外出务工工资	1 (0.001)	0 (0.000)	0 (0.000)	0 (0.000)	0.017*** (0.005)
	农业打工工资	0.995** (0.003)	0 (0.000)	0.001** (0.000)	-0.001** (0.001)	-0.034* (0.019)
户主禀赋	受教育水平					
	小学	1.249 (0.401)	-0.017 (0.026)	-0.034 (0.048)	0.051 (0.074)	0.42 (2.089)
	初中	1.854** (0.574)	-0.04* (0.024)	-0.095** (0.047)	0.136* (0.07)	3.063 (1.982)
	高中	2.671** (1.035)	-0.056** (0.026)	-0.149*** (0.057)	0.205** (0.08)	6.889*** (2.325)
	大专及以上	2.045 (1.403)	-0.045 (0.037)	-0.11 (0.103)	0.155 (0.139)	0.404 (3.914)
	年龄	0.976** (0.01)	0.001** (0.001)	0.004** (0.002)	-0.005** (0.002)	-0.253*** (0.064)
	年龄平方	0.999* (0.001)	0 (0.000)	0 (0.000)	-0.001* (0.000)	0.003 (0.003)

续表

变量	测量变量	纵向收入变化（有序 Logistic 模型）				横向收入（OLS 模型）
		系数	边际效应			
			$P(y=1)$	$P(y=2)$	$P(y=3)$	
家庭禀赋	职业类型					
	农业兼业型	0.834 (0.168)	0.01 (0.012)	0.028 (0.031)	-0.038 (0.042)	-0.857 (1.221)
	非农业兼业型	1.229 (0.669)	-0.01 (0.024)	-0.031 (0.079)	0.041 (0.104)	-1.948 (2.934)
	非农业型	0.331* (0.222)	0.093 (0.081)	0.154** (0.072)	-0.247 (0.151)	0.537 (4.727)
	老人数量	1.11 (0.123)	-0.006 (0.006)	-0.016 (0.017)	0.021 (0.023)	0.447 (0.652)
	小孩数量	1.06 (0.1)	-0.003 (0.005)	-0.009 (0.014)	0.01 (0.02)	0.531 (0.567)
地区虚拟变量	农户所在地区	1.782*** (0.384)	-0.032** (0.013)	-0.087*** (0.032)	0.119*** (0.044)	-1.362 (1.215)
	阈值1	-1.869 (0.843)				17.068*** (5.113)
	阈值2	0.318 (0.834)				
	R^2	0.053				$R^2=0.125$
	似然比	53.76***				F值=5.14***

注：①有序 Logistic 模型估计的是各样本点边际效应的平均值，受教育水平以没上过学为基准组，农户职业类型以纯农业型为基准组；② ***、** 和 * 分别表示回归系数在1%、5%和10%的置信水平下具有统计显著性；③括号中的数字为回归的稳健标准误。

第一，外包供给主体变量对小麦种植户的生产环节外包前后纵向收入变化产生显著的正向影响，且对纵向收入变化的边际效应的影响存在不同方向，表明外包供给主体越丰富，纵向收入增加的农户越多；外包供给主体变量对小麦种植户的横向收入具有显著的正向影响，即外包供给主体与小麦种植户2015年的家庭纯收入具有正向关系。

第二，关于务工情况的各变量，非农劳动力比例对小麦种植户的生产环节外包前后纵向收入变化产生显著的正向影响，且对纵向收入变化的边际效应的影响存在不同方向，表明小麦种植户家中非农劳动力比例与外包后家庭纵向收入变化呈正向关系。外出务工工资对小麦种植户 2015 年横向的家庭纯收入具有显著的正向影响，说明农户外出务工工资越多，其 2015 年家庭纯收入越多。农业打工工资对小麦种植户的生产环节外包前后纵向收入变化产生显著的正向影响，且对纵向收入变化的边际效应的影响存在不同方向，即农业打工的日工资水平与纵向收入变化呈正向关系，说明农业打工的日工资越多，小麦种植户越有可能纵向收入越多；农业打工工资对小麦种植户 2015 年横向的家庭纯收入具有显著的负向影响，说明农业打工工资越多的农户，2015 年的家庭纯收入反而越少。

第三，户主禀赋的各变量中，与没上过学的小麦种植户相比，受教育水平为初中的小麦种植户，纵向收入增加得更多；受教育水平为高中的小麦种植户比没上过学的小麦种植户，纵向收入增加得也更多。综合来看，受教育水平为高中的小麦种植户纵向收入增加得最多。另外，相比没上过学的小麦种植户，受教育水平为高中的小麦种植户 2015 年横向的家庭纯收入最多。年龄和年龄平方均对农户的纵向收入变化产生显著正向影响，表明年龄与纵向收入变化呈"U形"关系。另外，年龄对横向收入产生显著负向影响，表明年龄越大的农户，2015 年的家庭纯收入越少。职业类型为非农业型的小麦种植户比纯农业型的小麦种植户纵向收入增加得多，即全部从事非农业务工有利于农户外包后家庭收入的增加。

第四，地区虚拟变量的结果显示，农户所在地对小麦种植户的生产环节外包前后纵向收入变化产生显著的正向影响，且对纵向收入变化的边际效应的影响存在不同方向，表明山西地区比河南地区小麦种植户外包后收入增加得更多。

六 本章小结

在分析农业规模经济效应与农户家庭范围经济效应实现机理的基础上，构建了以小麦单产水平测量农业规模经济效应，以外包后纵向收入变化和横向收入来测度范围经济效应的模型，并以河南地区和山西地区的小麦种植户为实证主体，分析了农户农业生产环节外包的农业规模经济效应和农户家庭范围经济效应实现的影响因素，通过分析得出了以下方面。

第一，外包程度综合权重值对规模经济效应具有负向影响，外包费用对规模经济效应具有正向影响，农地细碎化程度对规模经济效应具有负向影响，且技术要素在外包程度、外包费用、农地细碎化程度对规模经济效应的影响中存在调节效应。

第二，农户家庭范围经济效应实现的变量内部，农户家庭横向的纯收入与其外包后纵向收入变化具有显著的正向关系。外包供给主体越多，外包后纵向收入增加的农户数量越多，非农劳动力比例与农业打工工资对农户外包后纵向收入变化具有正向影响。

第三，外包供给主体越多，农户家庭纯收入越多。外出务工工资对农户家庭纯收入具有显著的正向影响。农业打工工资对农户家庭纯收入具有显著的负向影响。

第八章
完善农户农业生产环节外包体系的政策建议

农业生产环节外包自发出现在中国农村，贴合了中国"人多地少"的农业生产环境，从早期的农业机械跨区作业的外包供给服务，到"托管"等农业外包服务组织的出现，为农户农业生产环节外包的需求提供了良好的外包供给市场。农户在合理配置家庭劳动力的基础上，通过外包的方式实现了兼业经营，是农户实现农业规模经济效应和农户家庭范围经济效应的有效方式。农业生产环节外包对土地政策的依托，以及不同的农业生产环节表现出不同的劳动密集度、资本密集度和技术密集度，所以在分析农业要素的基础上，研究农户农业生产环节外包的行为响应，并依据农户的行为响应，提出完善农业生产环节外包体系的政策建议。

一 完善农地"三权分置"政策实施，促进生产环节外包程度选择

"三权分置"的"合理界定"与农业生产中有效的外包方式的选择，是农业生产规模经济效应实现和农户家庭范围经济效应实现的政策基础和模式选择。基于学界研究和政策实施过程中，对家庭联产承包责任制下农地"三权分置"的法律根源与实施理

论构建存在的争议，以及在法律"多主体"论与产权"稀释"论下，农地经营权流转推进 30 年过程中遇到的现实难题，借助本书的分析，我们认为，从农业规模经济效应的角度，可以为该问题的深入分析提供有益的研究方向。

（一）提高农户外包产权效应认知，满足农户农地依赖

国家农地政策推行的"三权分置"的基本策略，旨在促进农地的合理流转，实现资源的合理配置，但是农地流转中面临了流转不稳定和转入户的高风险等问题，对实现规模经营的效果影响甚微。所以，对"三权分置"还是"两权分离"进行法理角度的辨析，应以农业生产过程中实施的实际效应为依据。农户通过市场的手段，以农业生产环节外包的方式既可以实现农业生产"迂回"的规模经济效应，又可以实现家庭生产的范围经济效应。通过实证研究发现，外包的农业生产方式理论上能够促进农户对产权稳定效应的认知，而农户外包的产权稳定效应认知的提高又能促进农户外包程度选择的加深。

首先，国家推出的"又一个三十年不变"的农地产权政策，旨在提高农户对产权稳定性的有效认知。本书通过研究发现，农户对农地风险性认知的降低，对产权明晰化的提高，对农地依赖度的提升都是影响农户农业生产环节外包程度选择的方面，所以，仅从法理的角度分析"三权分置"的合理性是否有些武断呢？从农户家庭福利效应最大化的角度出发，农户在现有农地政策的状态下，通过对农地承包权和经营权的把控，以外包的方式实现农业生产规模经济效应的最大化，同时释放农业生产劳动力，实现非农收入和农业生产的有效搭配，另外，农户在管理家庭劳动力的过程中闲暇效应同样给他们带来正向福利，所以农户家庭的范围经济效应得以实现。

其次，围绕农地产权分离的视角分析农户在农业生产中产权

的有效配置方式，发现在农业生产环节外包的生产方式下，农户作为外包的需求主体，掌握着农地的承包权和经营权。农户在产权稳定性、明晰化的前提下，以合理的风险性认知，保证了他们对农地承包权和经营权的绝对占有。在外包过程中，农户通过对外包程度的把控，实现了农业收入的保障性，解决了农户的农地依赖心理问题，在农业收入的合理安全范围内，消减了农户非农收入不稳定的焦虑。

再次，农地产权政策的实施应考虑农户对该政策的确切认知，因为农户选择农业生产方式与外包的程度都基于他们对农地产权结构的认知和外包产权效应的认知，所以以上结论的政策启示在于，在实现农业生产规模经济效应的目标驱动下，提高农户外包的产权效应配置中的产权稳定效应认知、减少纠纷效应认知、产权主体明晰效应认知和农业收入保障效应认知，认知的提高有助于农户的外包程度选择，以及规避非农收入不稳定的风险。在政策实施的指导过程中应考虑不同农业生产区域中农业生产自然环境与人文环境的差异，考虑农业规模经济效应和家庭福利最大化为目标的指导性，且在制定农业政策实施策略时的差异。

最后，在农地产权政策的指导过程中，应该合理保证农户农地产权的稳定性、明晰化，减少农民失去农地的焦虑，通过保证农户的农业收入的稳定性迎合农户的农地依赖心理。在农业生产"老龄化"的趋势下，充分考虑老龄劳动力的基本特征，对劳动密集环节和资本密集环节实施不同的外包推进政策，满足老龄劳动力对不同外包环节和外包服务供给的需求。

（二）提高农户选择外包组织服务的积极性

农业生产环节外包程度的划分建立在农户农业作业方式的基础上，可将农业生产不同环节的作业方式划分为五大类，包括自己生产、帮工与换工、雇请机械、雇请机械和人力、雇请专业服务组织，它们表现出的外包程度依次增加。通过实证分析得出，农户外包的产权效应认知越大，他们选择劳动密集环节外包的程度也越大。针对农业生产的不同环节，应该采用不同的策略提高农户外包的产权效应认知，进而促进农户选择环节外包程度的增加，尤其是目前小麦生产的劳动密集环节，农户选择的外包程度普遍较低，所以采取提高农户外包的产权效应认知的方式具有较强的现实可行性。

农户对不同的生产环节选择自己生产还是外包生产都是建立在其理性判断的基础之上，目前这五种农业作业方式在小麦生产环节中都普遍存在，农户选择自己生产受到自身条件和外部因素的影响，说明不同地区的农户选择农业生产环节的自己生产具有合理性。不同地区由于地形条件和务工获得难易程度不同，农户在考量家庭总福利最大化的前提下，选择不同程度的外包，但最终的结果是农户外包的产权效应认知越大，其选择劳动密集环节外包的程度也越大。由于农户选择雇请专业服务组织受到服务组织外包供给情况的限制，所以外包服务组织的充分供给是农户选择较高外包程度的前提，因此，政策制定者应因地制宜地提供充分的外包服务组织，提高农户选择外包服务组织的积极性。

二 引导资本密集环节和劳动密集环节的外包选择行为

资本要素和劳动要素是农业生产的基本要素，随着农业生产水平的提高，资本要素逐渐替代劳动要素，且农业生产的环节密集度也在发生转变，即农业生产从最初以手工劳动为主的劳动密集环节，逐渐被机械等农业设备替代而变为资本密集环节。农户的农业生产也呈现兼业经营的小规模状态，这是农户适应中国

"人多地少"的基本农业国情的结果，也是农户增加家庭收入实现"迂回"的规模经济效应和家庭范围经济效应的必然要求。小规模兼业农户的生产，在规避非农收入不稳定的基础上，以粮食作物种植为主，在保证自身粮食安全的基础上，也有利于实现国家粮食安全的目标。所以，在农业政策的制定过程中，要合理引导资本密集环节和劳动密集环节的外包选择行为。

（一）改善资本密集环节外包供给的服务环境，降低外包费用

农户小规模兼业经营的普遍性，预示着农户对农业生产环节外包需求的强烈性；较高的资本密集环节外包比例，也预示着农户外包费用支出的普遍性。以小麦生产环节为例，资本密集的耕地、播种、收割和干燥环节，农户每亩地的外包支出是农业生产费用的较大部分。通过改善资本密集环节外包供给的服务环境，在合理的范围内降低外包服务的收费，是提高农户外包参与的重要方面。

农业生产的资本密集环节以机械外包作业为主，在部分地区外包费用仍然是影响农户单位面积收入的重要因素，所以提高农业机械生产、管理等一系列效率，制定合理的机械购置补贴或服务补贴，让小规模农户有更好的资本密集环节外包供给市场环境，提高外包供需的契约水平，降低机械供给不平衡的风险性。另外，干燥环节外包比例仍然较低，由于干燥环节的资本要素对传统劳动力要素的替代作用有限，大部分小麦种植户仍然依靠自然晾晒和风干的方式干燥，不利于小麦品质的提高，存在霉变、浪费等风险。所以，在政策上要加大对烘干设施的政策补贴和政策性融资的力度，鼓励合作社、农业服务中心和专业服务大户对该项要素的购置，以加强外包服务的供给和需求市场的建设。

（二）促进劳动密集环节外包供给主体的发展，扩大外包服务供给覆盖范围

劳动密集环节的外包程度和比例普遍较低，归因于生产环节的要素替代难度较高，即新型资本要素对传统手工劳动的替代难度较大。以小麦生产为例，小麦生产的劳动密集环节包括植保、灌溉和追肥环节，这三个环节在实际生产中主要表现为环节作业时间灵活，作业效果难以界定，外包过程中监管难度大，易出现信息不对称等现象，所以农户一般不愿外包劳动密集的环节。另外，外包的供给主体也由于劳动密集环节本身的特征及需求的少量性，能够提供劳动密集环节外包服务的有效性受限，所以目前提供该类环节外包服务的供给主体较少，农户难以找到合适的外包服务供给主体。对于这样的问题，政策制定者应该提升外包供给社会化服务的社会性和公益性，为小规模农户提供"放心"且价格合理的外包服务，即着重构建社会服务体系的组织性和公益性，弥补现有外包"市场性"的不足，将"托管"等实际中较好的外包服务思想进行发展，提高推广效果和普及率，让农户外包的各个环节都有可选的外包供给主体。

（三）促进农村地区产业融合发展，扩大就业渠道

农业生产环节外包一方面能够保证农户农业的兼业生产，另一方面也能够释放出农业劳动力从事非农兼业生产，这样既满足了农户的农地依赖心理，也为农户提高家庭收入提供了较好的前提，如果农户能够就近就业，减少往返家中和务工地点的时间和交通费用等，就可以降低交易成本。农户外出务工产生了"空巢老人""留守儿童"等问题，如果农户可以在乡村附近找到合适的工作，在农业生产环节外包的基础上，劳动力得到合理释放，既保证了稳定的农业收入，也取得了一定的非农收入，能够让"空巢老人""留守儿童"等问题得到解决。

政策制定者应加大农村地区第二、三产业的发展力度，提供更多的就业渠道，让小规模兼业农户在务农与务工之间有更大的可选择空间，提升中国的乡村振兴之路。2018 年中央一号文件以"乡村振兴"为主题对"三农"问题的解决进行了政策阐述，而农业生产环节外包正是在发展乡村旅游等第二、三产业的基础上，实现农业生产与乡村振兴良好契合的农业生产方式。农业生产环节外包是促进农业现代化实现的有效方式，通过农业生产环节外包，让小规模兼业农户与农业现代化经营接轨，是实现乡村振兴的重要基础。

最后，从政策的角度，应该鼓励劳动力从农业向非农业的转移，以释放更大的外包空间，同时对农户的非农技能进行培训，以提高非农劳动力的工资水平，使小麦种植户较少在意外包服务费用。

三　合理引导农户对农业生产技术密集环节外包的个体响应

农业生产环节外包的个体响应是农户在对外包环节认知基础上产生的外包意愿并影响外包选择行为的综合结果，农业生产技术密集环节外包的决策是从行为经济学的角度出发，依据技术接受模型，分析农户对技术密集环节的认知，进而分析技术密集环节外包意愿和外包行为的影响因素。通过技术密集环节外包，农户解决了自身技术水平受限的问题，同时利用技术外溢效应，将外部先进的技术纳入农业生产过程中，但是在实际生产中技术密集环节外包的参与程度总体不高，限制了农业"迂回"的规模经济效应的实现，所以，在农业政策制定过程中，要合理引导农户农业生产技术密集环节外包的认知、意愿和行为。

（一）加强农业技术易用性和有效性认知指导，提高农户外包意愿

农业生产中技术密集环节的外包比例整体较低，对农业技术的合理利用和技术外溢效应的发挥不利，阻碍农业现代化的发展。农户之所以技术密集环节外包比例较低，源于他们对技术密集环节外包的意愿较低，以及对技术密集环节外包的易用性认知和有效性认知不足。

通过增强农户对技术密集环节外包易用性认知和有效性认知的方式，以提高农户农业生产技术密集环节的外包意愿，并提高农户对农业生产环节外包的参与积极性。农户由于自身受教育水平普遍较低，对新技术的接受能力有限，进而表现为其对技术的易用性认知和有效性认知不足，即对技术密集环节外包的接受程度低，且对外包后能够提高农业产出和务工收入的有效性的认知不足，所以农户外包的意愿度也不高，最终影响其实际外包行为。政策制定者和基层农业组织通过农业技术培训等宣传方式，让农户充分了解技术的外溢效应，以及技术密集环节外包的易用性和有效性，最终提高其技术密集环节外包意愿。

（二）推动建立技术密集环节外包的整体供给服务体系

考虑到农户技术密集环节外包选择行为之间的不独立性，即技术密集环节的外包决策之间存在正相关，应该推动技术密集环节外包的整体供给服务体系的建设。农户技术密集环节外包决策具有关联性，如果分散供给，将导致农户对外包的易用性认知和有效性认知降低，所以，如果能够针对技术密集环节的特征，并针对不同的作物提供技术密集环节整套的外包服务，例如小麦的播种、植保和追肥环节的一整套外包服务，小麦种植户可以将所有的技术密集环节外包给同一个外包供给主体，包括专业合作社、龙头企业、供销合作社、为农服务中心等技术密集环节外包

服务组织。这样，技术水平较高的外包供给主体，将先进的技术带到小麦生产过程中，且提高了技术密集环节的整体性、易用性和有效性，最终提高了整个技术密集环节的外包水平。

（三）对农户进行非农技术培训，提高非农工作能力

对农户进行非农技术培训，以提高非农劳动的工资水平，鼓励劳动力从农业向非农业转移，以释放更大的外包空间。同时，注重农业生产科技示范户的树立，对该类农户进行农业生产技术培训，实现种植业生产专业化的外溢效应。农户非农就业技能水平的提高是其非农收入提高的基础，也能在一定程度上提高农户非农就业收入的稳定性，非农就业收入的提高能够让农户有更多的资金转移到农业生产中，支付技术密集环节需要的外包费用，这样在技术的外溢效应下，农业生产水平得到提高，进而有更多的农业产出，另外也能够降低非农就业收入的不稳定风险，所以二者相互提高，相得益彰，良性循环，最终对农业技术的提高、应用普及和农户家庭收入的提高都产生良性的循环效应。注重农业生产科技示范户的树立，一方面是提高一般农户（非技术示范的多数农户）的技术密集环节外包易用性和有效性认知，让他们充分感知技术对农业产出增加的正向效应；另一方面对技术密集环节外包供给方的选择形成一定的示范作用，提高农户农业生产技术密集环节的外包意愿。

四　建设良好的外包服务供给市场，提高农业社会化服务水平

中国两亿的兼业小规模经营农户在短期内具有存在的稳定性，如何实现小规模经营农户的规模经济效应和家庭的范围经济效应，也是2018年中央一号文件的重要政策方向。农业生产环

节外包为小规模兼业经营农户实现农业生产的"迂回"的规模经济效应指引了方向，在强调农业专业化和农业生产者职业化的基础上，小规模经营农户通过生产环节外包，利用外部的社会化服务体系，间接地实现了农业的规模经营，农户在合理配置家中劳动力的基础上，实现了农业与非农业生产的范围经济效应。政府的职责在于构建外包的交易市场，培育农业生产环节外包服务的供给主体，使农户外包的过程中有充足的服务提供者。

（一）加强对资本密集环节外包供给主体的扶持和监管

对提供机械等资本密集环节服务的外包主体，增加资金扶持，并监管和调控外包服务价格，让外包服务价格在合理的范围内，增强外包服务的契约性，降低外包供给的不稳定性。提供机械类的资本密集环节外包服务的供给主体，实际上以专业服务大户为主，这类专业服务大户通过合作组织与其他大户形成联合，提供的外包服务以市场和商业化为主，主要是为了获取一定的收益，所以对交通不便或农地细碎化程度较高的地区，收取的费用也较多，从而影响农地的成本收益水平；另外，如果价格过低，愿意提供服务的专业大户较少，对粮食作物的及时播种和收割等形成一定的影响，最终影响粮食等作物的产出水平，也影响国家粮食安全。所以，在尊重资本密集环节外包供给服务市场性的前提下，增加政府的资金扶持、调控和监管政策，降低潜在风险，提高资本密集环节外包服务的稳定性，降低单位面积外包服务费用，为农户创造更多的收益。

（二）充分发挥"能人"效应，构建良好的外包服务平台

农业生产环节外包的良好发展建立在农户外包行为结果和外包供给服务的基础上，外包服务供给主体包括专业服务大户、合作社、为农服务中心等，其中专业服务大户和合作社充当了营利

性服务的"主力军"。而专业服务大户的发展和合作社的良好构建都依托于村中的"能人"效应,"能人"效应是企业家才能在农业生产中的具体化,通过"能人"效应带动专业服务大户的服务水平提高和服务范围扩大。"能人"效应对合作成员具有较强的激励和带动作用,提高合作社多数参与者的积极性,同时也要避免合作社"少数人"控制的局面,让合作社在社会供给服务发展与社员公平性之间取得平衡发展。

构建良好的外包服务体系,尤其是对于技术密集环节外包提供受监管的和农户放心的外包服务组织或中心。外包服务组织的构建要以当地具有一定社会公信力的"能人"为代表,并结合基层村委会的公信力,让农户对外包服务组织具有信任和放心的理性认知,尤其是对于技术密集环节和劳动密集环节的外包服务,农户在不需要监管的条件下,可以"放心"地交给为农服务中心或组织。该外包服务体系具有商业营利性和社会公益性的双重属性,一方面能保证提供外包服务的主体可以获得一定的收益,满足服务主体获利的目标;另一方面在政府或社会道德的监督下,该类中心或组织要以服务大众为目标,具有较强的社会责任,可有效减少信息不对称性出现的"败德"行为。

构建良好的外包服务信息平台,让外包供给双方能够更容易找到供需信息,降低信息搜寻的交易成本。充分利用先进的通信手段,包括互联网、移动终端等,建立互联网加外包服务的信息供给模式,让农户在外务工的过程中,不用回家便可以找到合适的外包供给方,减少农户来回的时间,提高农业和非农业生产的专业化水平,提高农业生产各个环节的外包程度,实现家庭生产的范围经济效应。

五 本章小结

本章在理论和实证分析结论的基础上,提出了完善农户农业

生产环节外包的政策建议，针对农户农业生产环节外包的特征和外包供给过程中的问题，主要从四个方面来进行分析，包括完善农地"三权分置"的政策实施，针对农户的农地产权结构认知和外包的产权效应认知，提高农户的外包参与程度；引导农业生产的资本密集环节和劳动密集环节的外包选择行为，针对资本密集环节外包费用和劳动密集环节外包替代难度，分别提出改进对策；合理引导农户农业生产技术密集环节外包的个体响应，针对技术密集环节外包参与程度总体不高的特征，提出促进农户对技术密集环节外包认知的提高，并提高外包意愿和促进外包行为；建设良好的外包服务供给市场，提高农业社会化服务水平。

结束语 ◀

　　将小规模兼业经营农户的农业生产诉求与农业现代化发展的需要有效结合是农业生产环节外包现实运行的基础。农业生产环节外包作为实现农业生产"迂回"规模经济效应的有效管理方式，是农户理性选择的结果，也是农户追求家庭生产范围经济效应的行为响应目标，即农户实现家庭总福利最大化的必然诉求。农户农业生产环节外包行为响应的分析从外包程度选择、外包选择行为和外包个体响应三个层面进行了分析，具有一定的理论价值；农业生产环节外包为农户在农业生产和务工之间建立起了支撑和平衡机制，具有重要的理论和现实意义。基于此，本研究以河南和山西地区的小麦种植户为例，从要素密集度的视角出发分析了农户农业生产环节外包行为响应与经济效应，最终得出以下研究结论。

　　第一，在农地"三权分置"的政策指导下，农户对农地的控制性认知、被征收的风险性认知、产权明晰化的认知和依赖度的认知对产权结构认知影响的标准化路径系数均显著，ML 估计结果的标准化载荷值分别为 0.67、0.62、0.67、0.61，表明四个变量共同构成了农户农地产权结构认知的结果。另外，农地产权结构认知对外包的产权效应认知产生显著的正向影响，外包的产权效应认知对劳动密集环节外包程度选择具有显著的正向影响，即农地产权结构认知对劳动密集环节外包程度选择具有中介效应，间接效应为 0.117，总效应为 0.147。从分地区的结果来看，外包的产权效应认知对劳动密集环节外包程度选择具有地区差异性，老龄化农户的外包产权效应认知对劳动密集环节外包程度选择的影响大于非老龄化农户。

第二，小麦种植仍以小规模农户为主，农户农业生产环节外包选择行为表现为资本密集环节外包的比例较高，劳动密集环节外包的比例较低。资本要素对小麦种植户通过外包实现纵向分工并形成环节规模化生产具有重要的影响，具体表现为机械现值对农户的耕地环节、播种环节和收割环节外包选择行为有显著负向影响，而农户小麦种植面积对机械现值的持有也产生显著影响。劳动要素对农户劳动力的非农转移和农业的兼业化生产具有重要的影响，具体来看，家庭务农劳动力数量对农户的植保环节、灌溉环节和追肥环节外包选择行为均具有显著的负向影响，而非农劳动工资对农户家中从事务农的劳动力数量具有显著影响。

第三，易用性认知和有效性认知对小麦种植户技术密集环节外包意愿均具有显著的正向影响，在考虑易用性认知与有效性认知的交互效应后，易用性认知与有效性认知对外包意愿的影响系数均显著变大，另外，地区差异分别在易用性认知、有效性认知与技术密集环节外包意愿之间存在调节效应。农业生产技术密集环节外包选择行为之间存在正相关，具体为播种和植保环节外包选择行为之间存在正相关，植保和追肥环节外包选择行为之间存在正相关。农业生产技术密集环节外包的个体响应是农户技术密集环节外包认知、外包意愿对外包行为的直接和间接影响，具体来看，农户对技术密集环节外包易用性认知程度越高，选择技术密集环节外包的概率越大；农户对技术密集环节外包有效性认知程度越高，选择技术密集环节外包的概率越大；农户外包意愿越强，选择植保和追肥环节外包的可能性越大。

第四，外包程度对农业规模经济效应具有负向影响，具体表现为农户外包程度综合权重值对小麦单产水平具有显著的负向影响，技术要素在外包程度与小麦单产之间具有调节效应；外包费用对农业规模经济效应具有正向影响，具体为外包费用对小麦单产水平有显著的正向影响，且技术要素在外包费用与小麦单产水平之间具有调节效应；种植规模对规模经济效应具有负向影响，具体表现为农地细碎化程度对小麦单产水平具有显著的负向影响，同样技术要素在细碎化程度与小麦单产水平之间具有调节效应；劳动力资源对规模经济效应实现的影响分析中，在科技示范户中，年龄与小麦单产水平呈"倒U形"关系，农业劳动力占比在非科技示范户中，对小麦单产水平具有显著的负向影响。农户家庭范围经济效应实现的变量内部，农户家庭横向的纯收入与其外包后纵向收入变化之间具有显著的正向关系；外包供给主体变量对小麦种植户的生产环节外包前后纵向收入变化产生显著的正向影响，表明外包供给主体越多，纵向收入增加的农户越多，另外，外包供给主体变量对小麦种植户横向的家庭纯收入具有显著的正向影响，表明外包供给主体越多，越有利于农户实现家庭生产的范围经济效应；关于务工情况的变量中，非农劳动力比例对小麦种植户生产环节外包前后纵向收入变化产生显著的正向影响，外出务工工资对小麦种植户横向的家庭纯收入具有显著的正向影响，农业打工工资对小麦种植户生产环节外包前后纵向收入变化产生显著的正向影响，但对横向的家庭纯收入具有显著的负向影响。

本书的完成是思考、提出问题、调研、论证与修改的反复循环过程，对于农业生产环节外包问题的研究，采用了河南和山西地区的小麦种植户调研数据，但由于时间、精力等的限制，本书也存在一些不足之处。第一，仅对河南和山西地区的小麦种植户的生产环节外包情况进行了详细调查，在分析农业生产环节外包行为响应和经济效应实现的过程中，从小麦的种植区域分布与差异性出发，为了表现外包行为响应的差异，即外包程度的代表性，产权认知的差异性，外包的认知、意愿与行为的全面性，有必要收集北方地区的东部、西部和中部省份。第二，对于分析结论中的"三权分置"政策在外包生产管理方式中的具体实施策略，资本密集环节、劳动密集环节和技术密集环节的划分依据和划分结果，虽严格按照理论基础和文献结论进行推论，但由于笔者认知水平等的限制，其合理性需要实践结论进一步检验。

参考文献 ◀

〔美〕A. A. 阿尔钦，1994，《产权经济学》，盛洪译，北京大学出版社。

〔俄〕A. 恰亚诺夫，1996，《农民的经济组织》，萧正洪译，中央编译出版社。

〔英〕阿尔弗雷德·马歇尔，2010，《经济学原理》，朱志泰、陈良璧译，商务印书馆。

〔美〕阿林·杨格，1996，《报酬递增与经济进步》，贾根良译，《经济社会体制比较》第 2 期。

〔美〕巴泽尔，1997，《产权的经济分析》，费方域、段毅才译，上海人民出版社。

包宗顺、伊藤顺一、倪镜，2015，《土地股份合作制能否降低农地流转交易成本？——来自江苏 300 个村的样本调查》，《中国农村观察》第 1 期。

〔美〕伯尔曼，2003，《法律与宗教》，梁治平译，中国政法大学出版社。

蔡宏波、陈昊，2012，《外包与劳动力结构——基于中国工业行业数据的经验分析》，《数量经济技术经济研究》第 12 期。

蔡键、唐忠、朱勇，2017，《要素相对价格、土地资源条件与农户农业机械服务外包需求》，《中国农村经济》第 8 期。

蔡荣、蔡书凯，2014，《农业生产环节外包实证研究——基于安徽省水稻主产区的调查》，《农业技术经济》第4期。

曹航，2007，《资源外包的形成与演进机理研究》，复旦大学博士学位论文。

曹瓅、罗剑朝，2015，《农户对农地经营权抵押贷款响应及其影响因素——基于零膨胀负二项模型的微观实证分析》，《中国农村经济》第12期。

车文博、黄冬梅，2001，《美国人本主义心理学哲学基础解析》，《自然辩证法研究》第2期。

陈超、黄宏伟，2012，《基于角色分化视角的稻农生产环节外包行为研究——来自江苏省三县（市）的调查》，《经济问题》第9期。

陈超、李寅秋、廖西元，2012，《水稻生产环节外包的生产率效应分析——基于江苏省三县的面板数据》，《中国农村经济》第2期。

陈朝兵，2016，《农村土地"三权分置"：功能作用、权能划分与制度构建》，《中国人口·资源与环境》第4期。

陈德，2015，《农户生产分工发生机理》，西南大学博士学位论文。

陈飞、翟伟娟，2015，《农户行为视角下农地流转诱因及其福利效应研究》，《经济研究》第10期。

陈海磊、史清华、顾海英，2014，《农户土地流转是有效率的吗？——以山西为例》，《中国农村经济》第7期。

陈思羽、李尚蒲，2014，《农户生产环节外包的影响因素——基于威廉姆森分析范式的实证研究》，《南方经济》第12期。

陈文浩、谢琳，2015，《农业纵向分工：服务外包的影响因子测度——基于专家问卷的定量评估》，《华中农业大学学报》（社会科学版）第2期。

陈霄，2013，《户籍制度改革与土地资本化——基于重庆案例的分析》，《财经科学》第 5 期。

陈小君、蒋省三，2010，《宅基地使用权制度：规范解析、实践挑战及其立法回应》，《管理世界》第 10 期。

陈晓华、刘慧，2014，《要素价格扭曲、外需疲软与中国制造业技术复杂度动态演进》，《财经研究》第 7 期。

陈昭玖、胡雯，2016，《农地确权、交易装置与农户生产环节外包——基于"斯密—杨格"定理的分工演化逻辑》，《农业经济问题》第 8 期。

陈志、李丽，2012，《构造农村土地承包经营权入股制度的法律思考——以土地股份企业的运行为视角》，《武汉理工大学学报》（社会科学版）第 1 期。

邓宗兵、封永刚、张俊亮、王炬，2013，《中国粮食生产空间布局变迁的特征分析》，《经济地理》第 5 期。

董欢，2016，《农业经营主体分化视角下农机作业服务的发展研究》，中国农业大学博士学位论文。

段培、王礼力、陈绳栋、赵凯，2017a，《粮食种植户生产环节外包选择行为分析》，《西北农林科技大学学报》（社会科学版）第 5 期。

段培、王礼力、罗剑朝，2017b，《种植业技术密集环节外包的个体响应及影响因素研究——以河南和山西 631 户小麦种植户为例》，《中国农村经济》第 8 期。

方红星、陈娇娇，2016，《整合模式下两类审计收费之间的交叉补贴——知识溢出效应还是规模经济效应?》，《审计研究》第 1 期。

冯献、崔凯，2012，《日韩农地规模经营的发展及其对中国的启示》，《亚太经济》第 6 期。

高飞，2016，《农村土地"三权分置"的法理阐释与制度意蕴》,《法学研究》第 3 期。

高海、刘红,2010,《劳务出资对土地承包经营权入股合作社的启迪——基于重庆、浙江等地方性文件的样本分析》,《农业经济问题》第 11 期。

高雅,2010,《农村土地股份合作制中委托代理问题的思考——基于"职业村长"市场的建立》,《农村经济》第 9 期。

龚道广,2000,《农业社会化服务的一般理论及其对农户选择的应用分析》,《中国农村观察》第 6 期。

郭亮,2012,《土地"新产权"的实践逻辑——对湖北 S 镇土地承包纠纷的学理阐释》,《社会》第 2 期。

郭霞,2008,《基于农户生产技术选择的农业技术推广体系研究》,南京农业大学博士学位论文。

国务院发展研究中心农村经济研究部课题组,2013,《稳定和完善农村基本经营制度研究》,中国发展出版社。

郭显光,1998,《改进的熵值法及其在经济效益评价中的应用》,《系统工程理论与实践》第 12 期。

韩俊,1988,《我国农户兼业化问题探析》,《经济研究》第 4 期。

何红见,2011,《范围经济研究的文献综述》,《现代商贸工业》第 15 期。

何中虎、林作楫、王龙俊、肖志敏、万富世、庄巧生,2002,《中国小麦品质区划的研究》,《中国农业科学》第 4 期。

〔美〕赫伯特·西蒙,2007,《管理行为(第四版)》,詹正茂译,机械工业出版社。

衡霞、程世云,2014,《农地流转中的农民权益保障研究——以土地托管组织为例》,《农村经济》第 2 期。

侯杰泰、温忠麟、成子娟,2004,《结构方程模型及其应用》,教育科学出版社。

胡代光、高鸿业，1996，《现代西方经济学词典》，中国社会科学出版社。

胡霞，2009，《日本农业扩大经营规模的经验与启示》，《经济理论与经济管理》第 3 期。

胡新艳、朱文珏、刘恺，2015a，《交易特性、生产特性与农业生产环节可分工性——基于专家问卷的分析》，《农业技术经济》第 11 期。

胡新艳、朱文珏、罗锦涛，2015b，《农业规模经营方式创新：从土地逻辑到分工逻辑》，《江海学刊》第 2 期。

胡新艳、朱文珏、王晓海、符少玲，2015c，《生计资本对农户分工模式的影响：来自广东的调查分析》，《农业现代化研究》第 3 期。

黄季焜、齐亮、陈瑞剑，2008，《技术信息知识、风险偏好与农民施用农药》，《管理世界》第 5 期。

黄婧、纪志耿，2009，《完善中国特色农业社会化服务体系评析》，《现代经济探讨》第 4 期。

黄鹏进，2014，《农村土地产权认知的三重维度及其内在冲突——理解当前农村地权冲突的一个中层视角》，《中国农村观察》第 6 期。

黄延信、张海阳、李伟毅、刘强，2011，《农村土地流转状况调查与思考》，《农业经济问题》第 5 期。

黄宗智，1986，《华北的小农经济与社会变迁》，中华书局。

黄宗智，2012，《〈中国新时代的小农经济〉导言》，《开放时代》第 3 期。

黄宗智，2015，《农业合作化路径选择的两大盲点：东亚农业合作化历史经验的启示》，《开放时代》第 5 期。

黄祖辉，2008，《农村土地流转：现状、问题及对策——兼论土地流转对现代农业发展的影响》，《浙江大学学报》（人文社会科学版）第 3 期。

黄祖辉、杨进、彭超、陈志刚，2012，《中国农户家庭的劳动供给演变：人口、土地和工资》，《中国人口科学》第 6 期。

黄祖辉、俞宁，2010，《新型农业经营主体：现状、约束与发展思路——以浙江省为例的分析》，《中国农村经济》第 10 期。

纪月清、熊晶白、刘华，2016，《土地细碎化与农村劳动力转移研究》，《中国人口·资源与环境》第 8 期。

季建业，2008，《农村土地产权制度的创新举措——对江苏省扬州市农村土地股份合作的调查与思考》，《法学家》第 3 期。

江雪萍，2014，《农业分工：生产环节的可外包性——基于专家问卷的测度模型》，《南方经济》第 12 期。

蒋省三、刘守英、李青，2007，《土地制度改革与国民经济成长》，《管理世界》第 9 期。

〔德〕卡尔·马克思、弗里德里希·恩格斯，2009，《马克思恩格斯文集（第三卷）》，中共中央马克思恩格斯列宁斯大林著作编译局译，人民出版社。

康志勇，2013，《中国本土企业研发对企业出口行为的影响："集约边际"抑或"扩展边际"》，《世界经济研究》第 10 期。

孔祥智，2015，《为农、务农、姓农——从山东实践看供销社改革的出发点和归宿点》，《中国合作经济》第 9 期。

孔祥智、徐珍源、史冰清，2009，《当前我国农业社会化服务体系的现状、问题和对策研究》，《江汉论坛》第 5 期。

李登旺、王颖，2013，《土地托管：农民专业合作社的经营方式创新及动因分析——以山东省嘉祥县为例》，《农村经济》第 8 期。

李谷成、冯中朝、范丽霞，2010，《小农户真的更加具有效率吗？来自湖北省的经验证据》，《经济学》（季刊）第 1 期。

李桦、郭亚军、刘广全，2013，《农户退耕规模的收入效应分析——基于陕西省吴起县农户面板调查数据》，《中国农村经济》第 5 期。

李宁、陈利根、孙佑海，2016，《现代农业发展背景下如何使农地"三权分置"更有效——基于产权结构细分的约束及其组织治理的研究》，《农业经济问题》第 7 期。

李容容、罗小锋、薛龙飞，2015，《种植大户对农业社会化服务组织的选择：营利性组织还是非营利性组织?》，《中国农村观察》第 5 期。

李韬、罗剑朝，2015，《农户土地承包经营权抵押贷款的行为响应——基于 Poisson Hurdle 模型的微观经验考察》，《管理世界》第 7 期。

李宪宝、高强，2013，《行为逻辑、分化结果与发展前景——对 1978 年以来我国农户分化行为的考察》，《农业经济问题》第 2 期。

李寅秋，2011，《农户生产分工发生机理农业生产环节外包效益及供求实证研究——以水稻为例》，南京农业大学博士学位论文。

李宇、王沛、孙连荣，2014，《中国人社会认知研究的沿革、趋势与理论建构》，《心理科学进展》第 11 期。

李章吕，2012，《贝叶斯决策理论研究》，南开大学博士学位论文。

梁发超，2016，《农地承包经营权流转模式探讨》，《西北农林科技大学学报》（社会科学版）第 1 期。

廖西元、申红芳、王志刚，2011，《中国特色农业规模经营"三步走"战略——从"生产环节流转"到"经营权流转"再到"承包权流转"》，《农业经济问题》第 12 期。

林文声、秦明、苏毅清、王志刚，2017，《新一轮农地确权何以影响农地流转?——来自中国健康与养老追踪调查的证据》，

《中国农村经济》第 7 期。

林毅夫，2002，《发展战略、自生能力和经济收敛》，《经济学》（季刊）第 1 期。

林毅夫、蔡颖义、吴庆堂，2004，《外包与不确定环境的最优资本投资》，《经济学》（季刊）第 4 期。

林毅夫、李周，1992，《发育市场——九十年代农村改革的主线》，《农业经济问题》第 9 期。

刘秉镰、林坦，2010，《制造业物流外包与生产率的关系研究》，《中国工业经济》第 9 期。

刘波、李娜、李巧意、成媛，2016，《环卫服务外包中合作管理、关系质量与外包效果关系研究——以深圳市为例》，《管理评论》第 2 期。

刘海云、唐玲，2009，《国际外包的生产率效应及行业差异——基于中国工业行业的经验研究》，《中国工业经济》第 8 期。

刘庆林、高越、韩军伟，2010，《国际生产分割的生产率效应》，《经济研究》第 2 期。

刘同山，2016，《农业机械化、非农就业与农民的承包地退出意愿》，《中国人口·资源与环境》第 6 期。

刘同山、牛立腾，2014，《农户分化、土地退出意愿与农民的选择偏好》，《中国人口·资源与环境》第 6 期。

刘瑶，2011，《外包与要素价格：从特定要素模型角度的分析》，《经济研究》第 3 期。

卢锋，2007，《服务外包的经济学分析：产品内分工视角》，北京大学出版社。

陆岐楠、张崇尚、仇焕广，2017，《农业劳动力老龄化、非农劳动力兼业化对农业生产环节外包的影响》，《农业经济问题》第 10 期。

吕超、周应恒，2011，《我国农业产业集聚与农业经济增长的实证研究——基于蔬菜产业的检验和分析》,《南京农业大学学报》(社会科学版) 第 2 期。

罗必良,2008,《论农业分工的有限性及其政策含义》,《贵州社会科学》第 1 期。

罗必良,2014,《农业经营制度的理论轨迹及其方向创新:川省个案》,《改革》第 2 期。

罗必良,2015,《农户分工及专业化专题研究》,《华中农业大学学报》(社会科学版) 第 2 期。

罗必良等,2013,《产权强度、土地流转与农民权益保护》,经济科学出版社。

罗必良、何应龙、汪沙、尤娜莉,2012,《土地承包经营权:农户退出意愿及其影响因素分析——基于广东省的农户问卷》,《中国农村经济》第 6 期。

罗必良、李玉勤,2014,《农业经营制度:制度底线、性质辨识与创新空间——基于"农村家庭经营制度研讨会"的思考》,《农业经济问题》第 1 期。

骆永民、樊丽明,2015,《土地:农民增收的保障还是阻碍?》,《经济研究》第 8 期。

马婷婷、陈英,2015,《农民农地产权认知研究:概念界定、量表开发和效度检验》,《干旱区资源与环境》第 12 期。

马贤磊、仇童伟、钱忠好,2015,《农地产权安全性与农地流转市场的农户参与——基于江苏、湖北、广西、黑龙江四省(区) 调查数据的实证分析》,《中国农村经济》第 2 期。

穆光宗,2015,《成功老龄化:中国老龄治理的战略构想》,《国家行政学院学报》第 3 期。

聂建亮、钟涨宝,2014,《农户分化程度对农地流转行为及规模的影响》,《资源科学》第 4 期。

潘劲,2014,《合作社与村两委的关系探究》,《中国农村观察》第 2 期。

彭聃龄，2012，《半个世纪的选择和探索》，《中国教师》第 7 期。

彭聃龄、邓园、陈宝国，2003，《汉语多义单字词的识别优势效应》，《心理学报》第 5 期。

仇童伟、李宁、邹宝玲、马贤磊，2016，《公共治理与村庄自治视角下农户土地产权认知的形成》，《中国人口·资源与环境》第 9 期。

戚迪明、杨肖丽、江金启、张广胜，2015，《生产环节外包对农户土地规模经营的影响分析——基于辽宁省水稻种植户的调查数据》，《湖南农业大学学报》（社会科学版）第 3 期。

钱龙、钱文荣、陈方丽，2015，《农户分化、产权预期与宅基地流转——温州试验区的调查与实证》，《中国土地科学》第 9 期。

钱忠好，2002，《农村土地承包经营权产权残缺与市场流转困境：理论与政策分析》，《管理世界》第 6 期。

钱忠好，2008，《非农就业是否必然导致农地流转——基于家庭内部分工的理论分析及其对中国农户兼业化的解释》，《中国农村经济》第 10 期。

钱忠好、肖屹、曲福田，2007，《农民土地产权认知、土地征用意愿与征地制度改革——基于江西省鹰潭市的实证研究》，《中国农村经济》第 1 期。

秦宏，2006，《沿海地区农户分化之演变及其与非农化、城镇化协调发展研究》，西北农林科技大学博士学位论文。

〔美〕罗纳德·W. 琼斯、彼得·B. 凯南，2008，《国际货币经济与金融（第二卷）》，姜洪、周阳、汪泽译，经济科学出版社。

单平基，2016，《"三权分置"理论反思与土地承包经营权困境的解决路径》,《法学》第 9 期。

邵传林,2010,《农村土地信用合作社兴起的逻辑——来自宁夏平罗县的个案研究》,《农业经济问题》第 6 期。

申红芳、陈超、廖西元、王磊,2015,《稻农生产环节外包行为分析——基于 7 省 21 县的调查》,《中国农村经济》第 5 期。

申红芳、廖西元、王志刚、王磊,2010,《基层农技推广人员的收入分配与推广绩效——基于全国 14 省(区、市)44 县数据的实证》,《中国农村经济》第 2 期。

盛洪,1992,《分工与交易——一个一般理论及其对中国非专业化问题的应用分析》,上海人民出版社。

史清华,2001,《农户经济活动及行为研究》,中国农业出版社。

宋波,2011,《关于范围经济的文献综述》,《商业文化》(上半月)第 8 期。

苏华、曾炼、张亚君,2014,《丘陵地区土地规模经营对农户收益的影响评价——以四川省内江市为例》,《农村经济与科技》第 2 期。

孙宪忠,2016,《推进农地三权分置经营模式的立法研究》,《中国社会科学》第 7 期。

孙晓燕、苏昕,2012,《土地托管、总收益与种粮意愿——兼业农户粮食增效与务工增收视角》,《农业经济问题》第 8 期。

仝志辉、侯宏伟,2015,《农业社会化服务体系:对象选择与构建策略》,《改革》第 1 期。

王建英,2015,《转型时期农业生产方式调整与生产效率研究》,浙江大学博士学位论文。

王静,2013,《苹果种植户技术选择行为研究》,西北农林科技大学博士学位论文。

王礼力、王敏,2008,《不完全合约与农村合作经济组织》,

《农村经济》第 11 期。

王丽双、王春平、孙占祥，2015，《农户分化对农地承包经营权退出意愿的影响研究》，《中国土地科学》第 9 期。

王利平、王成、李晓庆，2012，《基于生计资产量化的农户分化研究——以重庆市沙坪坝区白林村 471 户农户为例》，《地理研究》第 5 期。

王欧、杨进，2014，《农业补贴对中国农户粮食生产的影响》，《中国农村经济》第 5 期。

王兴稳、钟甫宁，2008，《土地细碎化与农用地流转市场》，《中国农村观察》第 4 期。

王征兵、魏正果，1995，《中国农业经营方式：精细密集农业》，《管理世界》第 5 期。

王志刚、申红芳、廖西元，2011，《农业规模经营：从生产环节外包开始——以水稻为例》，《中国农村经济》第 9 期。

卫龙宝、张菲，2013，《交易费用、农户认知及其契约选择——基于浙赣琼黔的调研》，《财贸研究》第 1 期。

温忠麟、张雷、侯杰泰、刘红云，2004，《中介效应检验程序及其应用》，《心理学报》第 5 期。

吴斌、高遥，2011，《关于范围经济的文献综述》，《商业文化》（上半月）第 5 期。

〔美〕西奥多·舒尔茨，1999，《改造传统农业》，梁小民译，商务印书馆。

向国成、韩绍凤，2005，《农户兼业化：基于分工视角的分析》，《中国农村经济》第 8 期。

肖端，2015，《土地流转中的双重委托—代理模式研究——基于成都市土地股份合作社的调查》，《农业技术经济》第 2 期。

徐毅、张二震，2008，《外包与生产率：基于工业行业数据的经验研究》，《经济研究》第 1 期。

许庆、尹荣梁、章辉，2011，《规模经济、规模报酬与农业适度规模经营——基于我国粮食生产的实证研究》，《经济研究》第 3 期。

许先，2003，《美国农业社会化服务体系发展的经验与启示》，《山东大学学报》（哲学社会科学版）第 4 期。

薛继亮，2012，《农村集体经济发展有效实现形式研究》，西北农林科技大学博士学位论文。

〔英〕亚当·斯密，1776，《国富论》，杨敬年译，陕西人民出版社。

闫小欢、霍学喜，2013，《农民就业、农村社会保障和土地流转——基于河南省 479 个农户调查的分析》，《农业技术经济》第 7 期。

杨国荣，2014，《以人观之、以道观之与以类观之——以先秦为中心看中国文化的认知取向》，《中国社会科学》第 3 期。

杨建仓、雷水玲、王戈，2008，《小麦生产的重心演变路径及偏移分析》，《中国农学通报》第 8 期。

杨进，2015，《中国农业机械化服务与粮食生产》，浙江大学博士学位论文。

杨进、郭松、张晓波，2013，《农机跨区作业发展——以江苏沛县为例》，《中国农机化学报》第 2 期。

杨菊华，2017，《新型城镇化背景下户籍制度的"双二属性"与流动人口的社会融合》，《中国人民大学学报》第 4 期。

杨俊，2011，《不同类型农户耕地投入行为及其效率研究》，华中农业大学博士学位论文。

杨俊、张玉利、刘依冉，2015，《创业认知研究综述与开展中国情境化研究的建议》，《管理世界》第 9 期。

杨林、俞安平，2016，《企业家认知对企业战略变革前瞻性的影响：知识创造过程的中介效应》，《南开管理评论》第 1 期。

杨群义，2001，《加快农业社会化服务体系建设的思考》，《农村经济》第 3 期。

杨尚威，2011，《中国小麦生产区域专业化研究》，西南大学博士学位论文。

杨卫忠，2015，《农村土地经营权流转中的农户羊群行为——来自浙江省嘉兴市农户的调查数据》，《中国农村经济》第 2 期。

杨小凯，2003，《经济学——新兴古典与新古典框架》，社会科学文献出版社。

杨小凯、张永生，2001，《新贸易理论、比较利益理论及其经验研究的新成果：文献综述》，《经济学》（季刊）第 1 期。

杨应杰，2014，《农户分化对农村宅基地使用权流转意愿的影响分析——基于结构方程模型（SEM）的估计》，《经济经纬》第 1 期。

杨昭熙、杨钢桥，2017，《农地细碎化对农户农地流转决策的影响研究》，《中国土地科学》第 4 期。

杨志武、钟甫宁，2010，《农户种植业决策中的外部性研究》，《农业技术经济》第 1 期。

姚康镛，2008，《对依法界定和行使城镇集体所有权的思考——学习〈物权法〉有关集体所有权规定的体会》，《中国集体经济》第 5 期。

姚洋，2008，《中国农村改革与变迁：30 年历程和经验分析改革》，上海人民出版社。

姚瑶，2013，《公司法视野下的土地承包经营权入股研究》，《企业经济》第 7 期。

姚战琪，2010，《工业和服务外包对中国工业生产率的影响》，《经济研究》第 7 期。

袁久和、祁春节，2013，《基于熵值法的湖南省农业可持续发展能力动态评价》，《长江流域资源与环境》第 2 期。

〔英〕约翰·伊特韦尔等主编，1996，《新帕尔格雷夫经济学大辞典（第 1 卷）》，经济科学出版社译，经济科学出版社。

曾福生，2011，《中国现代农业经营模式及其创新的探讨》，《农业经济问题》第 10 期。

张宏杰、刘振中，2010，《农业企业的业务外包选择问题研究》，《新疆农垦经济》第 7 期。

张静，2003，《土地使用规则的不确定：一个解释框架》，《中国社会科学》第 1 期。

张理，2007，《应用 SPSS 软件进行要素密集型产业分类研究》，《华东经济管理》第 8 期。

张晓山，2018，《实施乡村振兴战略的几个抓手》，《农村经营管理》第 1 期。

张学会、王礼力，2014，《农民专业合作社纵向一体化水平测度：模型与实证分析》，《中国人口·资源与环境》第 6 期。

张学敏，2013，《离农分化、效用差序与承包地退出——基于豫、湘、渝 886 户农户调查的实证分析》，《农业技术经济》第 5 期。

张燕媛、张忠军，2016，《农户生产环节外包需求意愿与选择行为的偏差分析——基于江苏、江西两省水稻生产数据的实证》，《华中农业大学学报》（社会科学版）第 2 期。

张毅、张红、毕宝德，2016，《农地的"三权分置"及改革问题：政策轨迹、文本分析与产权重构》，《中国软科学》第 3 期。

张云华，2010，《关于制定〈农村集体经济组织法〉的思考——以四川省都江堰市的探索为例》，《农业经济问题》第 5 期。

张忠军、易中懿，2015，《农业生产性服务外包对水稻生产率的影响研究——基于 358 个农户的实证分析》，《农业经济问题》第 10 期。

张忠明、钱文荣，2008，《农民土地规模经营意愿影响因素实证研究——基于长江中下游区域的调查分析》，《中国土地科学》第 3 期。

张忠明、钟鑫，2013，《土地流转的有效形式——土地托管模式》，《江苏农业科学》第 7 期。

赵微、周惠、杨钢桥、李金玉，2016，《农民参与农地整理项目建后管护的意愿与行为转化研究：以河南邓州的调查为例》，《中国土地科学》第 3 期。

赵伟华、索涛、冯廷勇、李红，2010，《禀赋效应的研究现状与展望》，《心理科学》第 5 期。

赵阳，2007，《共有与私用：中国农地产权制度的经济学分析》，生活·读书·新知三联书店。

赵玉姝、焦源、高强，2013，《农技服务外包的作用机理及合约选择》，《中国人口·资源与环境》第 3 期。

郑丽、霍学喜，2007，《粮食主产区农户粮食生产投入决策行为分析》，《西北农林科技大学学报》（社会科学版）第 6 期。

钟甫宁、顾和军、纪月清，2008，《农民角色分化与农业补贴政策的收入分配效应——江苏省农业税减免、粮食直补收入分配效应的实证研究》，《管理世界》第 5 期。

钟甫宁、向晶，2012，《人口结构、职业结构与粮食消费》，《农业经济问题》第 9 期。

钟晓兰、李江涛、冯艳芬、李景刚、刘吼海，2013，《农户认知视角下广东省农村土地流转意愿与流转行为研究》，《资源科学》第 10 期。

周洁红，2006，《农户蔬菜质量安全控制行为及其影响因素分析——基于浙江省 396 户菜农的实证分析》，《中国农村经济》第 11 期。

朱文珏、罗必良，2016，《行为能力、要素匹配与规模农户

生成——基于全国农户抽样调查的实证分析》,《学术研究》第
8 期。

朱喜安、魏国栋,2015,《熵值法中无量纲化方法优良标准
的探讨》,《统计与决策》第 2 期。

Adesina A. A. , Baidu-Forson J. 1995. Farmers' Perceptions and A-
doption of New Agricultural Technology: Evidence from Analysis in Burki-
na Faso and Guinea West Africa. *Agricultural Economics*, 13: 1 – 9.

Adesina A. A. , Zinnah M. M. 1993. Technology Characteristics,
Farmer Perceptions and Adoption Decisions: A Tobit Model Applica-
tion in Sierra Leone. *Agricultural Economics*, 9: 297 – 311.

Ajzen I. 1985. *From Intentions to Actions: A Theory of Planned Be-
havior.* Springer, Berlin, Heidelberg.

Ajzen I. 1991. The Theory of Planned Behavior. *Organizational Be-
havior & Human Decision Processes*, 50 (2): 179 – 211.

Ajzen I. , Fishbein M. 1980. *Understanding Attitudes and Predic-
ting Social Behavior.* Prentice Hall.

Alchian A. , Demsetz H. 1973. The Property Rights Para-
digm. *Journal of Economic History*, 33 (1): 16 – 27.

Allen H. 1995. Environmental Indicators: A Systematic Approach
to Measuring and Reporting on Environmental Policy Performance I:
The Context of Sustainable Development. Washington D C, USA,
World Resource Institute.

Amiti M. , Wei S. J. 2005a. Fear of Service Outsourcing: Is It Jus-
tified? . *Economic Policy*, 20 (42): 307 – 347.

Amiti M. , Wei S. J. 2005b. Services Outsourcing, Production and
Employment: Evidence from the US. IMF Working Paper, 5238
(200): 1 – 39.

Arndt S. W. , Kierzkowski H. 2001. *Fragmentation: New Produc-*

tion Patterns in the World Economy. Oxford University Press, London.

Arnold U. 2000. New Dimensions of Outsourcing: A Combination of Transaction Cost Economics and the Core Competencies Concept. *European Journal of Purchasing & Supply Management,* (6): 23 – 29.

Aubry C. , Fapy F. , Capillon A. 1998. Modelling Decision Making Processes for Annual Crop Management. *Agricultural Systems,* 56 (1): 45 – 65.

Austin E. J. , Willock J. , Deary I. J. , Gibson G. J. , Dent J. B. , Edwards-Jones G. , Morgan O. , Grieve R. , Sutherland A. 1998. Empirical Models of Farmer Behaviour Using Psychological, Social and Economic Variables. Part II: Nonlinear and Export Modelling. *Agricultural Systems,* 58 (2): 225 – 241.

Baily P. , Farmer D. 1986. *Purchasing Principles and Management.* Pitman, London.

Bardhan I. , Mithase S. , Lin S. 2007. Performance Impacts of Strategy, Information Technology Applications, and Business Process Outsourcing in US Manufacturing Plants. *Production and Operations Management,* 16 (6): 747 – 762.

Bardhan I. , Whitaker J. , Mithas S. 2006. Information Technology, Production Process Outsourcing, and Manufacturing Plant Performance. *Journal of Management Information Systems,* 23 (2): 13 – 20.

Baron R. M. , Kenny D. A. 1986. The Moderator-mediator Variable Distinction in Social Psychological Research: Conceptual, Strategic, and Statistical Considerations. *Journal of Personality and Social Psychology,* 51 (6): 1173 – 1182.

Barrett C. B. , Bellemare M. F. , Hou J. Y. 2010. Reconsidering Conventional Explanations of the Inverse Productivity-Size Relationship. *Word Development*, 38 (1): 88 – 97.

Barrett P. 2007. Structural Equation Modeling: Adjudging Model Fit. *Personality and Individual Differences*, 42: 815 – 824.

Batte M. T. , Amholt M. W. 2003. Precision Arming Adoption and Use in Ohio: Case Studies of Six Leading-edge Adopters. *Computers and Electronics in Agriculture*, 38: 125 – 139.

Baumanna M. , Kuemmerlea T. , Elbakidzed M. 2011. Patterns and Drivers of Post-socialist Farmland Abandonment in Western U-kraine. *Land Use Policy*, 28: 552 – 562.

Baumgart-Getz A. , Prokopy L. S. 2012. Why Farmers Adopt Best Management Practice in the United States: A Meta-analysis of the Adoption Literature. *Journal of Environmental Management*, 96 (1): 17 – 25.

Baumol W. J. , Panzar J. C. , Willig R. O. 1982. Contestable Markets and the Theory of Industry Structure. *Harcourt Brace Jovanovich*, New York: 200 – 750.

Becker G. , Murphy K. 1992. The Division of Labor, Coordination Costs, and Knowledge. *Quarterly Journal of Economics*, 107: 1137 – 1160.

Becker G. S. , Kevin M. , Robert T. 1990. Human Capital, Fertility, and Economic Growth. *Journal of Political Economy*, 198: 12 – 37.

Beedell J. D. C. , Rehman T. 1999. Explaining Farmers' Conservation Behaviour: Why Do Farmers Behave the Way They Do? . *Journal of Environmental Management*, 57 (2): 165 – 176.

Bensaou M. , Venkatraman N. 1995. Configurations of Interorganizational Relationships: A Comparison Between U. S. and Japanese Automakers. *Management Sciences*, 41 (9): 1471 – 1490.

Bentler P. M. , Bonett D. G. 1980. Significance Tests and Goodness-of-fit in the Analysis of Covariance Structures. *Psychological Bulletin*, 88: 588 – 606.

Bernet T. , Ortiz. O. , Estrada R. D. , et al. 2001. Tailoring Agricultural Extension to Different Production Contexts. A User-friendly Farm-household Model to Improve Decision-making for Participatory Research. *Agricultural Systems*, 69 (3): 183 – 198.

Berry R. A. , Cline W. R. 1979. *Agrarian Structure and Productivity in Developing Countries*. Johns Hopkins University Press, Baltimore.

Besanko D. , Dranove D. , Shanley M. , Schaefer S. 2006. The Economics of Strategy. *John Wiley & Sons Ins.*

Blyde J. 2004. Trade and Technology Diffusion in Latin America. *The International Trade Journal Volume*, 18 (3): 177 – 197.

Bollen K. A. 1989. *Structural Equations with Latent Variables*. Wiley, New York.

Borland J. , Yang X. 1992. Specialization and a New Approach to Economic Organization. *American Economic Review*, 82: 386 – 391.

Boselie D. , Henson S. , Weatherspoon D. 2003. Weather Spoon: Supermarkets Procurement Practices in Developing Countries Redefining, the Rolesd, the Public and Private Sectors. *American Journal of Agricultural Economics*, 85 (5): 1155 – 1161.

Broegaard R. J. 2005. Land Tenure Insecurity and Inequality in Nicaragua. *Development and Change*, 36 (5): 845 – 864.

Brouthers K. D. , Brouthers L. E. 2003. Why Service and Manufacturing Entry Mode Choices Differ: The Influence of Transaction Cost Factors. Risk and Trust. *Journal of Management Studies*, (40) : 1179 – 1204.

Cai F. , Du Y. 2013. Agricultural Input at the New Stage of Economic Development in China. Consultant Report under Asian Development Bank TA - 7306-PRC: Policy Study on Government Public Expenditure in Agricultural Production.

Cameron A. C. , Trivedi P. K. 2005. *Microeconometrics: Methods and Applications.* New York, Cambridge University Press.

Carey P. , Subramaniam N. , Ching K. C. W. 2014. Internal Audit Outsourcing in Australia. *Accounting and Finance*, 46 (1): 11 - 30.

Carletto C. , Savastano S. , Zezza A. 2013. Fact or Artefact: The Impact of Measurement Errors on the Farm Size Productivity Relationship. *Journal of Development Economics*, 103 (7): 254 - 261.

Cheung G. W. , Rensvold R. W. 2002. Evaluating Goodness-of-fit Indexes for Testing Measurement Invariance. *Structural Eqution Modeling*, 9: 233 - 255.

Coase R. 1937. The Nature of the Firm. *Economics*, 4: 386 - 405.

Codron J. , Montaigne E. , Rousset S. 2012. *Quality Management and Contractual Incompleteness: Grape Procurement for High-End Wines in Argentina.* Paper Prepared for Presentation at the 130th EAAE Seminar.

Coe D. T. , Helpman E. 1995. Helpman: International R&D Spillovers. *European Economic Review*, (39): 859 - 887.

Corbett M. 2004a. *The Outsourcing Revolution: Why It Makes Sense and How to Do It Right.* Dearborn Trade Publishing, A Kaplan Professtional Company.

Cotbett M. 2004b. Dispelling the Myths about Outsourcing. *Fortune*, 5 (31): 1.

Dahlman C. J. 1979. The Problem of Externality. *Journal of Law and Economics*, 22 (1): 141 - 162.

Daniels L. 1994. *Changes in the Small-Scall Enterprise Sector from 1991 to 1993: Results from a Second Nationwide Survey in Zimb-*

abwe. Gemini Technical Report No. 71, Gemini, Bethesda, Maryland.

D' Antoni J. M., Mishrab A. K., Powellc R., Martin S. 2012. *Farmers' Perception of Precision Technology: The Case of Autosteer Adoption by Cotton Farmers*. The Southern Agricultural Economics Association Annual Meeting, Birmingham, AL: 4 – 7.

Davis D. R. 1995. Intra-Industry Trade: A Heckscher-Ohlin-Ricardo Approach. *Journal of International Economics*, 39: 201 – 226.

Davis F. D. 1989. Perceived Usefulness, Perceived Ease of Use, and User Acceptance of Information Technology. *Society for Information Management and the Management Information Systems*, 13 (3): 319 – 339.

Deadman P., Robinson D., Moran E., Brondizio E. 2004. Colonist Household Decision Making and Land-use Change in the Amazon Rainforest: An Agent-based Simulation. *Environment and Planning B: Planning and Design*, 31 (5): 693 – 709.

Denzau A. T., North D. C. 1994. Shared Mental Models: Ideologues andInstitutions. *Kyklos*, 47 (1): 3 – 31.

Duval C. L., Charles Z. E., Veith J. A. 2002. *Open-plan Density and Environmental Satisfaction*. NRC Publications Archive, Ottawa.

Egger H., Egger P. 2006. International Outsourcing and the Productivity of Low-skilled Labour in the EU. *Public Administration Abstracts*, 33 (3): 98.

Ellis F. 1987. *Peasant Economics*. Cambridge University Press.

Ervin C. A., Ervin D. E. 1982. Factors Influencing the Use of Soil Conservation Practices: Hypothesis, Evidence, and Policy Implications. *Land Economics*, 58 (3): 277 – 292.

Falk M., Wolfmayr Y. 2008. Services and Materials Outsourcing to Low-wage Countries and Employment: Empirical Evidence from EU Countries. *Structural Change and Economic Dynamics*, 19 (1): 38 –52.

Feenstra R. C. 1998. Integration of Trade and Disintegration of Production in the Global Economy. *Joural of Economic Perspectives*, 12 (4): 31 –50.

Feenstra R. C. , Hanson G. H. 1996. Globalization, Outsourcing, and Wage Inequality. *American Economic Association Quarterly*, 86 (2): 240 –245.

Feenstra R. C. , Hanson G. H. 1997. Foreign Direct Investment and Relative Wages: Evidence from Mexico's Maquiladoras. *Journal of International Economics*, (3 –4): 371 –393.

Feenstra R. C. , Hanson G. H. 1999. The Impact of Outsourcing and High Technology Capital on Wages: Estimates for the United States, 1979 – 1990. *Quarterly Journal of Economics*, 114 (3): 907 – 940.

Fernandez-Olmos M. , Rosell-Martinez J. , Espitia-Escuer M. 2009. Vertical Integration in the Wine Industry: A Transaction Costs Analysis on the Rioja DOCa. *Agribusiness*, 25 (2) : 231 –250.

Fishbein M. , Ajzen I. 1977. Belief, Attitude, Intention, and Behavior: An Introduction to Theory and Research. *American Sociological Association*, 6 (2): 244 –245.

Folmer H. , Oud J. H. L. 2008. How to Get Rid of W: A Latent Variables Approach to Modelling Spatially Lagged Variables. *Environ, Plan A*, 40: 2526 –2538.

Fulton A. , Fulton D. , Tabart T. , Champion S. , Weatherley J. , Heinjus D. 2003. *Agricultural Extension, Learning and Change*. Rural Industries Research and Development Corporation.

Fulton D. C. , Manfredo M. J. , Lipscomb J. 1996. Wildlife Value Orientations: A Conceptual and Measurement Approach. *Human Di-*

mensions of *Wildlife*, (1): 24 – 47.

Gelder V. J. L. 2007. Feeling and Thinking: Quantifying the Relationship between Perceived Tenure Security and Housing Improvement in an Informal Neighborhood in Buenos Aires. *Habitat International*, 31: 219 – 231.

Gianessi L. , Reigner N. 2005. The Outsourcing of Organic Crop Production. *Crop Life Foundation*, (7): 76 – 80.

Gideon J. B. 1998. Agrarian Policies for Sustainable Land Use: Bio-economic Modeling to Assess the Effectiveness of Policy Instruments. *Agricultural Systems*, 58 (3): 465 – 481.

Gillespie J. , Nehring R. , Sandretto C. , Hallahan C. 2010. Forage Outsourcing in the Dairy Sector: The Extent of Use and Impact on Farm Profitability. *Agricultural and Resource Economics Review*, 39 (3): 399 – 414.

Gorg H. , Hanley A. 2003. *Does Outsourcing Increase Profitability*. Nottingham University Business School, Working Paper.

Gorg H. , Hanley A. 2005. International Outsourcing and Productivity: Evidence from the Irish Electronics Industry. *North American Journal of Economic and Finance*, 16 (2): 255 – 269.

Gorg H. , Hanley A. , Strobl E. 2004. *Outsourcing, Foreign Ownership, Exporting and Productivity: An Empirical Investigation with Plant Level Data*. University of Nottingham Researcher Paper.

Greece W. H. 2008. The Econometric Approach to Efficiency Analysis. *Measurement of Productive*, 1 (5): 92 – 251.

Grossman G. , Rossi-Hansberg E. 2008. Trading Tasks: A Simple Theory of Offshoring. *American Economic Review*, 98 (5): 1978 – 1997.

Harrigan K. R. 1985. Strategies of Intra-Firm Transfers and Outside Sourcing. *Academy of Management Journal*, 28 (4): 914 – 925.

Hayami Y. , Ruttan V. W. 1971. *Agricultural Development*: *An International Perspective*. The Johns Hopkins Press, Baltimore.

Heemskerk W. , Nederlof S. , Wennink B. 2008. *Outsourcing Agricultural Advisory Services*: *Enhancing Rural Innovation in Sub-Saharan Africa*. Development Policy & Practice. KIT Publishers, Amsterdam.

Heltberg R. 1998. Rural Market Imperfections and the Farm Size-Productivity Relationship: Evidence from Pakistan. *World Development*, 26 (10): 1807 – 1826.

Hess S. 2011. *Outsourcing Decisions of Pig Producers in Baden-WURTTEMBERG*. German Association of Agricultural Economists (GEWISOLA) > 51st Annual Conference, Germany, Halle: 28 – 30.

Huang J. , Wang X. , Qui H. 2012. Small-scale Farmers in China in the Face of Modernisation and Globalization. IIED/HIVOS, London/The Hague.

Huffman W. E. 1980. Farm and Off-Farm Work Decisions: The Role of Human Capital. *The Review of Economics and Statistics*, 62 (1): 14 – 23.

Hu L. , Bentler P. M. 1999. Cutoff Criteria for Fit Indexes in Covariance Structure Analysis: Conventional Criteria Versus New Alternatives. *Structural Equation Modeling*, 6: 1 – 55.

Hummels D. , Ishii J. , Yi K. M. 2001. The Nature and Growth of Vertical Specialization in Worls Trade. *Journal of International Economics*, 54: 75 – 96.

Jense M. C. , Meckling W. H. 1976. Theory of the Firm: Managerial Behavior, Agency Costs and Ownership Structure. *Journal of Financial Economics*, 3: 305 – 360.

Johnson D. G. 1994. Does China Have a Grain Problem. *China*

Economic Review, 4: 1 – 14.

Johnson M. 1997. *Outsourcing*. Butterworth, Heinemann, UK.

Joreskog K. G. 1977. Factor Analysis by Least-squares and Maximum-likelihood Methods. In: Enslein K. , Ralston A. , Wilf H. S. (Eds.), Statistical Methods for Digital Computers. *John Wiley & Sons Inc.* , New York: 125 – 153.

Joreskog K. G. , Sorbom D. 2001. *LISREL 8: User's Reference Guide*. Scientific Software International Inc. , Chicago.

Kahneman D. , Knetsch J. L. , Thaler R. H. 1990. Experimental Tests of the Endowment Effect and Coase Theorem. *Journal of Political Economy*, 98 (3) .

Kakabadse A. , Kakabadse N. 2000. Sourcing: New Face to Economies of Scale and the Emergence of New Organizational Forms. *Knowledge and Process Management*, 7 (2): 107 – 118.

Keller K. L. 1998. *Strategic Brand Management: Building, Measuring, and Managing Brand Equity*. Prentice Hall, Upper Saddle River.

Kimura F. , Ando M. 2005. Two-dimensional Fragmentation in East Asia: Conceptual Framework and Empirics. *International Review of Economics and Finance*, 14 (3): 317 – 348.

Kline R. B. 2010. *Principles and Practice of Structural Equation Modeling* (3rd ed.) . Guilford Press, New York.

Krugman P. R. 1996. Does Third World Growth Hurt First World Prosperity? . *Harvard Business Review*, 72: 113 – 121.

Lacity M. C. , Willcocks L. P. , Feeny D. F. 1996. The Value of Selective IT Sourcing. *Sloan Management Review*, (37): 13 – 25.

Laibson D. 2000. A Cue——Theory of Consume Current Draft. *Psychology Science*, 5: 19 – 27.

Lee L. , Dobler D. W. 1971. *Purchasing and Materials Manage-*

ment : *Text and Cases.* McGraw-Hill, New York.

Lepak D. P. , Liao H. , Chung Y. , Harden E. 2006. A Conceptual Review of Human Resource Management Systems in Strategic Human Resource Management Research. *Research. In Personnel and Human Resources Management*, 25 : 217 – 271.

Lin Y. F. 1992. Rural Reforms and Agricultural Growth in China. *American Economic Review*, 82 (1) : 34 – 51.

MaCurdy T. E. , Pencavel J. H. 1986. Testing between Competing Models of Wage and Employment Determination in Unionized Markets. *The Journal of Political Economy*, 94 (3) : S3 – S99.

Manson S. M. , Evans T. 2007. Agent-based Modeling of Deforestation in Southern Yucatán, Mexico, and Reforestation in the Midwest United States. *Proceedings of the National Academy of Sciences*, 104 (52) : 20678 – 20683.

Masayo I. , Hendriksen A. , Heijman W. J. M. 2008. Agricultural Outsourcing : A Comparison between the Netherlands and Japan. Applied Studies in Agribusiness and Commerce, Agroinform Publishing House, Budapest : 29 – 33.

Mayer R. C. , Davis J. H. , Schoorman F. D. 1995. An Integrative Model of Organizational Trust. *Academy of Management Review*, 20 (3) : 709 – 734.

Meade A. W. , Johnson E. C. , Braddy P. W. 2008. Power and Sensitivity of Alternative Fit Indices in Tests of Measurement Invariance. *Journal of Applied Psychology*, 93 : 568 – 592.

Mitchell R. K. , Busenitz L. , Lant T. , McDougall P. R. , Morse E. A. , Smith B. 2002. Entrepreneurial Cognition Theory : Rethinking the People Side of Entrepreneurship Research. *Entrepreneurship Theory and Practice*, 27 (2) : 93 – 104.

Monteverde K. , Teece D. 1982. Supplier Switching Costs and Vertical Integration in the Automobile Industry. *Bell Journal of Economics*, 13 (1): 206 – 213.

Muthèn B. O. 1991. Multilevel Factor Analysis of Class and Student Achievement Components. *Journal of Educational Measurement*, 28 (4): 338 – 354.

Muthèn B. O. 1994. Multilevel Covariance Structure Analysis. *Sociological Methods and Research*, 22: 376 – 398.

Narayanan V. K. , Zane L. J. , Kemmerer B. 2011. The Cognitive Perspective in Strategy: An Integrative Review. *Journal of Management*, 37 (1): 305 – 351.

Olynk N. J. , Wolf C. A. 2010. Aligning Incentives for Contract Diary Heifer Growth. *Journal of Agricultural and Resource Economics*, 35 (3): 489 – 502.

Ortiz O. 2006. Evolution of Agricultural Extension and Information Dissemination in Peru: An Historical Perspective Focusing on Potato-related Pest Control. *Agriculture and Human Values*, 23: 477 – 489.

Panzar J. C. , Willig R. D. 1981. Economies of Scope. *The American Economic Review*, 71 (2): 268 – 272.

Panzer J. C. , Willig R. O. 1975. *Economies of Scale and Economies of Scope in Multi-Output Pruduction*. Economic Discussion Paper No. 33, Bell Laboratories.

Picazo-Tadeo A. , Reig-Martinez E. 2006. Outsourcing and Efficiency: The Case of Spanish Citrus Farming. *Agricultural Economics*, 35 (3): 213 – 222.

Prahalad C. K. , Hamel G. 1990. The Core Competence of the Corporation. *Harvard Business Review*, 68 (3): 275 – 292.

Prokopy L. S. , Floress K. , Klotthor-Weinkauf D. , et al. 2008.

Determinants of Agricultural BMP Adoption: Evidence from the Literature. *Journal of Soil and Water Conservation*, 63 (5): 300 - 311.

Prosterman R. 2013. Enhancing Poor Rural Woman's Land Rights in the Developing World. *Journal of International Affairs*, 67 (1): 147 - 164.

Pulley L. B. , Braunstein Y. M. 1992. A Composite Cost Function for Multiproduct Firms with an Application to Economies of Scope in Banking. *The Review of Economics and Statistics*, 74 (2): 221 - 230.

Quinn J. B. 1992. *Intelligent Enterprise: A Knowledge and Service Based Paradigm for Industry*. Free Press, New York.

Quinn J. B. , Hilmer F. G. 1994. Strategic Outsourcing. *Sloan Management Review*, 35 (3): 43 - 55.

Reerink G. , Gelder V. J. L. 2010. Land Tilting, Perceived Tenure Security and Housing Consolidation in the Kampongs of Bandung, Indonesia. *Habitat International*, 34 (1): 78 - 85.

Rogers E. M. 1962. *Diffusion of Innovations*. Free Press of Glencoe, New York.

Roy O. 2008. *Thinking before Acting: Intentions, Logic, Rational Choice. Institute for Logic, Language and Computation*. ILLC-publications, Amsterdam.

Scherer F. M. 1970. *Industrial Market Structure and Economic Performance*. Rand-McNally, Chicago: 3 - 7.

Schultz T. W. 1964. *Transforming Traditional Agriculture*. Yale University Press, New Haven.

Sen A. K. 1966. Peasants and Dualism with or Without Surplus Labor. *Journal of Political Economy*, 74 (5): 425 - 450.

Sendhil M. , Richard T. 2000. *Behavioral Economics*. Working Paper: 1 - 27.

Sourafel G. , Holger G. 2004. Outsourcing Foreign Ownership and

Productivity: Evidence from UK Establishment-Level Data. *Review of International Economics*, 12 (5): 817 – 832.

Steiger J. H. 1990. Structural Model Evaluation and Modification: An Interval Estimation Approach. *Multivariate Behavioral Research*, 25: 173 – 180.

Stigler G. 1951. The Division of Labor Is Limited by the Extent of the Market. *Journal of Political Economy*, 59: 155 – 193.

Takahashi K. , Otsuka K. 2009. The Increasing Importance of Nonfarm Income and the Changing Use of Labor and Capital in Rice Farming: The Case of Central Luzon, 1979 – 2003. *Agricultural Economics*, 40 (2): 231 – 242.

Teece D. 1980. Economies of Scope and the Scope of the Enterprise. *Journal of Economic Behavior & Organization*, 1 (3): 223 – 247.

Thaler R. H. 1980. Toward a Positive Theory of Consumer Choice. *Journal of Economic Behavior and Organization*, 1 (1): 39 – 60.

Thaler R. H. 1992. *The Winner's Curse: Paradoxes and Anomalies of Economic Life*. New York Free Press, New York.

Thaler R. H. 1999. Mental Accounting Matters. *Journal of Behavioral Decision Making*, 12 (1): 183 – 206.

Tong C. 2000. Review on Environmental Indicator Research. *Research on Environmental Science*, 13 (4): 53 – 55.

Valbuena D. , Verburg P. , Bregt A. , Ligtenberg A. 2010. An Agent-based Approach to Model Land-use Change at a Regional Scale. *Landscape Ecology*, 25 (2): 185 – 199.

Valbuena D. , Verburg P. H. , Bregt A. K. 2008. A Method to Define a Typology for Agent-based Analysis in Regional Land-use Research. *Agriculture, Ecosystems and Environment*, 128 (1 – 2): 27 – 36.

Vernimmen B. , Dullaert W. , Engelen S. 2007. Schedule Unreliability in Liner Shipping: Origins and Consequences for the Hinterland Supply Chain. Maritime Economics and Logistics, 9: 193 – 213.

Vining A. , Globerman S. A. 1999. Conceptual Framework for Understanding the Outsourcing Decision. *European Management Journal*, (17): 645 – 654.

Vital R. , Benoit A. , Aubert A. 2002. Resources-Based Analysis of IT Sourcing. *ACM SIGMlS Database*, 33 (2): 29 – 40.

Von Neumann J. , Morgenstem O. , Kuhn H. W. 1947. *Theory of Games and Economic Behavior*. Princeton University Press, New Jersey.

Watkins M. W. , Homan P. T. , Hoover E. M. 1939. Price and Production Policies of Larger-Scale Enterprise. *American Economic Review*, 29 (1): 100 – 103.

Weiss C. R. 1999. Farm Growth and Survival, Econometric Evidence for Individual Farms in Upper Austria. *American Journal of Agricultural Economics*, 81 (1): 103 – 116.

William M. R. 1997. Agricultural Axtension into the Next Decade. *European Journal of Agricultural Education and Extension*, 4 (1): 29 – 38.

Williamson O. E. 1975. *Markets and Hierarchies: Antitrust Analysis and Implications*. Free Press, New York.

Williamson O. E. 1981. The Economics of Organization: The Transaction Cost Approach. *American Journal of Sociology*, 87 (3): 548 – 577.

Williamson O. E. 1985. Assessing Contract. *Journal of law, Economics & Organization*, 1 (1): 177 – 208.

Williamson O. E. 1996. *The Mechanism of Governance*. Oxford University Press, New York.

Williamson O. E. 2014. The Transaction Cost Economics Pro-

ject. Montenegrin Journal of Economics, 10 （1）: 7 – 12.

Wolf C. A. 2003. Custom Dairy Heifer Grower Industry Characteristics and Contract Terms. *Journal of Dairy Science*, 86 （2）: 3016 – 3022.

Wu Z. , Yao S. 2003. Intermigration and Intra-migration in China: A Theoretical and Empirical Analysis. *China Economic Review*, 14 （4）: 371 – 385.

Yang X. , Ng Y. K. 1995. Theory of the Firm and Structure of Residual Rights. *Journal of Economic Behaviour and Organization*, 26: 107 – 128.

Young A. A. 1928. Increasing Returns and Economic Progress. *The Economic Journal*, 152 （38）: 527 – 542.

Zhang Y. , Wang X. , Glauben T. , Brummer B. 2011. The Impact of Land Reallocation on Technical Efficiency: Evidence from China. *Agricultural Economics*, 11 （4）: 495 – 507.

图书在版编目（CIP）数据

生产外包与经济效益：以小麦种植户为例 / 段培，
王礼力著. -- 北京：社会科学文献出版社，2020.7
（中国"三农"问题前沿丛书）
ISBN 978 - 7 - 5201 - 6914 - 1

Ⅰ.①生…　Ⅱ.①段…②王…　Ⅲ.①农业生产 - 对
外承包 - 经济效益 - 研究 - 河南、山西　Ⅳ.①F327.61
②F327.25

中国版本图书馆 CIP 数据核字（2020）第 127431 号

中国"三农"问题前沿丛书
生产外包与经济效益
　　——以小麦种植户为例

著　　者 / 段　培　王礼力

出 版 人 / 谢寿光
责任编辑 / 任晓霞
文稿编辑 / 王红平

出　　版 / 社会科学文献出版社·群学出版分社（010）59366453
　　　　　　地址：北京市北三环中路甲29号院华龙大厦　邮编：100029
　　　　　　网址：www.ssap.com.cn
发　　行 / 市场营销中心（010）59367081　59367083
印　　装 / 三河市尚艺印装有限公司

规　　格 / 开　本：787mm × 1092mm　1/16
　　　　　　印　张：16.5　字　数：214 千字
版　　次 / 2020 年 7 月第 1 版　2020 年 7 月第 1 次印刷
书　　号 / ISBN 978 - 7 - 5201 - 6914 - 1
定　　价 / 109.00 元

本书如有印装质量问题，请与读者服务中心（010 - 59367028）联系